# 淮安运南村

## ——唐、明、清墓群考古发掘报告

徐 州 博 物 馆
淮安市文物保护和考古研究所 编著
江苏省水文地质工程地质调查大队

文物出版社

**图书在版编目（CIP）数据**

淮安运南村 : 唐、明、清墓群考古发掘报告 / 徐州博物馆, 淮安市文物保护和考古研究所, 江苏省水文地质工程地质调查大队编著. -- 北京 : 文物出版社, 2025. 2. -- ISBN 978-7-5010-8638-2

Ⅰ. K878.85

中国国家版本馆CIP数据核字第2024XF7750号

## 淮安运南村——唐、明、清墓群考古发掘报告

编　　著：徐　州　博　物　馆
　　　　　淮 安 市 文 物 保 护 和 考 古 研 究 所
　　　　　江苏省水文地质工程地质调查大队

封面设计：李　猛
责任编辑：彭家宇
责任印制：张　丽

出版发行：文物出版社
社　　址：北京市东城区东直门内北小街 2 号楼
邮　　编：100007
网　　址：http://www.wenwu.com
邮　　箱：wenwu1957@126.com
经　　销：新华书店
印　　刷：北京荣宝艺品印刷有限公司
开　　本：889mm×1194mm　1/16
印　　张：16.75　　插页：1
版　　次：2025 年 2 月第 1 版
印　　次：2025 年 2 月第 1 次印刷
书　　号：ISBN 978-7-5010-8638-2
定　　价：240.00 元

# 编辑委员会

# 目　录

# 插图目录

# 彩版目录

# 第一章　概述

## 第一节　自然地理环境

淮安市位于江苏省中北部、江淮平原东部，北纬 32° 43′ 00″ ～ 34° 06′ 00″，东经 118° 12′ 00″ ～ 119° 36′ 30″。东西最大直线距离 132 千米，南北最大直线距离 150 千米，面积 10030 平方千米。东北接连云港市，东南接盐城市，南连扬州市和安徽省滁州市，西北连宿迁市。邻江近海，是南下北上的交通要道，是江苏省的重要交通枢纽，也是长三角北部地区的区域交通枢纽。

大约一万年前的新生代第四纪冰川期以后，全球出现了冰后期气候，气温逐渐转暖，年平均温度比现在高 2 ～ 3℃，平均年降水量为 600 ～ 850 毫米 [1]。随着冰川的消融，海平面不断上升，海岸线向陆地伸展到最大限度。

淮安市地形西高东低，除西南部的盱眙县有丘陵、岗地外，其他区域以平原为主，地势平坦，地面海拔一般在 8 ～ 12 米。盱眙县仇集镇境内无名山海拔 231 米，为全市最高点；淮安区博里地面海拔仅 3 米，为全市最低点。境内河湖交错，水网密布，京杭大运河纵贯南北，苏北灌溉总渠横穿东西。地质钻探资料表明，淮安境内是典型的冲积平原，近一千万年来地壳以沉降为主。古代淮安离黄海很近，淮河与南宋建炎二年（1128 年）夺淮入海后的黄河流经淮安，带来大量泥沙沉积，使地面不断淤高。到清咸丰五年（1855 年）黄河北徙后，形成今天所见的规模宏大的黄泛冲积平原。淮安苏北灌溉总渠以北地区，就属于这个平原的一部分。而渠南大部分地区，则为江淮平原的一部分，由长江和淮河搬运来泥沙沉积而成。

## 一　水文气候

淮安市境内河湖交错，水网纵横，淮河干流、废黄河、里运河、中运河、盐河、六塘河、淮沭新河、苏北灌溉总渠、淮河入海水道、淮河入江水道等 10 条河流在境内纵贯横穿，全国五大淡水湖之一的洪泽湖大部分位于市境内，还有白马湖、高邮湖、宝应湖等中小型湖泊镶嵌其间。全市平原面积占总面积的 69.39%，湖泊面积占 11.39%，丘陵岗地面积占 18.32%，是典型的"平原水乡"。

淮安市地处南暖温带和北亚热带的过渡地区，兼有南北气候特征，光、热、水整体配合较好。一般说来，苏北灌溉总渠以南地区属北亚热带湿润季风气候，以北地区为北温带半湿润季风气候。

受季风气候影响，淮安市四季分明，雨量集中，雨热同季，冬冷夏热，春温多变，秋高气爽，光能充足，热量富裕，但气候年际稳定性较差，变幅较大，旱、涝、风、雹、冻等气象灾害较频繁。全市年太阳辐射总量为 110 ～ 119 千卡 / 平方厘米，全市分布为北多南少；全市年日照时数为

---

[1]　王开发、张玉兰：《根据孢粉分析推论沪杭地区一万年来气候变迁》，《历史地理》创刊号，1981年。

1943～2181 小时，日照时数分布也是北多南少。

淮安市年平均气温为 14.1～14.9℃，基本呈南高北低状，受洪泽湖水体影响，在洪泽湖区形成一暖中心。气温年分布以 7 月最高，1 月最低。全市年无霜期一般为 207～242 天，北短南长，受洪泽湖区水体影响，洪泽区无霜期最长达 236 天。

淮安市各地年平均降水量为 913～1030 毫米。降水分布特征是南部多于北部，东部多于西部。降水年内变化明显，夏季降水占 50% 以上。春夏之交梅子成熟季节多锋面雨，称为"梅雨"或"霉雨"。降水年际分布不均，年降水量最多的年份达 1700 毫米，最少的年份只有 500 毫米。

# 二 自然资源

淮安市属黄淮和江淮冲积平原，土地总面积为 10030 平方千米。全市土地资源类型比较丰富，除缺少园地中的橡胶园、牧草地中的人工草地、水域中的冰川和永久积雪，其他土地利用类型均有分布。耕地和水域是主要地类，面积较大。据第三次国土调查，全市耕地面积 4771.17 平方千米，园地面积 63.95 平方千米，林地面积 529.5 平方千米，草地面积 45.76 平方千米，湿地面积 92.96 平方千米，城镇村及工矿用地 1476.42 平方千米，交通运输用地 276.99 平方千米，水域及水利设施用地 2747.46 平方千米。

淮安市土壤类型主要有 5 种，分别是水稻土、潮土、黄褐土、火山灰土、砂姜黑土。土壤生态类型区有里下河土壤、古淮河土壤、环洪泽湖土壤、丘陵土壤等 4 个生态类型区。耕地分为水田、旱地、望天田、水浇地和菜地等 5 类，其中水田比重最大，占三分之二。由于灌溉条件优良，风调雨顺之年，全市大部分耕地仍可高产稳产。林地主要分布在淮安市盱眙县丘陵地区，牧草地也几乎全部在盱眙县境内。

淮安市境内年平均降雨径流深为 199～262.5 毫米。总体上地表水资源较为贫乏，年际变化较大，年内分配不均，而地下水资源储量丰富，过境水量较多。洪泽湖是淮安市的生命之湖，湖泊水量补给丰沛，且为过水型湖泊，多年平均出湖水量达 330 亿立方米。全市每年抽引江水而利用的水资源数量为 10 亿～20 亿立方米。全市可供开发利用的含水层广泛分布于第四系松散层。平水年全市降水补给潜水的水量为 15.08 亿立方米，一般干旱年为 12.83 亿立方米，特殊干旱年为 8.16 亿立方米，潜水调节资源量为 8.53 亿立方米。全市深层地下水可采资源量为 5.42 亿立方米。

淮安市矿产资源较为丰富，主要有石盐、芒硝、凹凸棒石黏土、石油、玄武岩、石灰岩和白云岩、地热、矿泉水等。石盐、凹凸棒石黏土、芒硝保有资源储量居全省第一位。其中，探明石盐矿石资源储量 315.96 亿吨，主要分布于淮安区、淮阴区、清江浦区、洪泽区；探明凹凸棒石黏土资源储量 1960.52 万吨，主要分布于盱眙县；探明无水芒硝矿石资源储量 6.79 亿吨，主要分布于淮阴区、洪泽区。

淮安市林业资源总量位居江苏省前列，森林覆盖率 24.17%。到 2020 年年底，全市有林地面积 18.94 万公顷，国家特别规定的灌木林地面积 5975 公顷，四旁树折算面积 2.05 万公顷，森林覆盖面积 21.54 万公顷。全市共有植物 104 科 219 属 275 种，其中野生植物 185 种，野生木本植物 45 科 73 属 90 种；除古树名木以外的原生林木资源分布主要在盱眙丘陵山区，树种主要是朴树、黄连木、檀树、栎树、乌桕、桑树等；全市有登记在册古树名木 545 株。全市野生动物资源丰富，有浮游动物、底栖动物、鱼类、两栖类、爬行类、兽类和鸟类等 7 个类群，300 余种；其中鸟类资源共有 194 种，隶属 14 目 40 科 76 属。国家一级重点保护物种有东方白鹳等，国家二级重点保护物种有白琵鹭、大天鹅、小天鹅、鸳鸯、鹗、红隼等；江苏省级重点保护物种有苍鹭、绿头鸭、喜鹊、大山雀等。

# 第二节 历史沿革

## 一 淮安历史变迁

淮安地处长江三角洲地区，境内有中国第四大淡水湖——洪泽湖，为古淮河与京杭大运河交点，在大运河发展史上有着极其重要的历史地位，有"南船北马""九省通衢"之称，也被誉为"运河之都"，是中国国家历史文化名城。

**史前时代** 早在史前时期，淮安地区就有人类生存，如旧石器时代的下草湾新人就生活在今盱眙县和泗洪县交界处的怀洪新河下草湾引河东岸[1]。到了新石器时代，在淮安区青莲岗[2]、开发区山头[3]、黄岗[4]、清江浦区金牛墩等地，发现了青莲岗文化遗址，表明这里居住着一批古氏族部落。

**夏商周时期** 此时淮安是"淮夷""徐夷"的活动范围。大约以古淮水为界，其北属徐州，其南属扬州。又据《禹贡》记载，扬州贡道"沿于江海，达于淮泗"，徐州贡道"浮于淮泗，达于河"，证明此时已可通过自然水系勾连南北交通。此时期发现遗存有金湖时墩、磨脐墩，盱眙六郎墩、大墩子、潘墩，涟水杨庄等遗址。公元前486年，吴王夫差开凿邗沟，沟通长江、淮河，由此淮安与运河相伴相生。

除运河外，还有路上干道——善道通达南北，淮安成为春秋战国列强争夺的重要地区，先后为吴、越、楚国所有。

**秦汉时期** 秦统一六国后，推行郡县制。市境分属泗水郡和东海郡，始置县邑有淮阴（今清江浦区、淮阴区、淮安区的大部分）、盱眙（治在今盱眙县城北）、东阳（治在今盱眙县马坝镇）。在秦末农民大起义中，淮安民众蜂起响应。著名军事家韩信即于此时仗剑从戎，立下赫赫战功。西汉年间，市境大体属临淮郡，又增置淮浦（治在今涟水县西）、射阳（治在今淮安区东南）、富陵（治在今洪泽湖中）等县。境内农业生产条件特别是灌溉条件得到显著改善。东汉时分属下邳国和广陵郡。东汉末年，广陵太守陈登筑高家堰（今洪泽湖大堤前身）30里，遏淮河洪水，保护农田，并修破釜塘灌溉农田。铁制农具和牛耕也得到推广，故虽迭经战乱农业生产仍有较大的发展。同时交通运输也有改善。秦始皇修筑的驰道自境内穿过，陈登则开凿邗沟西道，使江淮交通更便捷。

**魏晋南北朝时期** 境内长期处于战争和对峙的前沿，建置紊乱，隶属多变。建有淮阴故城（今淮阴区马头镇）、山阳城（今淮安区）等军事要塞，为边帅驻节之地。长年战乱使经济和文化遭到严重破坏。南齐永明七年（489年），割直渎、破釜以东，淮阴镇下流杂100户置淮安县，"淮安"之名始见。

**隋唐五代时期** 淮安境内长期处于安定的环境，建置也较稳定，大抵淮北区域属泗州，淮南则

[1] 吴汝康、贾兰坡：《下草湾的人类股骨化石》，《古生物学报》1955年第3卷第1期。

[2] 南京博物院：《青莲岗文化的经济形态和社会发展阶段》，《文物集刊·1》，文物出版社，1980年。

[3] 尹焕章、赵青芳：《淮阴地区考古调查》，《考古》1963年第1期。

[4] 甘恢元、闫龙、曹军：《淮安市黄岗新石器时代遗址》，《中国考古学年鉴2019》，中国社会科学出版社，2021年，第237页。

属楚州。其间大运河的开凿和淮北盐场的建滩对市境的繁荣产生了巨大的作用。隋大业年间，连接黄、淮的运河——通济渠开凿成功，境内则成为漕运重要孔道。自隋至清末，各朝均在淮安设置官署，委派大员掌管、督办漕运。唐初，涟水成为全国海盐四大场之一，非常富裕。为运销淮盐，垂拱年间开新漕渠运盐，淮安的盐运又兴。楚州和泗州成为运河沿线的两座全国性名城，其中楚州被白居易誉为"淮水东南第一州"。

**宋元时期**　北宋年间，境内较为太平，先属淮南路，分属楚州、泗州；后分淮南路为淮南东、西路，市境属淮南东路。漕运、盐运得到进一步发展。政府鼓励垦殖，修复和增建灌溉设施，引进推广"占城稻"。"黄柑紫蟹见江海，红稻白鱼饱儿女"，正是这一时期的生动写照。南宋和金、元对峙时期，市境再度成为前线，为双方反复争夺，遭受兵火的长期荼毒。而由黄河夺淮带来的频繁水灾，又使市境雪上加霜，益加萧条。元代境内先后置淮东安抚司、淮东总管府、淮安路。

**明清时期**　境内置淮安府，府治于山阳县。明代淮安府辖山阳、清河、安东、盐城、宿迁、桃源、沭阳、睢宁、邳州、赣榆、海州共11个州县。明永乐年间，淮安漕运又兴，淮安城西北清江浦也随之开始兴起。景泰二年（1451年），漕运总督驻节淮安。清康熙十六年（1677年），总河衙门由山东济宁迁至淮安，河道总督驻扎清江浦，雍正七年（1729年）时，改为江南河道总督。淮安扼漕运、盐运、河工、榷关、邮驿之机杼，是明清中央政府的漕运指挥中心、河道治理中心、漕粮转运中心、漕船制造中心、盐榷税务中心，与扬州、苏州、杭州并称运河线上的"四大都市"，也有"襟吴带楚客多游，壮丽东南第一州"之称。清末，一度设立江淮行省，淮安是江淮巡抚驻节之所。

**民国时期**　淮安府撤销，山阳县更名为淮安县（今淮安区），清河县更名为淮阴县（今淮阴区），市境大部始属淮扬道，后属淮阴行政督察区、第七行政督察区。抗日战争和解放战争时期，境内成为重要的根据地和解放区，中共中央华中局、新四军军部、中共中央华中分局、华中军区、苏皖边区政府等曾驻节境内。由于处在敌后环境，根据地和解放区的政区变化较大，大约分属淮海区、盐阜区、淮南区、淮北区。1948年12月，淮安市境全部解放。1949年5月，成立淮阴专区。

**中华人民共和国成立后**　1952年，淮安县从盐城专区划归淮阴专区。1970年，淮阴专区改称淮阴地区，专署驻清江市（今清江浦区）。1971年，六合地区所属盱眙县、金湖县2个县划入淮阴地区，辖1市12县。

1983年，淮阴专区改为淮阴市，辖淮阴、淮安、洪泽、盱眙、金湖、涟水、宿迁、沭阳、灌南、泗洪、泗阳11县和清河、清浦2区，同时将灌云县划归连云港市管辖。1987年，淮安县、宿迁县改为县级市。1996年，沭阳、宿迁、泗阳、泗洪4个县从淮阴市析出，成立地级市宿迁，灌南县划入连云港市。2001年，实施"三淮一体"战略，地级淮阴市更名为淮安市，县级淮安市更名为淮安市楚州区，淮阴县更名为淮安市淮阴区。2012年，淮安市楚州区更名为淮安区。2016年，淮安市清河区、清浦区合并成立清江浦区，洪泽县更名为淮安市洪泽区。至此淮安市下辖清江浦区、淮阴区、淮安区、洪泽区4区和涟水县、盱眙县、金湖县3县，有57个镇、38个街道（办事处）。

# 二　淮安区、黄码镇与运南村

运南村墓群所在的运南村，其行政隶属多变，曾先属淮安县黄码乡，又属清浦区黄码乡，今为生态文旅区富城路办事处所辖。

淮安区濒临古淮水，扼南北之要冲，为兵家必争之地。春秋战国时期，境域先后属吴、越、楚等诸侯国，秦汉属淮阴县。西汉元狩六年（公元前 117 年），改隶射阳。东晋义熙七年（411 年）置山阳郡及山阳县，因西北曾有钵池山，故名山阳。治所在山阳县，并筑今淮安旧城。此后，淮安城一直为州、郡、路、府治所。每逢南北对峙，又多为边防将帅驻节开府之处。元末，张士诚部将史文炳攻占淮安后，在旧城北另造一座土城，称为"新城"。明清时，淮安乃是南方诸省漕运北上的咽喉要地，漕运总督、淮北盐运司、淮关监督等掌握王朝经济命脉的臣僚在此驻节。明嘉靖三十九年（1560 年），因倭寇猖獗，漕运都御史章焕在新旧二城之间建造一座联城（又名夹城），将两城联接起来，最终在此形成了南北三城并列的格局。民国元年（1912 年），淮安府裁撤。民国三年（1914年），山阳县改称淮安县。1987 年，撤销淮安县，设立淮安市（县级市）。2001 年 2 月，原县级淮安市撤市建区，更名为楚州区。2012 年 2 月，楚州复名淮安，更名为淮安区。

黄码镇原称黄家码头，紧依京杭大运河，介于古淮阴、淮安之间。相传在清朝中期，这里交通不便，唯有一条柴米河（也称护城河）沟通南北水路，有一黄氏在柴米河两岸，开设了一爿粮食草行，继而来往的船只在此泊岸，经营粮草逐渐增多，集市繁荣，故称之为黄家码头。民国元年（1912 年）到 1949 年黄码属淮安县。1958 年成立黄码公社，包括盐河、黄码和运河三个公社，1962 年划出盐河、运河二公社，1981 年建乡，1983 年由淮安县划归清浦区，2018 年底撤销黄码乡，与盐河镇合并设立黄码镇。

运南村在 1983 年之前属于原淮安县黄码乡，1983 年随黄码乡划归清浦区。2012 年 8 月，淮安市生态新城管委会正式挂牌。2013 年 6 月，运南村更名为运南社区，由黄码乡划入生态新城。2016年 12 月，生态新城更名为淮安生态文旅区。

## 第三节　墓地概况

运南村墓群位于江苏省淮安市生态文旅区万康路和枚皋路交会处南侧，部分位于万康路东侧地块范围内。该地块北至枚皋路、西至万康路、南至龙江路、东至万瑞路，西侧紧邻万康路西侧地块，平面形状呈不规则形，占地面积 208984.38 平方米。地块西南距柴米河 200 米，东距京杭大运河约800 米，距里运河约 1.3 千米，距淮安三城约 5.2 千米。中心地理坐标为东经 119° 5′ 15.33″，北纬33° 32′ 13.31″，海拔 8.2 米。地块此前为淮安市清浦区黄码乡运南村范围，后来陆续拆迁，整体沦为废弃荒地（图一）。之后又在表面覆盖一层建筑垃圾和渣土，现地表绝大区域杂草遍布，有部分区域复垦后种植有农作物（彩版一）。地块范围内的地表未发现古代遗物，也不存在各级文物保护单位和已登记的不可移动文物。

2022 年 6 月至 9 月，徐州博物馆（徐州市文物考古研究所、徐州汉画像石艺术馆）、淮安市文物保护和考古研究所对万康路东侧地块内发现的墓葬进行了发掘，共清理唐、明、清时期墓葬 109 座，编号 M1 ～ M109（图二；彩版二～五）。经前期勘探，万康路西侧还存有数十座同期墓葬。

## 第四节　工作经过

为配合万康路东侧地块建设，摸清该区域内地下遗存的保存与分布状况，淮安生态文化旅游区管理办公室向江苏省文化和旅游厅提交了《关于对万康路东侧地块进行考古调查、勘探的请示》，2022 年 2 月 24 日江苏省文旅厅同意后，委托淮安市文物局组织有考古发掘资质的机构对地块开展考

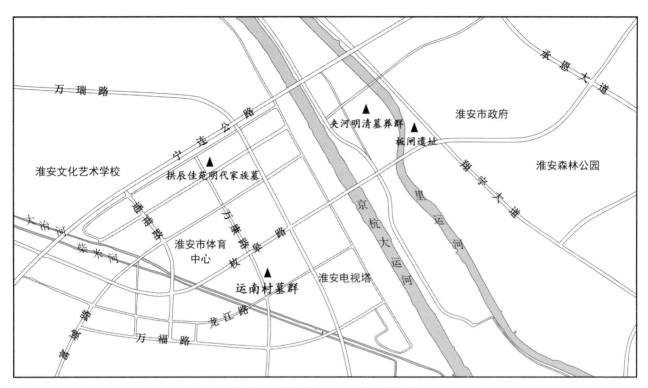

图一　运南村墓群位置示意图

古调查勘探。淮安市文物局于 2 月 24 日当天组织淮安市文物保护和考古研究所联合考古发掘资质单位开展该项工作。

　　经前期与勘探申请方对接，并勘查现场之后，2022 年 3 月至 5 月淮安市文物保护和考古研究所联合徐州博物馆（徐州市文物考古研究所、徐州汉画像石艺术馆）对该地块开展了考古调查勘探工作，发现古代墓葬 93 处。勘探工作的团体资质单位为徐州博物馆（徐州市文物考古研究所、徐州汉画像石艺术馆），协作单位为洛阳弘古文物保护有限公司，项目负责人为祁小东。参加勘探的人员有祁小东、李占军、李国峰、纪治兵、李永长、赵松、马超伟、朱会军等。

　　2022 年 6 月至 9 月，徐州博物馆（徐州市文物考古研究所、徐州汉画像石艺术馆）、淮安市文物保护和考古研究所对勘探所发现的墓葬进行了发掘（彩版六～八）。此次发掘在勘探结果的基础上又新发现墓葬 20 座，其中有部分新增墓葬属于具有打破关系的异穴合葬墓，受勘探工作局限，未能准确识别出来。同时，还有 4 座勘探墓葬属于现代墓葬，未进行清理。因此，发掘实际清理墓葬共计 109 座。发掘工作团体资质单位为徐州博物馆（徐州市文物考古研究所、徐州汉画像石艺术馆），项目负责人为胡兵，参加发掘的人员有胡兵、赵李博、曾红强、高悦、吴通、文银学、曾文兵、刁龙飞、付欣雅。在发掘过程中，先对所有墓葬进行了虚拟布方。虚拟布方的坐标原点位于北纬 33° 32′ 1.39″，东经 119° 5′ 8.37″，探方规格为 10 米 × 10 米，墓葬所在的虚拟探方涉及 T1805、T1807、T1809、T1910、T1911、T1614、T1714、T1815、T2115、T1516、T1616、T1716、T1816、T1916、T2016、T1517、T1617、T1717、T1817、T2017、T1518、T1718、T1719、T1819、T1919、T2019、T2919、T1520、T1720、T1820、T1920、T2020、T3020、T1321、T1421、T1521、T1721、T1821、T1921、T1322、T1422、T1722、T1822、T1323、T2023、T2123、T1224、T2124、T1226、T2126、T2127、T1428、T1528、T1628、T1928、T1429、T1529、T1629、T1729、T1829、T1929、

T2129、T1130、T1530、T1930、T2030、T1131、T1331、T1431、T1531、T1631、T2031、T0832、T0932、T2132、T0833、T0933、T2134、T2135、T1337、T1139、T1140、T3941、T4041、T3942、T4042、T3746、T3846、T3747、T3348、T3549。之后按照开口层位的不同，对埋藏较浅的墓葬从上到下先进行逐层清理，并发掘墓葬内部；对埋藏较深的墓葬则按照墓葬分布的区域，先集中清理上层黄泛土层到墓葬开口层位，并在墓葬四周开明沟进行排水，保持墓葬所在区域保持相对干燥，确定墓葬开口范围后再向下清理墓葬。发掘共清理唐代墓葬 1 座，明代墓葬 64 座，清代墓葬 44 座，出土各类遗物 214 件（组）。

资料整理分为两个阶段进行：第一阶段为 2022 年 9 月，参加人员有胡兵、赵李博、高悦、吴通、曾红强、文银学、曾文兵、刁龙飞，对发掘资料进行了简单整理，对地层剖面图、部分墓葬图和所有墓葬发掘记录进行了电子化，完善了墓葬登记表和器物登记表等，并就前期发掘工作进行了初步总结，形成了工作报告；第二阶段为 2023 年 11 月至 2024 年 6 月，参加人员有胡兵、赵李博、许鹏飞、田桂彬、孙智超、贾心睿、常悦、朱玉洁、于跃龙、贺璞、王若桐、吴通、杜晓薇、刘傲朵、文银学、段旭颖，主要工作内容是修复部分残缺器物，对所有墓葬图进行电子化绘制，绘制器物图，拍摄器物照片及制作器物卡片等。

## 第五节　编写体例

本报告编写体例如下：

1. 探方编号

发掘区处于虚拟探方坐标原点的东北方向，属于同一象限内，因此不分区。探方编号由 2022H（淮安首字母）W（万康路首字母）+T+ 探方号（东西向 + 南北向）组成，遗迹编号由 2022HW+ 遗迹号组成。墓葬类型的遗迹号按照通行惯例以其对象名称首字母大写 + 自然数组成，如墓葬 M1。为方便阅读，本报告表述均将前缀 "2022HW" 省去。

2. 遗物编号

在发掘过程中，我们对出土的完整器物和可修复器物统一进行了编号。每个遗迹单位（如墓葬）的出土器物分别为一套自然数序号。

3. 器物尺寸及描述

所有器物在描述其口径等特征时，口径均表示最大外口径，最大径、足径等同理，高表示器物平置时最高处至最低处的距离。

# 第二章  地层堆积

本次墓葬发掘区的地层堆积依据土质、土色及包含物的不同可划分为 11 层，以 M47 正东侧 3 米处的坑壁为例进行介绍（图三）。同时以 M29、M31 和 M60 所在处上层堆积剖面为例展示部分墓葬的层位关系（图四、五；彩版九）。本次发掘所布为虚拟探方，故图中展示的地层堆积仅为墓葬所在区域局部情况，并非标准探方四壁剖面。

第①层：灰褐色土，稍硬，土质疏松，内含较多植物根系及少量现代垃圾，厚 0.48 ～ 0.52 米，为现代表土层。

第②层：黄砂土，较软，土质疏松，内含少量植物根系，厚 0.2 ～ 0.25 米，距地表 0.48 ～ 0.52 米。

第③层：灰黄色沙土，较软，土质较致密，内含少量植物根系，厚 0.22 ～ 0.28 米，距地表深 0.69 ～ 0.72 米。

第④层：黄褐色沙土，稍软，土质较致密，内含少量植物根系，厚 0.38 ～ 0.45 米，距地表 0.95 ～ 1 米。

第⑤层：红褐色淤泥土，夹杂细黄砂及黄褐色土块，较软，土质较疏松，内含少量植物根系，厚 0.24 ～ 0.28 米，距地表 1.36 ～ 1.4 米。

第⑥层：灰黄色沙土，稍软，土质较致密，内含少量植物根系及黑色炭粒，厚 0.37 ～ 0.43 米，距地表 1.6 ～ 1.67 米。

第⑦层：红褐色淤泥土，夹杂细黄砂颗粒，较软，土质较疏松，内含少量植物根系和贝壳颗粒，厚 0.16 ～ 0.21 米，距地表 2.02 ～ 2.09 米。

第⑧层：黄褐色土，稍软，土质较疏松，内含少量贝壳颗粒，厚 0.15 ～ 0.18 米，距地表 2.22 ～ 2.27 米。

第⑨层：灰黄色土，稍软，土质较疏松，内含水锈痕迹，无其他包含物，厚 0.16 ～ 0.19 米，距地表 2.39 ～ 2.42 米。

第⑩层：红褐色淤泥土，夹杂有细黄砂颗粒及黑色淤泥块，较软，土质较疏松，内含少量贝壳颗粒，厚 0.09 ～ 0.15 米，距地表 2.57 ～ 2.6 米。

第⑪层：黄灰色土，稍软，土质较疏松，无包含物，厚 0.08 ～ 0.12 米，距地表 2.69 ～ 2.73 米。

第⑪层以下为黄褐色生土。

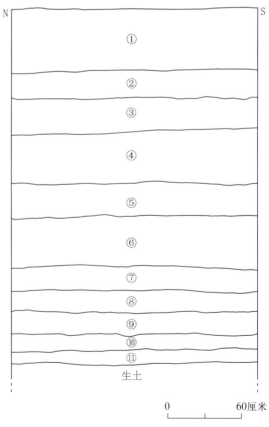

图三  M47 东侧地层剖面图

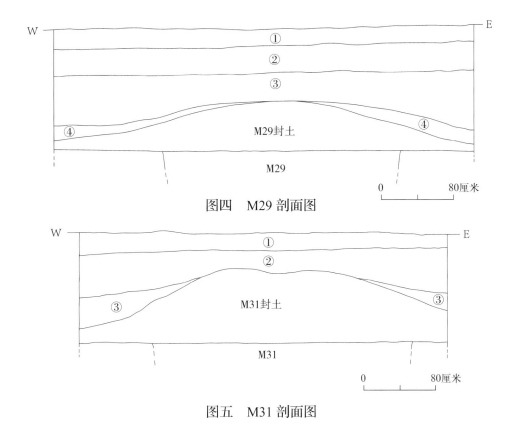

图四　M29 剖面图

图五　M31 剖面图

　　其中第①层系现代人类居住、耕种等活动形成，第②～⑩层系明代以来不同时期洪水泛滥形成的黄泛层，第⑪层应为明代黄河泛滥前的地表堆积，其下为生土。

　　本次共发掘的 109 座墓葬，开口层位各不相同（表一）。其中开口①层下的墓葬 17 座，开口②层下的墓葬 4 座，开口③层下的墓葬 16 座，开口④层下的墓葬 4 座，开口⑤层下的墓葬 3 座，开口⑥层下的墓葬 29 座，开口⑨层下的墓葬 15 座，开口⑪层下的墓葬 21 座。

表一　墓葬开口层位表

| 开口层位 | 墓葬编号 |
|---|---|
| ①层下 | M1、M4 ～ M10、M13 ～ M18、M21、M36、M44 |
| ②层下 | M2、M3、M11、M12 |
| ③层下 | M19、M20、M22 ～ M27、M30 ～ M34、M37 ～ M39 |
| ④层下 | M28、M29、M35、M41 |
| ⑤层下 | M40、M50、M52 |
| ⑥层下 | M42、M43、M45 ～ M49、M51、M56 ～ M58、M60、M72、M74 ～ M87、M108、M109 |
| ⑨层下 | M53 ～ M55、M61 ～ M71、M73 |
| ⑪层下 | M59、M88 ～ M107 |

# 第三章　墓葬及遗物

　　运南村墓群共发掘墓葬 109 座（编号 M1 ～ M109），其中唐代墓葬 1 座、明代墓葬 64 座、清代墓葬 44 座。砖室墓 2 座，1 座为船形砖室墓，1 座为塔形砖室墓，其余均为土坑竖穴墓。共出土陶、瓷、金属、石、玉、木等各类质地器物 214 件（组），其中以陶器为主，器形包含釉陶罐、韩瓶、硬陶罐、砖买地券等；瓷器为瓷碗，分为青瓷碗和青花瓷碗；金属器多为饰件，银器有镯、押发、簪、戒指、耳坠等，铜器有镯、簪、耳坠、镜、铜钱，铁器有秤砣、棺钉；石器为砚台；玉器有玉环、手镯；木器有木买地券和木炭棒等；另有料珠。以下按照墓号顺序依次介绍墓葬的发掘情况。

## 一　M1

### （一）墓葬形制

　　M1 位于发掘区的中西部，探方 T1528 的东北部，西距 M43 约 12 米，东距 M2 约 6 米。开口于①层下，距地表约 0.4 米，向下打破②～④层。竖穴土坑双棺墓。方向 18°。开口平面略呈梯形。墓口长 2.73、宽 1.53 ～ 1.75 米；墓底长 2.57、宽 1.4 ～ 1.65 米；深 0.95 米。墓坑口大底小，斜壁平底，壁面较粗糙。墓内填土为灰黄色细沙土夹红褐色淤泥土，土质较致密，稍软。

　　葬具为木棺，双棺合葬，保存较差。东棺平面略呈梯形，长 2.25、头端宽 0.7、足端宽 0.54、高 0.9 米。盖板为五块木板长边并排拼合而成，整体以榫卯形式扣合于棺身之上。盖板长 2.26、头端宽 0.72、足端宽 0.57、厚 0.15 米。前挡板由四块木板拼合而成，后挡板由三块木板拼合而成，均以榫卯形式嵌入两侧帮板的凹槽之内。前挡板长 0.4、高 0.58、厚 0.06 米；后挡板长 0.33、高 0.47、厚 0.06 米。两侧帮板均由四块木板拼合而成，从底板斜直向上略向棺内弧收。帮板长 2.12、高 0.51、厚 0.09 米。底板由五块木板长边并排拼合而成。底板长 2.11、宽 0.53 ～ 0.61、厚 0.1 米。棺内底部铺有一层白灰，厚 0.03 ～ 0.05 米。墓主人骨保存较差，葬式为仰身直肢葬，头向北，面向不详。头骨、肋骨、椎骨、盆骨因积水冲刷均移位，较凌乱。下肢骨双膝微屈平放，双足并拢。墓主头下枕白灰包。西棺平面略呈梯形，长 2、头端宽 0.63、足端宽 0.5、残高 0.42 米。盖板已散乱，由七块木板拼合而成，长 2.08、头端宽 0.74、足端宽 0.66、厚 0.06 米。前后挡板均已朽不存。两侧帮板均由两块木板拼合而成，从底板斜直向上略向棺内弧收。帮板长 1.99、高 0.3、厚 0.04 米。底板由六块木板长边并排拼合而成。底板长 2、宽 0.54 ～ 0.6、厚 0.03 米。棺内底部铺有少量白灰。墓主人骨保存较差，头向北，葬式、面向不详。头骨移位于右臂处，上肢骨平放于肋骨两侧，下肢骨平放于棺内两侧。

　　墓内共出土 3 件随葬品，其中 1 件硬陶罐位于东棺前挡外底板上西北角，2 件银手镯分别处于西棺内墓主左、右手骨处（图六）。

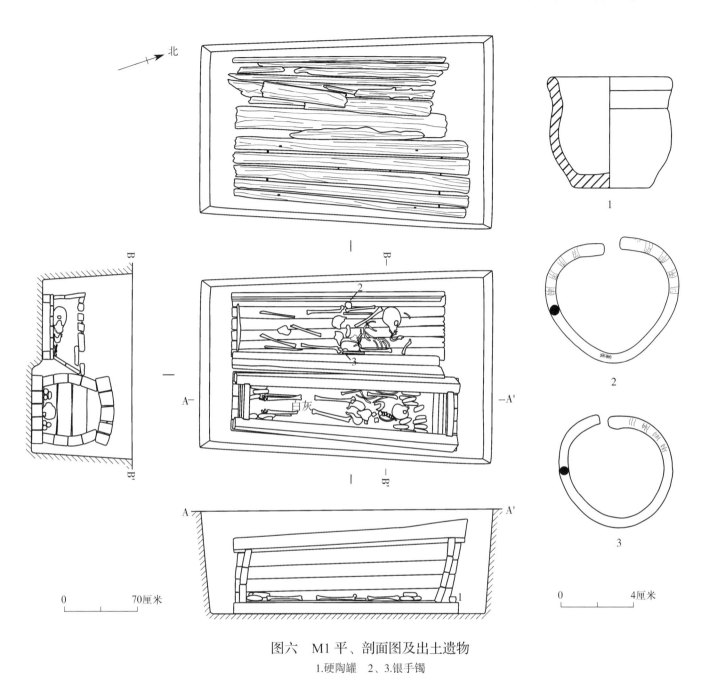

图六 M1 平、剖面图及出土遗物
1.硬陶罐 2、3.银手镯

（二）出土遗物

共 3 件，含硬陶罐和银手镯两类。

硬陶罐 1 件。

M1：1，圆唇，侈口，微束颈，鼓腹，内底凸起，平底。口沿下饰两道凹弦纹。腹部和底部有明显拉坯旋修痕迹。红色硬陶。口径 7、底径 4.5、最大径 6.6、高 6 厘米（图六，1；彩版一〇，1）。

银手镯 2 件。因氧化呈铁黑色，由银条弯曲而成，整体呈不规则圆形，截面为圆形，两端不闭合。手镯上饰有刻划符号。

M1：2，右手镯中部有刻划文字，内容无法辨认。长径 6.5、厚 0.4 厘米，重 36.49 克（图六，2；彩版一〇，2）。

M1∶3，两端刻有文字，但模糊不清无法辨识。长径6.4、厚0.4厘米，重37.14克（图六，3；彩版一〇，3）。

# 二　M2

## （一）墓葬形制

M2位于发掘区中西部，探方T1628的中东部，西距M1约6米。开口于②层下，距地表约0.7米，向下打破③~⑤层。竖穴土坑单棺墓。方向60°。开口平面略呈梯形。墓口长2.6、宽0.9~1.06米；墓底长2.46、宽0.78~0.92米；深0.95米。墓坑口大底小，斜壁内收，壁面略粗糙，墓底较平整。墓内填土为黄褐色细沙土夹红褐色淤泥土，土质略疏松，较软。

葬具为单木棺，保存较差。平面略呈梯形，长2.1、头端宽0.7、足端宽0.5、残高0.41米。盖板已朽不存。前后挡板均由两块木板组成，以榫卯形式嵌入两侧帮板的凹槽之内。前挡板长0.52、高0.36、厚0.05米；后挡板长0.44、高0.31、厚0.04米。两侧帮板均由两块木板拼合而成，从底板斜直向上。两帮板长2.09、高0.35、厚0.07米。底板由三块木板长边并排拼合而成。底板长2.09、宽0.56~0.7、厚0.05米。棺内底部残留大量白灰，应为防潮所用。墓主人骨架保存较差，葬式仰身直肢葬，头向东，面向上。头骨碎裂，残存椎骨、肋骨、骶骨，双臂平置于身体两侧，双腿平置稍分开。

墓内出土1件釉陶韩瓶，位于前挡外底板西北角（图七）。

## （二）出土遗物

共1件。

釉陶韩瓶　1件。

M2∶1，重唇，敛口，束颈，溜肩，深弧腹较鼓，平底，口部略有歪斜。器表与内壁有轮制旋纹。红褐色胎。内壁口沿及外壁施酱釉，釉面粗糙无光。口径5.8、底径3.8、最大径11.6、高18厘米（图七，1；彩版一〇，4）。

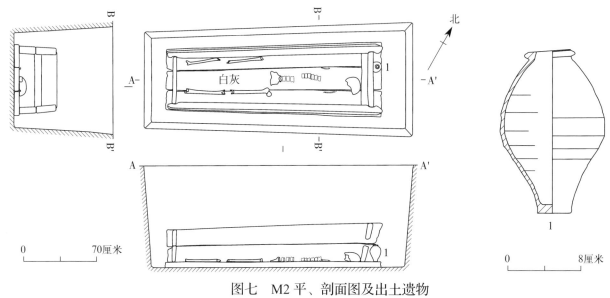

图七　M2平、剖面图及出土遗物

1.釉陶韩瓶

# 三　M3

## （一）墓葬形制

M3位于发掘区的中西部，探方T1930的南部，西距M70约6米，南距M69约10米。开口于②层下，距地表约1.3米，向下打破③层。竖穴土坑单棺墓。方向124°。开口平面略呈长方形。墓口长2.6、宽1～1.1米；墓底长2.47、宽0.9～1米；深1.25米。墓坑口大底小，墓壁斜直内收，壁面略粗糙，墓底较平整。墓内填土为黄褐色细沙土夹红褐色淤泥土，土质略疏松，较软。

葬具为单木棺，保存较好。平面略呈梯形，长2.1、头端宽0.78、足端宽0.59、高0.8米。盖板保存较好，由三块木板长边并排拼合而成，整体以榫卯形式扣合于棺身之上。盖板长2.21、头端宽0.62、足端宽0.48、厚0.07米。前后挡板均由两块木板拼合而成，以榫卯形式嵌入两侧帮板的凹槽之内。前挡板长0.46、高0.52、厚0.06米；后挡板长0.35、高0.46、厚0.05米。两侧帮板均由两块木板拼合而成，从底板斜直向上略向棺内弧收。帮板长2.07、高0.5、厚0.09米。底板由三块木板长边并排拼合而成。底板长2.06、宽0.54～0.74、厚0.07米。棺内底部残留大量白灰，厚0.02～0.03米，原应系防潮。墓主人骨保存较差，葬式为仰身直肢葬，头向东南，面向上。头骨碎裂，残存上下肢骨及少量椎骨、肋骨、趾骨，两臂平伸，置于身体两侧，两腿平置稍分开，左股骨略偏向右侧。头骨下方和两侧置有若干白灰包，作为墓主头部的支垫和固定所用。白灰包略呈圆柱状，长0.13～0.17、直径0.03～0.06米（图八）。

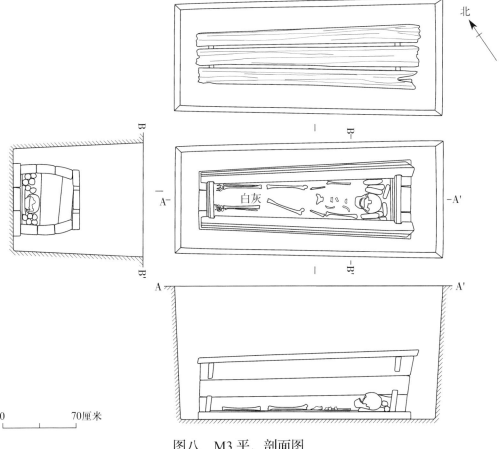

图八　M3平、剖面图

墓内无随葬器物出土。

## （二）出土遗物

无出土遗物。

# 四 M4

## （一）墓葬形制

M4 位于发掘区的中西部，探方 T2129 东南部，北距 M5 约 2.8 米。开口于①层下，距地表约 0.3 米，向下打破②～③层。竖穴土坑双棺墓。方向 288°。开口平面略呈梯形。墓口长 2.57、宽 1.65～1.95 米；墓底长 2.46、宽 1.55～1.83 米；深 0.7 米。墓坑口大底小，四壁从墓口向下斜直内收，壁面略光滑，墓底较平整。墓内填土为黄褐色沙土，土质略疏松，较软。

葬具为木棺，双棺合葬，保存较差。北棺平面略呈梯形，长 2.1、头端宽 0.73、足端宽 0.55、高 0.48 米。盖板残存两块木板，长边并排拼合而成，整体以榫卯形式扣合于棺身之上。盖板长 2.1、头端宽 0.4、足端宽 0.33、厚 0.05 米。前后挡板均仅残存下半部分，以榫卯形式嵌入两侧帮板的凹槽之内。前挡板长 0.52、高 0.19、厚 0.03 米；后挡板长 0.41、高 0.16、厚 0.03 米。两侧帮板各残存两块木板。帮板长 2.03、高 0.33、厚 0.07 米。底板由三块木板长边并排拼合组成。底板长 2.07、宽 0.55～0.67、厚 0.07 米。棺内底部铺有一层白灰，厚 0.03～0.06 米。墓主人骨架保存较差，葬式为仰身直肢葬，头向西，面向北。头骨、上肢骨及下肢骨保存较为完整，仅残存部分椎骨、肋骨、骶骨、盆骨，且移位严重，较为凌乱，两臂伸直平放于两侧，双膝处并拢，两足处分开。在棺内西部残存七个白灰包，位置较凌乱。南棺平面略呈梯形，长 2.1、头端宽 0.6、足端宽 0.5、高 0.3 米。盖板由三块木板长边并排拼合而成，整体以榫卯形式扣合于棺身之上。盖板长 2.1、头端宽 0.46、足端宽 0.4、厚 0.05 米。前后挡板均仅残存下半部分，以榫卯形式嵌入两侧帮板的凹槽之内。前挡板长 0.53、高 0.1、厚 0.02 米；后挡板长 0.42、高 0.1、厚 0.03 米。两侧帮板各残存一块木板。帮板长 1.99、高 0.17、厚 0.06 米。底板由三块木板长边并排拼合组成。底板长 2.11、宽 0.51～0.64、厚 0.07 米。棺内底部平铺一层白灰，厚 0.01～0.03 米。墓主人骨架保存较差，葬式为仰身直肢葬，头向西，面向上。仅存头骨、上肢骨及下肢骨和少量肋骨，两臂伸直平放于两侧，双腿分开，两小腿向左微屈。

墓内出土 2 件随葬品，均为铜手镯，分别位于南棺内西南部与南棺内墓主左手腕处（图九）。

## （二）出土遗物

共 2 件。

铜手镯 2 件。锈蚀严重呈铜绿色，由薄铜片弯曲而成。不规则圆形，截面呈长方形。素面。

M4:1，两端闭合。长径 6.5、宽 1、厚 0.1 厘米，重 11.55 克（图九，1；彩版一〇，5）。

M4:2，两端错位不闭合。长径 6、宽 1、厚 0.1 厘米，重 10.5 克（图九，2；彩版一〇，6）。

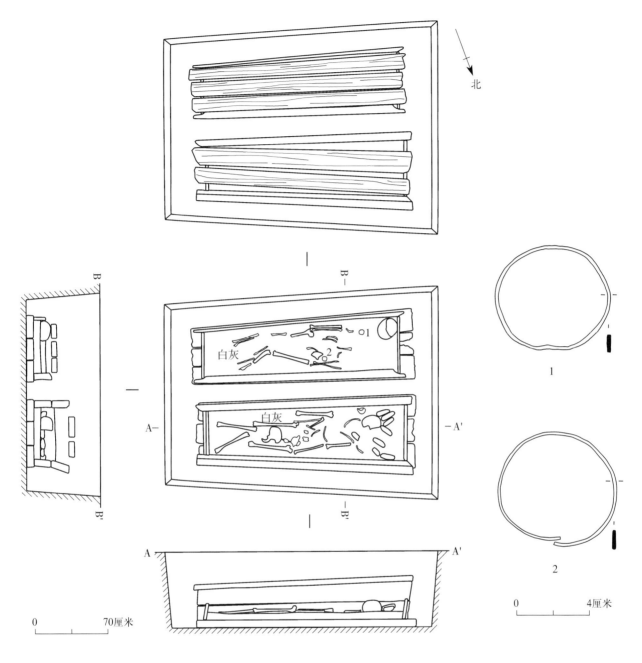

图九　M4平、剖面图及出土遗物
1、2.铜手镯

# 五　M5

## （一）墓葬形制

M5位于发掘区的中西部，探方T2129中部偏北，南距M4约2.8米。开口于①层下，距地表约0.3米，向下打破②～③层。竖穴土坑双棺墓。方向330°。开口平面略呈梯形。墓口长2.84、宽1.76～1.9米；墓底长2.69、宽1.64～1.76米；深0.85米。墓坑口大底小，四壁斜直内收，壁面略粗糙，墓底较平整。墓内填土为淡黄色沙土，土质略疏松，较软。

　　葬具为木棺，双棺合葬，保存较差。东棺平面略呈梯形，长 2.22、头端宽 0.76、足端宽 0.7、残高 0.67 米。盖板已朽不存。前后挡板均由三块木板拼合而成，以榫卯形式嵌入两侧帮板的凹槽之内。前挡板长 0.45、高 0.34、厚 0.07 米；后挡板长 0.41、残高 0.32、厚 0.06 米。左侧帮板由三块木板拼合而成，右侧帮板残存两块木板，从底板斜直向上略向棺内弧收。帮板长 2.17、高 0.58、厚 0.09 米。底板由三块木板长边并排拼合而成。底板长 2.22、宽 0.63～0.68、厚 0.09 米。棺内底部残留大量白灰，厚 0.03 米，原应系防潮用。墓主人骨架保存较差，葬式为仰身直肢葬，头向西北，面向上。头骨碎裂，残存上下肢骨及少量椎骨、肋骨，左上肢骨及椎骨均向右移位，肋骨均错位零散，股骨平置于两侧，胫骨、腓骨均已移位交错叠压。头骨下方和两侧置有若干白灰包，作为尸骨头部的支垫和固定。白灰包略呈圆柱状，长 0.14～0.22、直径 0.06～0.09 米。西棺平面略呈梯形，长 2.35、头端宽 0.75、足端宽 0.64、高 0.41 米。盖板、后挡板已不存。前挡板仅残存一块木板。前挡板长 0.47、高 0.08、厚 0.07 米。左侧帮板残存一块木板，右侧帮板残存两块木板，从底板斜直向上略向棺内弧收。帮板长 2.18、高 0.33、厚 0.1 米。底板由三块木板长边并排拼合而成。底板长 2.21、宽 0.56～0.66、厚 0.08 米。棺内底部残留大量白灰，厚 0.09 米，原应系防潮用。墓主人骨架保存较差，均已散乱，葬式等均不详。头骨移位至后挡板处，仅残存少量肢骨。棺内中部偏北残存少量垒置的石灰包，应是支垫并固定头骨所用。

　　墓内出土 2 件随葬品，均为银手镯，分别位于西棺内中东部和中西部两侧（图一〇）。

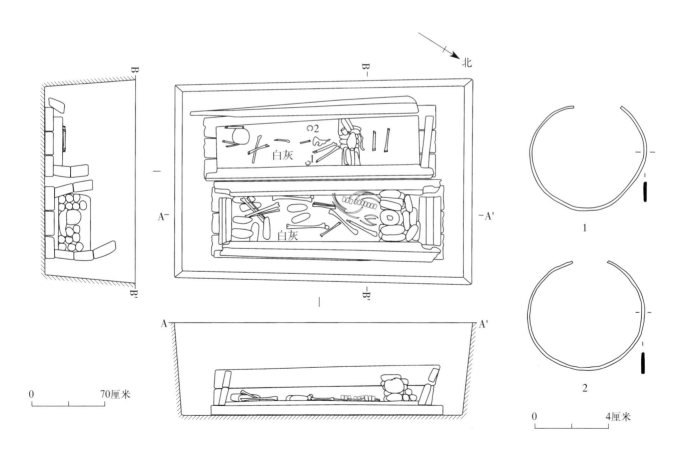

图一〇　M5 平、剖面图及出土遗物

1、2.银手镯

（二）出土遗物

共 2 件。

银手镯　2 件。因氧化呈铁黑色，由银片弯曲而成。不规则圆形，两端不闭合。截面为长方形。素面。

M5∶1，长径 6.2、宽 1、厚 0.1 厘米，重 10.86 克（图一〇，1；彩版一一，1）。

M5∶2，长径 6.2、宽 1、厚 0.1 厘米，重 11.6 克（图一〇，2；彩版一一，2）。

# 六　M6

## （一）墓葬形制

M6 位于发掘区的中北部，探方 T2135 的中南部，南距 M44 约 22 米。开口于①层下，距地表约 0.2 米，向下打破②～③层。竖穴土坑单棺墓。方向 338°。开口平面略呈梯形。墓口长 2.55、宽 0.89～1.12 米；墓底长 2.5、宽 0.92～1.12 米；深 0.28 米。墓坑口大底小，四壁向下斜直内收，壁面略光滑，墓底较平整。墓内填土为黄褐色细沙，土质略疏松，较软。

葬具为单木棺，保存极差。平面略呈梯形，长 2.02、头端宽 0.92、足端宽 0.68、残高 0.21 米。盖板、前后挡板已朽不存。两侧帮板均仅残存一块木板。帮板长 1.97、高 0.16、厚 0.05 米。底板残存一块木板。底板长 2.01、宽 0.13、厚 0.06 米。墓主人骨架保存极差，似有人为扰动，仅存部分上肢骨和下肢骨，葬式、面向等均不详。

墓内共出土 2 件随葬品，其中 1 件红陶罐位于木棺前挡外西北角，1 件银手镯位于木棺内墓主右手腕处（图一一；彩版一一，3）。

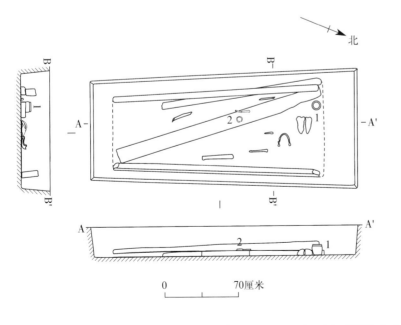
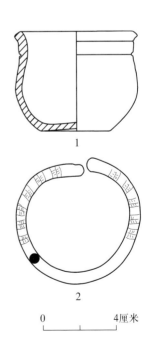

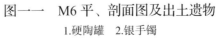

图一一　M6 平、剖面图及出土遗物

1.硬陶罐　2.银手镯

## （二）出土遗物

共 2 件，含硬陶罐和银手镯两类。

硬陶罐　1 件。

M6：1，侈口，直颈，鼓腹，平底略内凹。颈部饰两周凹弦纹。内外壁可见轮制痕迹，底部有明显拉坯旋修痕迹。红色硬陶。口径 7.2、底径 5、最大径 6.8、高 5.7 厘米（图一一，1；彩版一一，4）。

银手镯　1 件。

M6：2，因氧化呈铁黑色，由银条弯曲而成。不规则圆形，两端不闭合，截面呈圆形。手镯上饰有刻划符号。直径 7、截面直径 0.4 厘米，重 17.76 克（图一一，2；彩版一一，5）。

# 七　M7

## （一）墓葬形制

M7 位于发掘区的中西部，探方 T1226 的东北部，南距 M71 约 20 米。开口于①层下，距地表约 0.4 米，向下打破②～③层。竖穴土坑双棺墓。方向 82°。开口平面略呈梯形。墓口长 2.56、宽 1.5～1.6 米；墓底长 2.45、宽 1.4～1.54 米；深 0.65 米。墓坑口大底小，四壁斜直内收，壁面略粗糙，墓底较平整。墓内填土为黄褐色沙土，土质较为致密，较硬。

葬具为木棺，双棺合葬，保存较差。南棺平面略呈梯形，长 1.98、头端宽 0.53、足端宽 0.44、高 0.27 米。盖板、后挡板已朽不存。前挡板仅残存一块木板，以榫卯形式嵌入两侧帮板的凹槽之内。前挡板长 0.49、高 0.13、厚 0.02 米。两侧帮板均仅残存两块木板，从底部向上略竖直。帮板长 1.95、高 0.23、厚 0.02 米。底板残存三块木板。底板长 1.98、宽 0.44～0.53、厚 0.04 米。棺内底部残留有一层白灰，厚 0.04 米，原应系防潮用。墓主人骨架保存基本完整，葬式为仰身直肢葬，头向东，面向上。颅骨碎裂，其余骨架保存较好，除肋骨略有移位外，其余骨架排列规整。两臂平伸置于身体两侧，两腿平置稍分开，双膝略内扣并拢。头骨下方和两侧置若干白灰包，作为墓主头部的支垫和固定。白灰包略呈圆柱状，

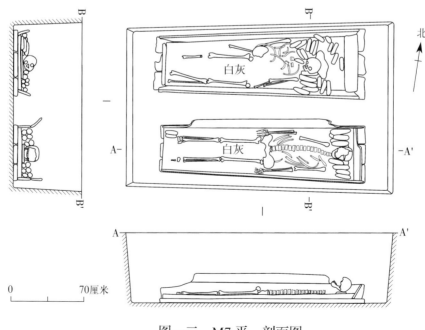

图一二　M7 平、剖面图

长 0.14 ～ 0.2、直径 0.05 米。北棺平面略呈梯形，长 2.3、头端宽 0.66、足端宽 0.52、高 0.16 米。盖板已朽不存。前、后挡板均仅存一块木板。前挡板长 0.53、高 0.1、厚 0.13 米；后挡板长 0.38、高 0.03、厚 0.04 米。两侧帮板均仅残存一块木板。帮板长 1.92、高 0.11、厚 0.03 米。底板由三块木板长边并排拼合而成。底板长 2.03、宽 0.49 ～ 0.66、厚 0.04 米。棺内底部残留一层白灰，厚 0.03 米。墓主人骨架保存基本完整，葬式为仰身直肢葬，头向东，面向上。肋骨、椎骨已散乱错位，其余骨架排列规整，两臂平伸置于身体两侧，两腿平置稍分开，双膝略外翻，双足处并拢。头骨下方和两侧置若干白灰包，作为墓主头部的支垫和固定。白灰包略呈圆柱状，长 0.15 ～ 0.2、直径 0.04 米（图一二）。

墓内无随葬器物出土。

## （二）出土遗物

无出土遗物。

# 八　M8

## （一）墓葬形制

M8 位于发掘区的中北部，探方 T1131 的西南部，东距 M84 约 29 米。开口于①层下，距地表约 0.2 米，向下打破②～③层。竖穴土坑单棺墓。方向 47°。开口平面略呈梯形。墓口长 2.55、宽 1 ～ 1.06 米；墓底长 2.44、宽 0.94 ～ 1 米；深 0.42 米。墓坑口大底小，四壁斜直内收，壁面略光滑，墓底较平整。墓内填土为黄灰色沙土，土质略疏松，较软。

葬具为单木棺，木棺保存较差。平面略呈梯形，长 2.2、头端宽 0.58、足端宽 0.48、高 0.21 米。盖板已朽不存。前、后挡板均仅残存少许木块。前挡板长 0.45、高 0.12、厚 0.04 米；后挡板长 0.34、高 0.12、厚 0.05 米。两侧帮板均仅残存一块木板。帮板长 2.2、高 0.16、厚 0.08 米。底板由三块木板长边并排拼合而成。底板长 2.19、宽 0.45 ～ 0.53、厚 0.06 米。棺内底部白灰层板结后碎裂成几大块。墓主人骨保存极差，仅残存部分上肢骨，葬式为仰身直肢葬，头向、面向不详。

墓内出土 1 件釉陶罐，位于木棺前挡外侧底板上（图一三）。

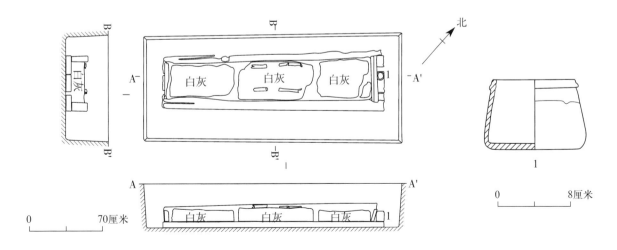

图一三　M8 平、剖面图及出土遗物
1.釉陶罐

## （二）出土遗物

仅 1 件釉陶罐。

M8：1，圆唇，敛口，微束颈，斜直垂腹，平底，整体略歪斜。素面。紫红色胎。口沿及颈部施一周酱釉，有流釉现象。口径 10.2、底径 11.5、最大径 10.6、高 7.7 厘米（图一三，1；彩版一二，1）。

# 九    M9

## （一）墓葬形制

M9 位于发掘区的中北部，探方 T1337 的南部，北距 M10 约 5 米。开口于①层下，距地表 0.5 米，向下打破②～③层。竖穴土坑三棺墓。方向 20°。开口平面略呈梯形。墓口长 2.5、宽 2.2 ～ 2.3 米；墓底长 2.41、宽 2.1 ～ 2.2 米；深 0.4 米。墓坑口大底小，四壁斜直内收，壁面略光滑，墓底较平整。墓内填土为黄灰色沙土，土质略疏松，较软。

葬具为木棺，三棺合葬，保存较差。西棺平面略呈梯形，长 2.05、头端宽 0.54、足端宽 0.46、残高 0.12 米。盖板、后挡板已朽不存。前挡板残存少许木块。前挡板长 0.46、高 0.1、厚 0.02 米。帮板仅有左侧残存一块木板。帮板长 0.99、高 0.08、厚 0.02 米。底板由三块木板长边并排拼合而成。底板长 2.05、宽 0.46 ～ 0.54、厚 0.04 米。棺内底部有少量白灰。墓主人骨保存较好，葬式为仰身直肢葬，头向北，面向上。双腿并拢，两臂平放肋骨两侧，头骨向右稍倾斜。中棺平面略呈梯形，长 2.17、头端宽 0.64、足端宽 0.52、高 0.21 米。盖板、后挡板已朽不存。前挡板残存少许木块。前挡板长 0.52、高 0.13、厚 0.07 米。帮板仅有左侧残存一块木板。帮板长 2.01、高 0.13、厚 0.03 米。底板由三块木板长边并排拼合而成。

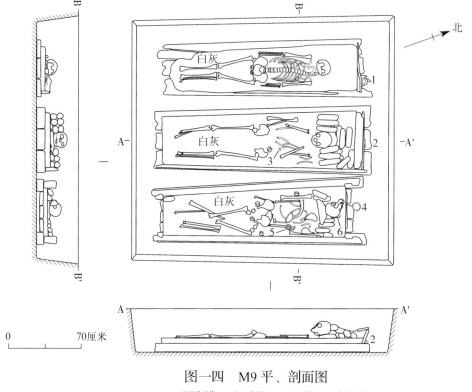

图一四  M9 平、剖面图

1、2、4.硬陶罐 3.银戒指 5.玉手镯 6.银押发

底板长 2.07、宽 0.52～0.64、厚 0.08 米。棺内底部有少量白灰。墓主人骨保存较差，葬式为仰身直肢葬，头向北，面向上。双腿向左倾斜分开，肋骨保存较差，向左移位，两臂向右移位，头骨完整，头骨两侧有几块固定用的白灰包。东棺平面略呈梯形，长 2.06、头端宽 0.63、足端宽 0.49、高 0.2 米。盖板、后挡板已朽不存。前挡板残存少许木块。前挡板长 0.35、高 0.04、厚 0.01 米。两侧帮板均仅残存一块木板。帮板长 2、高 0.13、厚 0.07 米。底板由五块木板长边并排拼合而成。底板长 2.05、宽 0.49～0.63、厚 0.07 米。棺内底部有少许白灰。墓主人骨架保存较差，葬式为仰身直肢葬，头向、面向不详。头骨移位至前挡板处，肋骨保存较差，上下移位凌乱，双臂移位，左右分开至帮板侧，双腿向右移位分开。头骨两边有七块固定的白灰包。

墓内共出土随葬品 6 件，其中 3 件硬陶罐分别位于三座木棺前挡外侧的底板之上，1 件银戒指处于中棺内中部，1 件玉手镯处于东棺墓主左手腕处，1 件银押发处于东棺墓主头骨东侧（图一四；彩版一三，1）。

### （二）出土遗物

共 6 件，有硬陶罐、银戒指、银押发和玉手镯等。

硬陶罐 3 件。直口，微束颈，弧腹，下腹弧收，平底微内凹。口沿下有两道凹弦纹。外壁可见轮制痕迹，底部有明显拉坯旋修痕迹。红褐色硬陶。

M9：1，圆方唇。口径 7.6、底径 4.2、最大径 7.4、高 6.3 厘米（图一五，1；彩版一二，2）。

M9：2，圆唇。口径 7.7、底径 5.3、最大径 7.8、高 5.6 厘米（图一五，2；彩版一二，3）。

M9：4，圆方唇。口径 8、底径 4.2、最大径 7.3、高 6.1 厘米（图一五，4；彩版一二，4）。

银戒指 1 件。

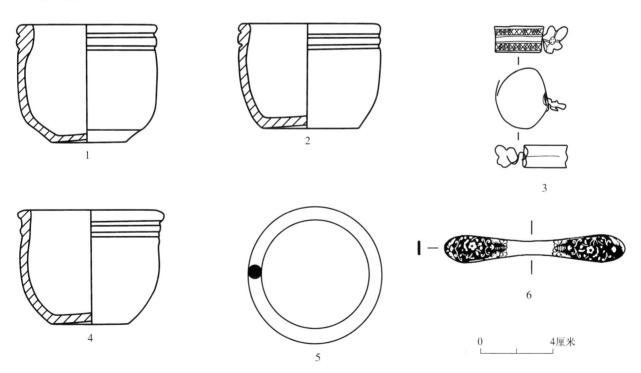

图一五 M9 出土遗物

1、2、4.硬陶罐（M9：1、2、4） 3.银戒指（M9：3） 5.玉手镯（M9：5） 6.银押发（M9：6）

M9：3，通体呈圆环形，戒面较宽，其余部位较细，戒面一端为一立体花朵装饰，花朵中央有一圆托，所嵌之物已不存。花朵一端呈圆锥状，另一端呈扁平状。戒面上錾刻菱形纹饰。直径3.3厘米，重4.6克（图一五，3；彩版一二，5）。

银押发　1件。

M9：6，两端为舌形，中间窄两头宽。两端錾刻花叶纹和蜜蜂。长10、宽0.65～1.3、厚0.16～0.24厘米，重8克（图一五，6；彩版一二，6）。

玉手镯　1件。

M9：5，橙红色，手工制作。圆环形，截面呈圆形。素面。直径7.3、截面径0.7厘米，重20.5克（图一五，5；彩版一三，2）。

# 一〇　M10

## （一）墓葬形制

M10位于发掘区的西北部，探方T1337的西北部，南距M9约5米，西北距M12约20米。开口于①层下，距地表约0.4米，向下打破②～④层。竖穴土坑双棺墓。方向24°。开口平面略呈长方形。墓口长2.6、宽1.8～1.9米；墓底长2.47、宽1.7～1.78米；深0.85米。墓坑口大底小，斜壁平底，壁面较粗糙。墓内填灰黄色细沙土，土质较致密，稍软。

葬具为木棺，双棺合葬，保存较差。东棺平面略呈梯形，长2.13、头端宽0.76、足端宽0.59、高0.45米。盖板已朽不存。前、后挡板均仅残存下部，以榫卯形式嵌入两侧帮板的凹槽之内。前挡板长0.56、高0.23、厚0.05米；后挡板长0.41、高0.23、厚0.04米。左侧帮板残存两块木板，右侧帮板残存一块木板。帮板长2.06、高0.35、厚0.1米。底板由三块木板长边并排拼合而成。底板长2.13、宽0.59～0.75、厚0.1米。棺内底部铺有一层白灰，厚0.03～0.05米。墓主人骨架保存较差，头骨已不存，葬式不详，头向北，面向不详。残存四节上肢骨均移位，下肢骨竖向平放。西棺平面略呈梯形，长2.19、头端宽0.74、足端宽0.58、高0.29米。盖板已朽不存。前、后挡板均仅残存下部，以榫卯形式嵌入两侧帮板的凹槽之内。前挡板长0.52、高0.12、厚0.07米；后挡板长0.44、高0.05、厚0.06米。两侧帮板均仅残存一块木板。帮板长2.07、高0.57、厚0.1米。底板由三块木板长边并排拼合而成。底板长2.19、宽0.58～0.74、厚0.1米。棺内底部铺一层白灰，厚0.01～0.03米。墓主人骨保存极差，头骨已朽不存，葬式为仰身直肢葬，头向北，面向不详。残存上肢骨、下肢骨均移位，较凌乱。

墓内出土随葬品2件，其中1件硬陶罐位于东棺前挡外底板东北角，1件银手镯处于西棺内墓主左手骨处（图一六）。

## （二）出土遗物

共2件，含硬陶罐和银手镯两类。

硬陶罐　1件。

M10：1，圆唇，微侈口，微束颈，弧腹近直，平底略内凹。口沿下饰两周凹弦纹。内外壁可见轮制痕迹，外底有明显拉坯旋修痕迹。红褐色硬陶。口径7.8、底径4.7、最大径7.7、高6.1厘米（图一六，1；彩版一三，3）。

银手镯　1件。

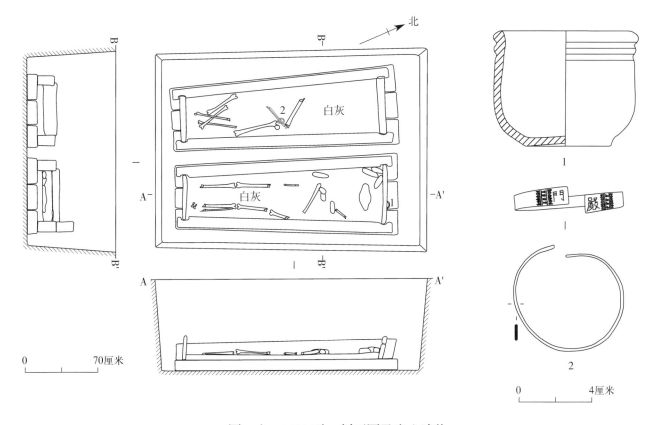

图一六 M10 平、剖面图及出土遗物
1.硬陶罐 2.银手镯

M10：2，因氧化呈铁黑色，由长方形薄片弯曲而成。不规则圆形，两端饰波浪纹和弦纹组合图案及"严""门"二字，两端不闭合，截面呈长方形。直径6、截面宽0.7、厚0.1厘米，重10.5克（图一六，2；彩版一三，4）。

# 一一 M11

## （一）墓葬形制

M11位于发掘区的西北部，探方T1140的中南部，南邻M12，东南距M10约35米。开口于②层下，距地表约0.6米，向下打破③～④层。竖穴土坑双棺墓。方向58°。开口平面略呈梯形。墓口长2.6、宽1.6～1.7米；墓底长2.5、宽1.52～1.72米；深0.73米。墓坑口大底小，四壁斜直内收，壁面略粗糙，墓底较平整。墓内填土为黄褐色沙土夹红褐色淤泥块，土质致密，稍软。

葬具为木棺，双棺合葬，保存较差。南棺朽痕略呈梯形，长2.08、头端宽0.56、足端宽0.5、高0.13米。盖板、前后挡板与底板均已朽不存。仅存较少的两侧帮板。帮板长1.77、高0.08、厚0.05米。墓主人骨架保存一般，葬式为仰身直肢葬，头向东，面向南。残存下颌骨、上下肢骨及少量椎骨，双臂平伸置于身体两侧，双腿平置略分开，双足并拢。北棺平面略呈梯形，长2.09、头端宽0.66、足端宽0.53、高0.37米。盖板、后挡板已朽不存。前挡板仅残存一块木板，以榫卯形式嵌入两侧帮板的凹槽之内。前挡板长0.35、高0.11、厚0.02米。两侧帮板均残存两块木板，从底板斜直向上略向棺内弧收。帮板长2.07、高0.29、厚0.08米。底板由三块木板长边并排拼合而成。底板长2.09、宽0.53～0.66、厚0.07米。墓主人骨架保存一般，葬式为仰身直肢葬，头向东，面向北。其余仅存上下肢骨和少量盆骨碎块，双臂平伸置于身体两侧，双腿平置略分开。

墓内出土2件釉陶罐，分别处于南北两棺前挡外底板西北角（图一七；彩版一四，1）。

### （二）出土遗物

共2件。

釉陶罐　2件。圆唇，唇下一周内凹，束颈，耸肩，斜弧腹。施酱釉，均为半釉。

M11:1，直口，平底。腹部饰有团花纹。内壁肩颈处可见一周指甲印痕。紫红色胎。口至腹部施酱釉。口径8.8、底径10、最大径10.2、高8厘米（图一七，1；彩版一四，2）。

M11:2，直口微敛，平底内凹，略歪斜。腹部饰一周折线纹、一周竖线纹以及一周折线几何纹。泥质紫红色陶。内壁口沿及外壁施酱釉，釉不及外底。口径10.3、底径13.2、最大径14.9、高12厘米（图一七，2；彩版一四，3）。

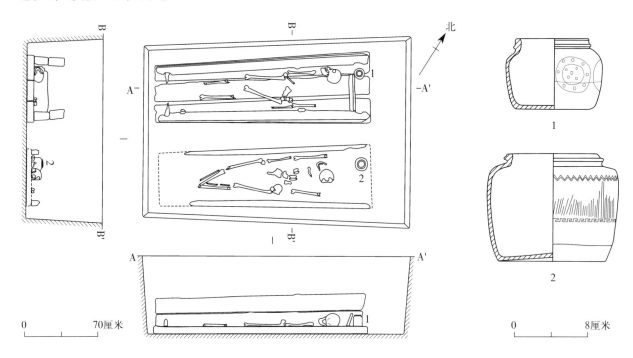

图一七　M11平、剖面图及出土遗物
1、2.釉陶罐

## 一二　M12

### （一）墓葬形制

M12位于发掘区的西北部，探方T1139的西北部，北邻M11。开口于②层下，距地表约1.1米，向下打破③~④层。竖穴土坑单棺墓。方向52°。墓葬上部存在封土，为浅红褐色土，较为坚硬。封土平面略呈椭圆形，长径4.5、短径3.05、高0.33米。开口平面略呈梯形。墓口长2.45、宽0.8~0.86米；墓底长2.35、宽0.68~0.74米；深0.65米。墓坑口大底小，四壁斜直内收，壁面略粗糙，墓底较平整。墓内填土为黄褐色沙土，土质致密，较为坚硬。

葬具为单木棺，保存较差。平面略呈梯形，长 2.08、头端宽 0.63、足端宽 0.56、高 0.34 米。盖板已不存。前、后挡板均仅残存一块木板，以榫卯形式嵌入两侧帮板的凹槽之内。前挡板长 0.45、高 0.03、厚 0.04 米；后挡板长 0.41、高 0.08、厚 0.05 米。左侧帮板残存一块木板，右侧帮板残存两块木板，帮板长 2.06、高 0.29、厚 0.07 米。底板由四块木板长边并排拼合而成。底板长 2.05、宽 0.53～0.63、厚 0.05 米。墓主人骨架保存较好，葬式为仰身直肢葬，头向东北，面向上。双臂平伸置于身体两侧，双腿平直稍分开，双膝略内扣并拢。

墓内出土 1 件釉陶罐，处于木棺前挡外底板上（图一八；彩版一五，1）。

（二）出土遗物

共 1 件。

釉陶罐　1 件。

M12：1，圆唇，微侈口，束颈，鼓腹，下腹斜收，平底。素面。红褐色胎。器表施酱釉，釉不及底，内壁满釉。口径 6.8、底径 6.7、最大径 9、高 6.5 厘米（图一八，1；彩版一五，2）。

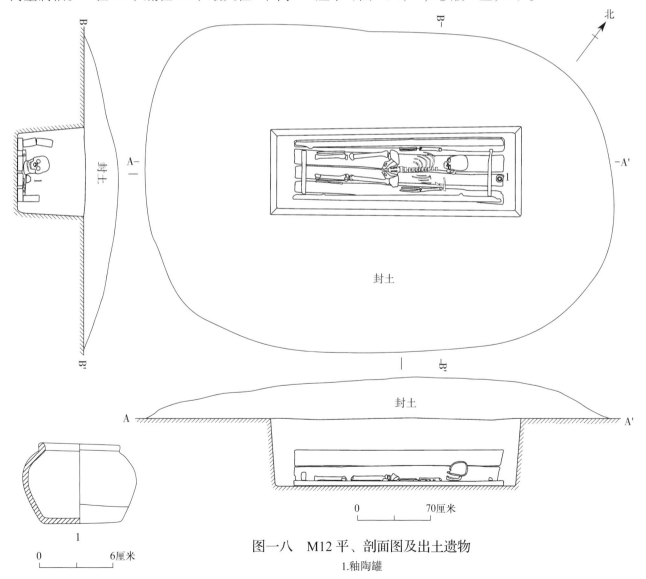

图一八　M12 平、剖面图及出土遗物

1.釉陶罐

# 一三　M13

## （一）墓葬形制

M13 位于发掘区的中北部，探方 T3348 的中南部，东北距 M14 约 26 米，东南距 M15 约 35 米。开口于①层下，距地表约 0.4 米，向下打破②～③层。竖穴土坑双棺墓。方向 37°。开口平面略呈梯形。墓口长 2.56、宽 1.6～1.7 米；墓底长 2.43、宽 1.5～1.6 米；深 0.62 米。墓室四壁从墓口向下斜直内收，口大底小，壁面略光滑，墓底东半部高西半部低。墓内填土为黄灰色沙土，土质略疏松，较软。

葬具为木棺，双棺合葬，保存较差。东棺平面略呈梯形，长 2.1、头端宽 0.48、足端宽 0.45、高 0.1 米。盖板、前后挡板、帮板已朽不存。底板残存三块木板。底板长 2.1、宽 0.45～0.48、厚 0.05 米。棺内底部有大量白灰，厚 0.05 米。墓主人骨架保存较好，葬式为仰身直肢葬，头向东北，面向上。双腿分开，平放，向右倾斜，两臂分开平放，向里内收，盆骨、肋骨保存完整，头骨面部已破碎，其余部分完整。墓主人头部两侧有几块起固定作用的白灰包。西棺平面略呈梯形，长 2.06、头端宽 0.66、足端宽 0.52、高 0.44 米。盖板、后挡板已朽不存。前挡板仅残存一块木板。前挡板长 0.54、高 0.13、厚 0.03 米。左侧帮板仅残存一块木板，右侧帮板残存两块木板，从底板斜直向上。帮板长 2、高 0.36、厚 0.05 米。底板由三块木板长边并排拼合而成。底板长 1.03、宽 0.52～0.66、厚 0.06 米。棺内底部有大量白灰，厚 0.05 米。墓主人骨架保存一般，葬式为仰身直肢葬，头向东，面向上。双腿分开、平放，盆骨保存完整，肋骨基本已朽不存。

墓内共计出土 5 件随葬品，其中 1 件硬陶罐处于西棺前挡外的底板上，2 枚银戒指分别处于西棺中东部和中西部，1 件银押发处于西棺头部北侧，1 件银耳坠处于西棺墓主头骨右侧（图一九）。

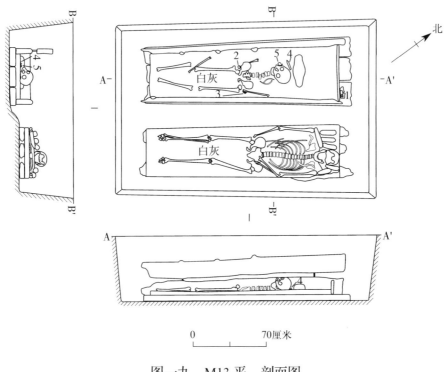

图一九　M13 平、剖面图
1.硬陶罐　2、3.银戒指　4.银押发　5.银耳坠

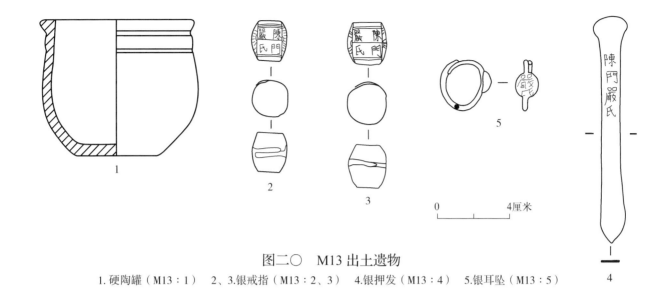

图二〇　M13 出土遗物

1. 硬陶罐（M13：1）　2、3.银戒指（M13：2、3）　4.银押发（M13：4）　5.银耳坠（M13：5）

（二）出土遗物

共 5 件，含硬陶罐、银戒指、银押发和银耳坠等。

硬陶罐　1 件。

M13：1，尖圆唇，直口微敛，微束颈，弧腹，下腹弧收，平底。口沿下饰两周凹弦纹。底部有明显拉坯旋修痕迹。红色硬陶。口径 7.5、底径 4.5、最大径 80、高 6.5 厘米（图二〇，1；彩版一五，3）。

银戒指　2 件。锈蚀面大。戒箍为银片弯曲而成，接口处两端重叠，戒面呈鼓形。上錾刻有"陈门严氏"字样及花瓣纹。

M13：2，戒箍直径 2、戒面长 3.3、宽 2 厘米，重 3.2 克（图二〇，2；彩版一六，1）。

M13：3，戒箍直径 1.8、戒面长 3.4、宽 2 厘米，重 3 克（图二〇，3；彩版一六，2）。

银押发　1 件。

M13：4，整体扁平，首部呈勺形，直颈，中部为扁平长条形，端头圭形。背面錾刻"陈门严氏"。长 11、头宽 1.6、中部宽 0.9、尾宽 1.2 厘米，重 5.1 克（图二〇，4；彩版一六，3）。

银耳坠　1 件。

M13：5，整体呈不规则椭圆形，两端相叠。中部为一空心半球，上錾刻"严氏"，其余部分为条状，横截面为圆形。直径 2.4、截面径 0.2、半球直径 1 厘米，重 3.4 克（图二〇，5；彩版一六，4）。

# 一四　M14

（一）墓葬形制

M14 位于发掘区的北部，探方 T3549 的东北部，西南距 M13 约 26 米，东南距 M15 约 30 米。开口于①层下，距地表约 0.4 米，向下打破②～④层。竖穴土坑单棺墓。方向 25°。开口平面略呈梯形。墓口长 2.6、宽 0.9～1.06 米；墓底长 2.49、宽 0.82～0.96 米；深 0.8 米。墓坑口大底小，斜壁平底，壁面较粗糙。墓内填黄褐色细沙土，土质较致密，稍软。

葬具为木棺，保存较差。平面略呈梯形，长 2.22、头端宽 0.72、足端宽 0.56、高 0.67 米。盖板已朽不存。前、后挡板均由三块木板拼合而成，以榫卯形式嵌入两侧帮板的凹槽之内。前挡板长 0.44、高 0.59、厚 0.07 米；后挡板长 0.36、高 0.5、厚 0.06 米。两侧帮板均由三块木板拼合而成，从底板斜直向上略向棺内弧收。帮板长 2.21、高 0.54、厚 0.1 米。底板由三块木板长边并排拼合而成。底板长 2.18、宽 0.56～0.72、厚 0.1 米。棺内底部铺一层白灰，厚 0.03～0.05 米。墓主人骨架较完整，葬式为仰身直肢葬，头向北，面向上。上肢骨平放于肋骨、椎骨、盆骨两侧，下肢股骨、腓骨竖向平放，胫骨向上移位。墓主头骨两侧及双足处均被白灰包固定。白灰包呈圆柱形，长 0.08～0.15、直径 0.05 米。

墓内共计出土 5 件随葬品，其中 1 件釉陶罐处于木棺前挡外，2 件银手镯分别处于木棺内墓主左、右手骨处，1 件银戒指处于木棺内墓主左手骨处，1 件料珠处于木棺内墓主头骨左侧，可能为耳饰（图二一）。

（二）出土遗物

共 5 件，有釉陶罐、银手镯、银戒指、料珠等。

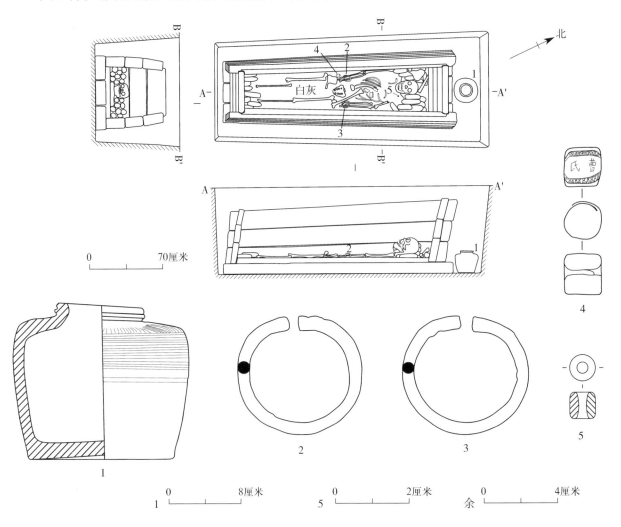

图二一   M14 平、剖面图及出土遗物

1.釉陶罐   2、3.银手镯   4.银戒指   5.料珠

釉陶罐　1件。

M14：1，重唇，束颈，广肩近折，斜直腹，平底略内凹，整体略歪斜。肩部饰一周竖线纹，腹部上方饰数周弦纹。红褐色胎。内外壁施酱釉，釉不及外底。口径 12.2、底径 20、最大径 20.9、高 19.5 厘米（图二一，1；彩版一七，1）。

银手镯　2件。因氧化呈铁黑色，手工打造。椭圆形，两端不闭合。横截面为圆形。素面。

M14：2，附着绿锈。直径 7、镯首厚 0.7、镯中厚 0.6 厘米，重 19.8 克（图二一，2；彩版一七，2）。

M14：3，直径 6.8、镯厚 0.65 厘米，重 20.3 克（图二一，3；彩版一七，3）。

银戒指　1件。

M14：4，环形，戒箍为银片弯曲而成，接口处两端重叠。戒面呈鼓形，上錾刻有“曹氏”二字及回形纹。戒箍直径 2.1、戒面长 3.4、宽 2.1 厘米，重 4.3 克（图二一，4；彩版一六，5）。

料珠　1件。

M14：5，整体呈扁圆环状，中有贯通孔，外表通体呈黑色。素面。直径 0.7、孔径 0.3、厚 0.7 厘米，重 1 克（图二一，5；彩版一六，6）。

# 一五　M15

## （一）墓葬形制

M15 位于发掘区的东北部，探方 T3747 的中南部，西北距 M14 约 30 米，东南距 M16 约 15 米。开口于①层下，距地表约 0.2 米，向下打破②～③层。竖穴土坑墓。方向 76°。开口平面略呈梯形。墓口长 2.45、宽 1.54～1.6 米；墓底长 2.34、宽 1.48～1.54 米；深 0.31 米。墓坑口大底小，四壁向下斜直内收，壁面略光滑，墓底较平整。墓内填土为黄褐色沙土，土质略疏松，较软。

葬具为木棺，双棺合葬，保存极差，仅存棺痕。北棺平面略呈梯形，长 2.03、头端宽 0.64、足端宽 0.47、高 0.11 米。盖板、前后挡板、帮板、底板等基本已朽不存。棺底铺一层白灰，厚 0.03～0.06 米。墓主人骨架保存较差，葬式为仰身直肢葬，头向东北，面向上。头骨、上肢骨及下肢骨保存较为完整，仅残存部分椎骨、肋骨、骶骨、盆骨。南棺平面略呈梯形，长 2.1、头端宽 0.64、足端宽 0.53、高 0.15 米。木棺大部分已朽不存，仅存一块右侧帮板。帮板长 2.03、高 0.09、厚 0.02 米。棺内底部铺一层白灰，厚 0.01～0.03 米。墓主人骨架保存较差，葬式为仰身直肢葬，头向东北，面向上。仅存头骨和大部分上肢骨及下肢骨、少量的肋骨，两臂伸直平放于两侧，双膝向内靠紧，两小腿竖向平放。

墓内共计出土 3 件随葬品，其中 2 件硬陶罐分别处于南北两棺前挡外底板东北角，1 件银押发处于北棺内中北部墓主头顶处（图二二；彩版一八，1）。

## （二）出土遗物

共 3 件，含硬陶罐和银押发两类。

硬陶罐　2件。圆唇，微束颈，弧腹。颈部饰两周凹弦纹。有明显的拉坯旋修痕迹。红褐色硬陶。

M15：1，直口，平底。口径 9.4、底径 5.2、最大径 8.8、高 7.1 厘米（图二二，1；彩版一八，2）。

M15：2，侈口，平底略内凹。内外壁可见轮制痕迹。口径 8.8、底径 5、最大径 7.4、高 6.1 厘米（图二二，2；彩版一八，3）。

银押发　1件。

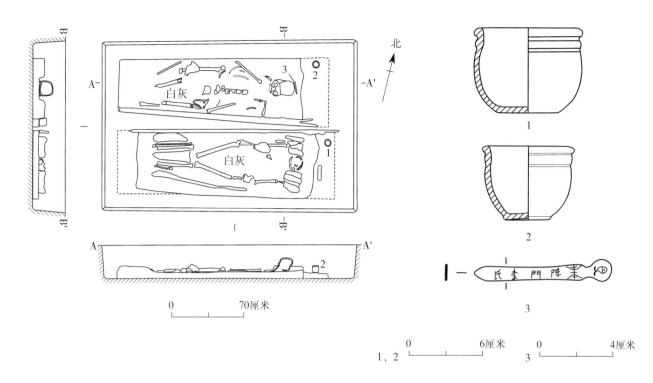

图二二　M15 平、剖面图及出土遗物
1、2.硬陶罐　3.银押发

　　M15：3，整体扁平，首部呈勺形，束颈，中部为扁平长条形，端头为圭形。器身正面錾刻"陈门李氏"，首部内錾刻一小鱼，之间为一组短线标记。长 8.5、头宽 1.3、中部宽 0.7、尾宽 0.8 厘米，重 4.8 克（图二二，3；彩版一八，4）。

# 一六　M16

　　M16 位于发掘区的中东部，探方 T3846 的中南部，南距 M17 约 43 米，西北距 M15 约 15 米。开口于①层下，距地表约 0.3 米，向下打破②～④层。竖穴土坑双棺墓。方向 274°。开口平面略呈长方形。墓口长 2.6、宽 1.5～1.64 米；墓底长 2.46、宽 1.42～1.54 米；深 0.65 米。墓坑口大底小，墓壁向内微收，壁面较粗糙，墓底较平整。墓内填灰黄色细沙土，土质较致密，稍软。

　　葬具为木棺，双棺合葬，保存较差。北棺平面略呈梯形，长 2.03、头端宽 0.61、足端宽 0.47、残高 0.17 米。盖板、前后挡板已朽不存。两侧帮板均仅残存一块木板。帮板长 2、高 0.11、厚 0.05 米。底板由三块木板长边并排拼合而成。底板长 2.03、宽 0.39～0.57、厚 0.05 米。棺内底部铺一层白灰，厚 0.03～0.05 米。墓主人骨架保存较差，葬式为仰身直肢葬，头向、面向不详。头骨已朽缺失，上肢骨平放于椎骨、肋骨两侧，下肢骨仅存股骨一节。南棺平面略呈梯形，长 2.09、头端宽 0.6、足端宽 0.5、高 0.4 米。盖板、前后挡板已朽不存。右侧帮板残存三块木板，左侧帮板仅残存一块木板，从底板斜直向上略向棺内弧收。帮板长 1.94、高 0.33、厚 0.07 米。底板由三块木板长边并排拼合而成。底板长 2.09、宽 0.5～0.6、厚 0.07 米。棺内底部铺较少白灰。墓主人骨架保存较差，葬式为仰身直肢葬，头向、面向不详。头骨已朽不存，下肢骨仅存竖向平放的胫骨、腓骨各一节（图二三）。

　　墓内无随葬品出土。

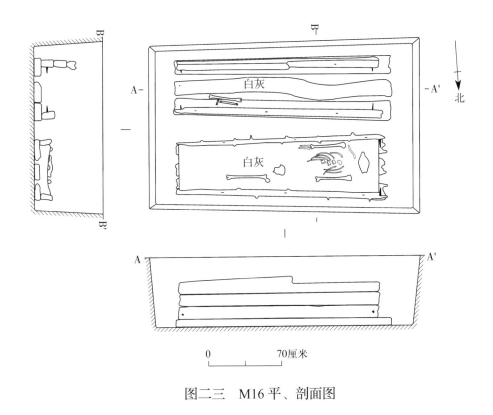

图二三　M16平、剖面图

## （二）出土遗物

无出土遗物。

# 一七　M17

## （一）墓葬形制

M17位于发掘区东北部，探方T3942东南角，北距M16约43米。开口于①层下，距地表约0.4米，向下打破②~③层。竖穴土坑单棺墓。方向301°。开口平面略呈梯形。墓口长2.55、宽0.85~1米；墓底长2.45、宽0.78~0.91米；深0.57米。墓坑口大底小，四壁向下斜直内收，壁面略光滑，墓底较平整。墓内填土为黄灰色沙土夹青灰色土块，土质略疏松，较软。

葬具为单木棺，保存较差。平面略呈梯形，长2.11、头端宽0.62、足端宽0.51、高0.27米。盖板已朽不存。前挡板残存两块木板，后挡板仅残存一块木板，以榫卯形式嵌入两侧帮板的凹槽之内。前挡板长0.39、高0.22、厚0.05米；后挡板长0.43、高0.11、厚0.03米。两侧帮板各残存两块木板，从底板斜直向上略向棺内弧收。帮板长2.05、高0.23、厚0.05米。底板为五块木板长边并排组合而成。底板长2.09、宽0.51~0.62、厚0.05米。棺内底部残存一层草木灰，厚0.02米。墓主人骨架保存一般，葬式为仰身直肢葬，头向西，面向北。肋骨、脊椎骨平放在棺内中上部，上肢骨平放在肋骨两边，上肢骨内收，盆骨已裂开，分置于帮板两侧，下肢骨紧挨着盆骨下方，平放在棺内中下部，腿骨内收。

墓内出土1件硬陶罐，处于木棺前挡外底板上（图二四）。

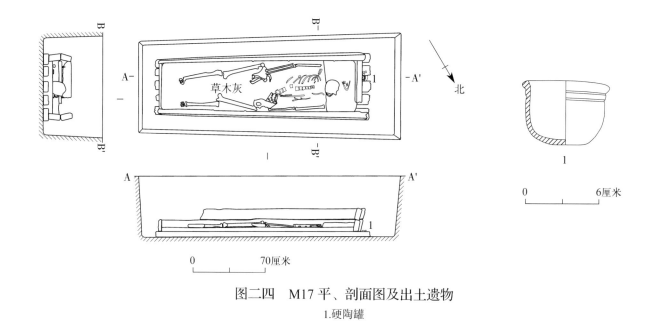

草木灰

北

1

0　　　　6厘米

0　　　　70厘米

图二四　M17 平、剖面图及出土遗物

1.硬陶罐

（二）出土遗物

共 1 件。

硬陶罐　1 件。

M17：1，方唇，微侈口，微束颈，弧腹，平底，整体略歪斜。颈部饰两周凹弦纹。外壁可见轮制痕迹。红褐色硬陶。口径 7、底径 4.2、最大径 6.6、高 4.8 厘米（图二四，1；彩版一七，4）。

# 一八　M18

## （一）墓葬形制

M18 位于发掘区的中北部，探方 T2919 单棺东南部，东北距 M19 约 15 米。开口于①层下，距地表约 0.4 米，向下打破②～③层。竖穴土坑墓。方向 28°。开口平面略呈梯形。墓口长 2.5、宽 0.8～1米；墓底长 2.4、宽 0.72～0.92 米；深 0.5 米。墓坑口大底小，四壁向下斜直内收，壁面略光滑，墓底较平整。墓内填土为黄灰色沙土，土质略疏松，较软。

葬具为木棺，保存较差。平面略呈梯形，长 2、头端宽 0.56、足端宽 0.38、残高 0.17 米。盖板、前后挡板已朽不存。两边帮板各仅存一块木板。帮板长 2.03、高 0.13、厚 0.04 米。底板保存较差，仅存两端少许木块。底板长 2.01、宽 0.38～0.49、厚 0.05 米。棺内底部有少许白灰。墓主人骨保存较好，葬式为仰身直肢葬，头向北，面向上。墓主双腿平放，略向左倾斜，两臂分开平放，左臂部分肢骨不存，肋骨与盆骨保存较好。

墓内出土 1 件釉陶罐，处于木棺前挡外底板上（图二五）。

## （二）出土遗物

共 1 件。

釉陶罐　1 件。

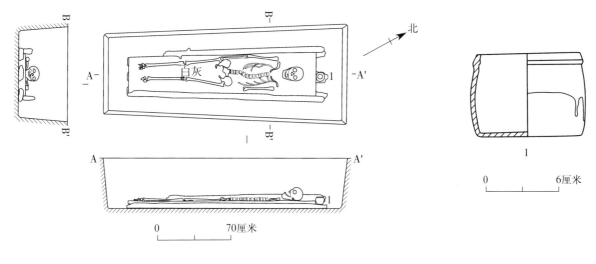

图二五 M18 平、剖面图及出土遗物
1.釉陶罐

M18：1，圆唇，唇下一周略内凹，微敛口，微束颈，弧腹近直，平底。素面。紫红色胎。器身上半部施酱釉，釉不及底，有流釉现象。口径 9、底径 8.5、最大径 9.7、高 6.9 厘米（图二五，1；彩版一七，5）。

# 一九 M19

## （一）墓葬形制

M19 位于发掘区的中南部，探方 T3020 的南部，西南距 M18 约 15 米。开口于③层下，距地表约 0.9 米，向下打破④～⑤层。竖穴土坑单棺墓。方向 115°。开口平面略呈梯形。墓口长 2.75、宽 0.9～1 米；墓底长 2.65、宽 0.82～0.92 米；深 0.74 米。墓坑口大底小，四壁向下斜直内收，壁面略粗糙，墓底较平整。墓内填土为黄褐色沙土，土质致密，较为坚硬。

葬具为单木棺，保存较差。平面略呈梯形，长 2.16、头端宽 0.58、足端宽 0.49、高 0.33 米。盖板、前后挡板已朽不存。两侧帮板均由两块木板拼合组成，从底板斜直向上略向棺内弧收。帮板长 2.07、高 0.27、厚 0.07 米。底板由四块木板长边并排拼合而成。底板长 2.16、宽 0.49～0.58、厚 0.05 米。棺内底部铺一层白灰，厚 0.03 米，应系棺内防潮用。墓主人骨架保存一般，葬式为仰身直肢葬，头向东，面向不详。头骨移位至右侧，上下肢骨摆置规整，肋骨、盆骨已扰乱位移至足端，双臂平伸置于身体两侧，双腿平置稍分开。

墓内出土 2 件随葬品，其中 1 件釉陶罐处于木棺前挡外侧底板上，1 件铜簪处于木棺内中部（图二六）。

## （二）出土遗物

共 2 件，含釉陶罐和铜簪两类。

釉陶罐 1 件。

M19：1，尖圆唇，敛口，束颈，耸肩，弧腹斜收，平底略内凹。素面。下腹部可见轮制痕迹。

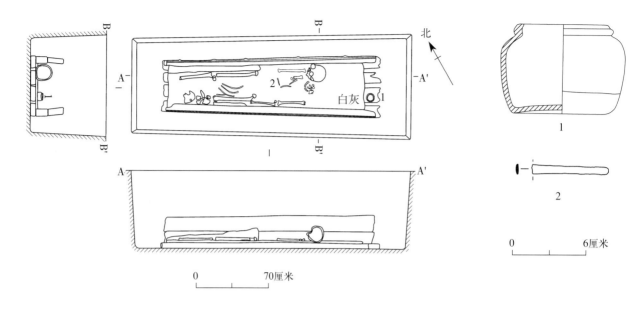

图二六　M19平、剖面图及出土遗物

1.釉陶罐　2.铜簪

紫红色胎。器身施酱釉，釉不及底，口部脱落严重。口径8.1、底径8.8、最大径10.6、高7.7厘米（图二六，1；彩版一九，1）。

铜簪　1件。

M19：2，残。簪体扁平，簪首已缺失，簪脚为扁平长条形。素面。残长6.4、宽0.6～0.7、厚0.2厘米，残重2.6克（图二六，2；彩版一九，2）。

# 二〇　M20

## （一）墓葬形制

M20位于发掘区的西南部，探方T2017的中北部，南距M21约9米。开口于③层下，距地表约0.8米，向下打破④～⑥层。竖穴土坑单棺墓。方向292°。开口平面略呈梯形。墓口长2.6、宽0.9～1.05米；墓底长2.5、宽0.82～0.98；深0.95米。墓坑口大底小，斜壁平底，壁面较粗糙。墓内填土为黄褐色细沙土夹红褐色淤泥块，土质较致密，稍软。

葬具为木棺，保存较差。平面略呈梯形，长2.04、头端宽0.57、足端宽0.46、高0.36米。盖板、前后挡板已朽缺失。两侧帮板均由两块木板拼合而成，从底板斜直向上略向棺内弧收。帮板长2.01、高0.29、厚0.08米。底板由五块木板长边并排拼合而成。底板长2.04、宽0.45～0.56、厚0.06米。墓主人骨架保存较一般，葬式为仰身直肢葬，头向西，面向上。右上肢平放于椎骨、肋骨、盆骨右侧，左上肢肱骨向上移位，下肢骨竖向平放。头下枕白灰包。

墓内出土1件釉陶韩瓶，处于木棺前挡外中部底板上（图二七）。

## （二）出土遗物

共1件。

釉陶韩瓶　1件。

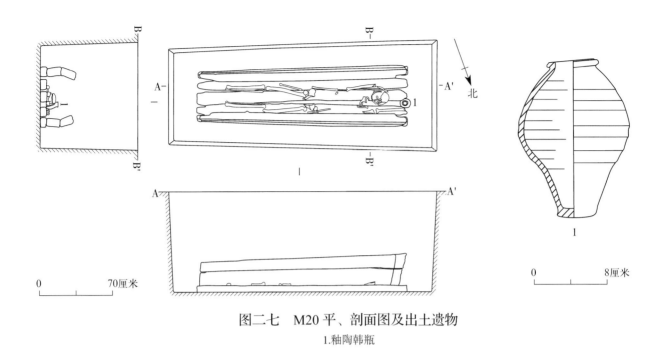

图二七 M20 平、剖面图及出土遗物

1.釉陶韩瓶

M20：1，重唇，直口，束颈，溜肩，鼓腹，平底，肩部有几处凹陷，整体略有歪斜。器表与内壁有轮制旋纹。红褐色胎。口沿内及外壁施酱釉，釉面粗糙无光，施釉不均。口径 6、底径 4.2、最大径 12.2、高 17 厘米（图二七，1；彩版一九，3）。

# 二一 M21

## （一）墓葬形制

M21 位于发掘区的西南部，探方 T2017 的南部，北距 M20 约 9 米，西南距 M22 约 5 米。开口于①层下，距地表 0.4 米，向下打破②～④层。竖穴土坑单棺墓。方向 66°。开口平面略呈梯形。墓口长 2.65、宽 0.9～1 米；墓底长 2.53、宽 0.8～0.9 米；深 0.84 米。墓室四壁从墓口向下斜直内收，口大底小，壁面略粗糙，墓底较平整。墓内填土为黄褐色土，土质致密，较为坚硬，夹杂黄砂颗粒。

葬具为单木棺，保存较差。平面略呈梯形，长 2.14、头端宽 0.61、足端宽 0.53、高 0.21 米。盖板已朽不存。前后挡板均仅残存一块木板，以榫卯形式嵌入两侧帮板的凹槽之内。前挡板长 0.42、高 0.09、厚 0.03 米；后挡板长 0.34、高 0.09、厚 0.04 米。两侧帮板均仅残存一块木板，直立于底板之上。帮板长 2.13、残高 0.16、厚 0.05 米。底板由五块木板长边并排拼合而成。底板长 2.14、宽 0.53～0.61、厚 0.04 米。棺内底部铺一层白灰，厚 0.08 米。墓主人骨架保存一般，葬式为仰身直肢葬，头向东，面向不详。头骨已偏移至白灰枕下方，上下肢骨、椎骨均存，肋骨已散乱位移。左臂肢骨平置于身体左侧，右臂已被扰动，双腿稍分开，双膝并拢内扣。前挡内侧有一白灰枕，长 0.21、宽 0.1、厚 0.6 米。

墓内出土 1 件釉陶罐，处于木棺前挡外底板上偏南处（图二八）。

## （二）出土遗物

共 1 件。

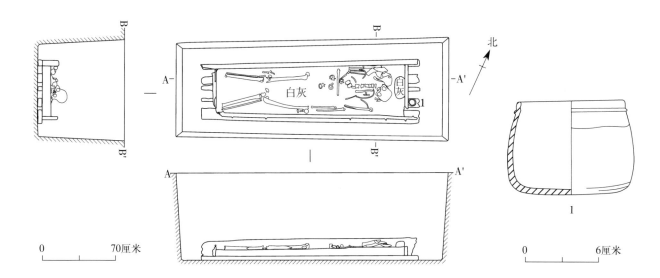

图二八　M21 平、剖面图及出土遗物

1.釉陶罐

釉陶罐　1 件。

M21：1，圆唇，唇下一周内凹，敛口，微束颈，垂腹，平底。底部饰两周弦纹。红色胎。仅在口沿内外和颈部施一层酱釉，腹部与底部未施釉。口径 9.5、底径 10、最大径 11、高 8 厘米（图二八，1；彩版一九，4）。

# 二二　M22

## （一）墓葬形制

M22 位于发掘区的西南部，探方 T1916 的东北角，东北距 M21 约 5 米。开口于③层下，距地表约 0.8 米，向下打破④～⑥层。竖穴土坑单棺墓。方向 33°。开口平面略呈长方形。墓口长 2.75、宽 1～1.1 米；墓底长 2.64、宽 0.9～1 米；深 0.96 米。墓坑口大底小，墓壁向下内收，壁面较粗糙，墓底较平整。墓内填土为黄褐色细沙土夹红褐色淤泥碎块土，土质较致密，稍软。

葬具为单木棺，保存较差。平面略呈梯形，长 2.1、头端宽 0.7、足端宽 0.63、高 0.34 米。盖板、前后挡板已朽不存。两侧帮板均由两块木板拼合而成，从底板斜直向上略向棺内弧收。帮板长 2.06、高 0.34、厚 0.09 米。底板由三块木板长边并排拼合而成。底板长 2.1、宽 0.63～0.7、厚 0.05 米。棺内底部铺一层白灰，厚 0.03～0.05 米。墓主人骨保存较差，葬式为仰身直肢葬，头向北，面向不详。头骨已移位于白灰包南侧。上肢骨双臂向里微屈，平放于椎骨、肋骨、盆骨两侧，下肢骨双膝外屈，双足并拢。

墓内出土 1 件釉陶韩瓶，处于木棺前挡外底板东北角（图二九）。

## （二）出土遗物

共 1 件。

釉陶韩瓶　1 件。

M22：1，重唇，敛口，束颈，溜肩，鼓腹，下腹斜收，平底，口部略有歪斜。器表与内壁有轮制旋纹。

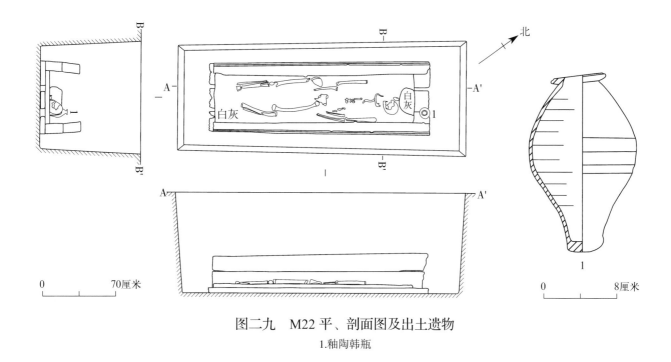

图二九 M22 平、剖面图及出土遗物
1.釉陶韩瓶

灰褐色胎。器身及口沿内壁施酱釉，釉面粗糙无光。口径 6、底径 3.6、最大径 12.3、高 20 厘米（图二九，1）。

# 二三 M23

## （一）墓葬形制

M23 位于发掘区的中北部，探方 T1820 的东北部，西南距 M47 约 7 米。开口于③层下，距地表约 0.9 米，向下打破④～⑤层。竖穴土坑单棺墓。方向 34°。开口平面略呈梯形。墓口长 2.65、宽 0.85～1 米；墓底长 2.55、宽 0.77～0.9 米；深 0.55 米。墓坑口大底小，四壁向下斜直内收，壁面略光滑，墓底较平整。墓内填土为黄灰色沙土，土质略疏松，较软。

葬具为单木棺，保存较差。平面略呈梯形，长 2.13、头端宽 0.6、足端宽 0.5、木棺残高 0.54 米。盖板、前后挡板已腐朽不存。两侧帮板均由三块木板拼合而成，从底板斜直向上。帮板长 2.13、高 0.25、厚 0.06 米。底板由三块木板长边并排拼合而成。底板长 2、宽 0.42～0.5、厚 0.05 米。墓主人骨架保存较差，葬式为仰身直肢葬，头向北，面向上。头骨向西侧移位，双腿分开，左臂肢骨平放于身体左侧，右臂不存，盆骨偏移右侧，肋骨残缺不齐，椎骨保存较差。

墓内出土 1 件釉陶罐，处于木棺前挡外底板中部（图三〇）。

## （二）出土遗物

共 1 件。

釉陶罐 1 件。

M23：1，尖圆唇，直口，束颈，耸肩，斜腹近直，平底。腹部表面拍印纹饰，但模糊不清，无法辨识。下腹部可见轮制痕迹。紫红色胎。器身及口沿内壁施酱釉，施釉较薄，不及底，有流釉现象，局部脱落严重。口径 9.2、底径 9.5、最大径 10.5、高 9.1 厘米（图三〇，1；彩版一九，5）。

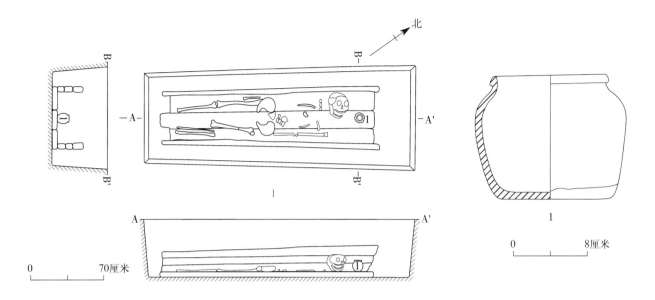

图三〇　M23 平、剖面图及出土遗物
1.釉陶罐

# 二四　M24

## （一）墓葬形制

M24 位于发掘区的西南部，探方 T1821 的南部，东南距 M23 约 2 米。开口于③层下，距地表 1.35 米，向下打破④～⑤层。竖穴土坑单棺墓。方向 198°。开口平面略呈梯形。墓口长 2.58、宽 0.84～0.98 米；墓底长 2.47、宽 0.77～0.89 米；深 0.9 米。墓坑口大底小，四壁向下斜直内收，壁面略粗糙，墓底较平整。墓内填土为黄褐色沙土夹红褐色淤泥块，土质较疏松，稍软。

葬具为单木棺，保存较好。平面略呈梯形，长 2.1、头端宽 0.74、足端宽 0.6、高 0.7 米。盖板已朽不存。前、后挡板均由两块木板拼合而成，以榫卯形式嵌入两侧帮板的凹槽之内。前挡板长 0.46、高 0.54、厚 0.03 米；后挡板长 0.33、高 0.45、厚 0.02 米。两侧帮板均由两块木板拼合而成，从底板斜直向上略向棺内弧收。帮板长 2.1、高 0.6、厚 0.14 米。底板由五块木板长边并排拼合而成。底板长 2.1、宽 0.6～0.75、厚 0.1 米。棺内底部残存一层白灰，倾斜状堆放，南部较厚，厚 0.05～0.3 米，应是原在棺内平铺一层白灰用以防潮。墓主人骨架保存一般，葬式为仰身直肢葬，头向南，面向不详。头骨已偏移至白灰枕北侧，上下肢骨、椎骨均存，肋骨已散乱位移，双腿平置稍分开，双足略微并拢。前挡板内有一白灰枕，长 0.26、宽 0.1～0.13、厚 0.1 米。

墓内共出土 2 件随葬品，其中 1 件釉陶罐处于前挡外底板上偏西处，1 件铜镜处于墓主头部白灰枕南侧（图三一）。

## （二）出土遗物

共 2 件，含釉陶罐和铜镜两类。

釉陶罐　1 件。

M24：1，尖圆唇，唇下一周略内凹，直口微侈，束颈，耸肩，斜直腹，平底。外壁饰拍印绳纹。

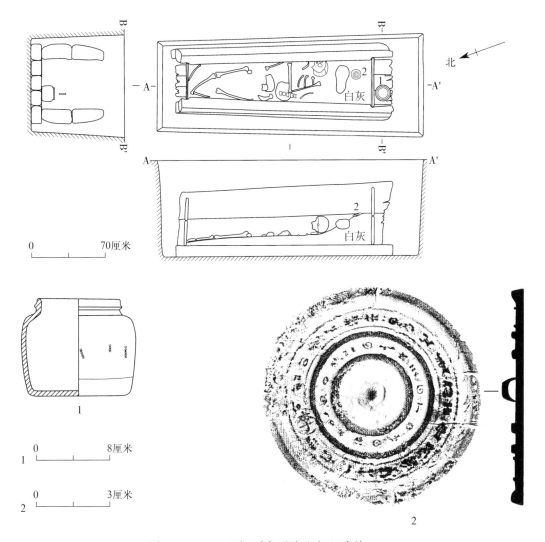

图三一   M24 平、剖面图及出土遗物

1.釉陶罐   2.铜镜

红褐色胎。器身及口沿内壁施青黄色釉，釉不及底，有流釉现象，口沿处施釉较薄，露出红色胎。口径 10.7、底径 13、最大径 13.4、高 11.5 厘米（图三一，1；彩版二〇，1）。

铜镜   1 件。

M24：2，圆形镜，圆形纽，模仿汉代日光镜样式，以三重环凸弦纹分区，内饰汉字及涡形装饰，内圈可辨识的文字有"天下大明"，外圈可辨识的文字有"李"。直径 9.5、厚 0.35 厘米，重 153.3 克（图三一，2；彩版二〇，2）。

# 二五   M25

## （一）墓葬形制

M25 位于发掘区的西南部，探方 T1819 的东北部，西北距 M47 约 8 米。开口于③层下，距地表约 1 米，向下打破④～⑤层。竖穴土坑单棺墓。方向 141°。开口平面略呈梯形。墓口长 2.75、宽 0.8～0.9 米；墓底长 2.62、宽 0.7～0.79 米；深 0.6 米。墓坑口大底小，四壁向下斜直内收，壁面略粗糙，墓底较

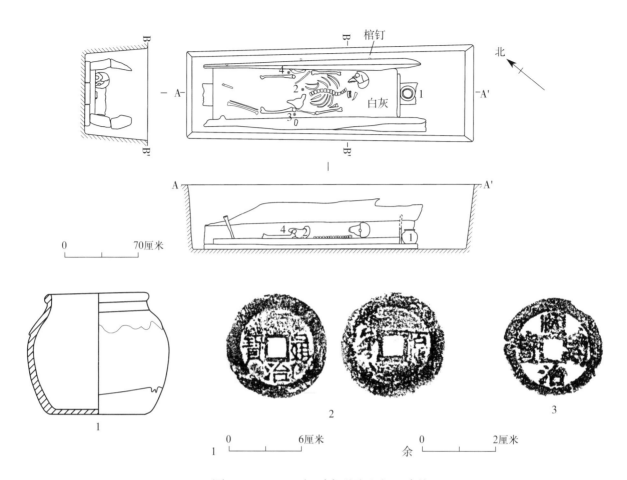

图三二　M25 平、剖面图及出土遗物
1.釉陶罐　2～4.铜钱

平整。墓内填土为黄褐色沙土夹红褐色淤泥块以及少量黄沙颗粒，土质稍软。

葬具为单木棺，保存较差。平面略呈梯形，长 2.15、头端宽 0.63、足端宽 0.58、高 0.47 米。盖板、后挡板已朽不存。前挡板仅存一块薄木板，以榫卯形式嵌入两侧帮板的凹槽之内。前挡板长 0.4、高 0.27、厚 0.02 米。两侧帮板均由两块木板拼合而成，从底板斜直向上略向棺内弧收。帮板长 2.14、高 0.4、厚 0.12 米。底板由三块木板长边并排拼合而成。底板长 2.09、宽 0.58～0.68、厚 0.05 米。棺内底部残存一层白灰，厚 0.05 米，应是原在棺内平铺一层白灰用以防潮。墓主人骨架保存较差，葬式为仰身直肢葬，头向南，面向不详。头骨已向其身体右侧倾翻，上下肢骨、肋骨、椎骨、盆骨大体规则平置，右小腿骨被扰乱，双臂平伸置于身体两侧，双腿平置略分开，双膝略外翻。

墓内共计出土 4 件随葬品，其中 1 件釉陶罐处于木棺前挡外中部底板上，3 枚铜钱分别处于木棺中部底板下、墓主人左腿骨处底板下以及墓主人右腿骨处底板下（图三二）。

（二）出土遗物

共 4 件，含釉陶罐和铜钱两类。

釉陶罐　1 件。

M25：1，圆唇，直口，束颈，弧肩，鼓腹，平底。肩部饰花边形披肩。灰白色胎。器身及口沿内壁施酱釉，釉不及底，有流釉现象。口径 9.15、底径 10、最大径 12.2、高 10.3 厘米（图三二，1；

彩版二〇，3）。

铜钱 3枚。圆形方穿。

M25：2，顺治通宝。完整。正背皆有外郭与穿郭，正面直读楷书"顺治通宝"，背有满文。直径2.8、穿径0.5、厚0.1厘米，重4克（图三二，2）。

M25：3，顺治通宝。边缘有残缺。正背皆有外郭与穿郭，正面直读楷书"顺治通宝"，光背。直径2.5、穿径0.5、厚0.13厘米，重2.5克（图三二，3）。

M25：4，残。正背及穿无郭。锈蚀严重，钱文不清。直径2.4、穿径0.6、厚0.1厘米，重1.6克。

# 二六 M26

## （一）墓葬形制

M26位于发掘区的西南部，探方T1717的东南角，东南距M27约2米。开口于③层下，距地表约0.8米，向下打破④～⑤层。竖穴土坑单棺墓。方向113°。开口平面略呈梯形。墓口长2.65、宽1.06～1.1米；墓底长2.45、宽0.91～0.93米；深0.6米。墓坑口大底小，四壁向下斜直内收，壁面略粗糙，墓底较平整。墓内填土为黄褐色沙土夹黄色细沙颗粒和红褐色淤泥块，土质较疏松，稍软。

葬具为单木棺，保存极差。平面略呈梯形，长1.9、头端宽0.65、足端宽0.52、高0.19米。盖板、底板已朽不存。前后挡仅残存少许木板，以榫卯形式嵌入两侧帮板的凹槽之内。前挡板长0.58、高0.13、厚0.02米；后挡板长0.5、高0.04、厚0.01米。两侧帮板腐朽严重，均仅存一块薄木板。帮板长1.9、高0.17、厚0.05米。墓主人骨架保存一般，葬式为仰身直肢葬，头向西，面向上。头骨轻微碎裂，上下肢骨、椎骨、肋骨、盆骨等基本规则平置，略有残缺，双臂平伸置于身体两侧，双腿平置略分开，两小腿骨略微向上位移（图三三）。

墓内无随葬器物出土。

## （二）出土遗物

无出土遗物。

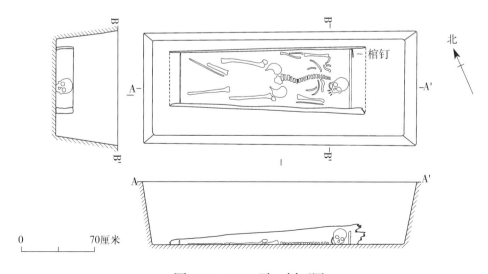

图三三 M26平、剖面图

# 二七　M27

## （一）墓葬形制

M27位于发掘区的西南部,探方T1816的西北角,西北距M26约2米。开口于③层下,距地表约1米,向下打破④~⑥层。竖穴土坑双棺墓。方向70°。开口平面略呈梯形。墓口长2.55、宽1.46~1.6米;墓底长2.45、宽1.35~1.5米;深0.78米。墓坑口大底小,四壁向下斜直内收,壁面略粗糙,墓底较平整。墓内填土为黄褐色土夹浅黄色细沙及红褐色淤泥块,土质略疏松,较软。

葬具为木棺,双棺合葬,保存较差。南棺平面略呈梯形,长2.19、头端宽0.54、足端宽0.47、高0.42米。盖板已朽不存。前后挡板腐朽严重,以榫卯形式嵌入两侧帮板的凹槽之内。前挡板长0.4、高0.2、厚0.05米;残存后挡板长0.23、高0.1、厚0.03米。两侧帮板均由两块木板拼合而成,从底板斜直向上略向棺内弧收。帮板长2.19、高0.36、厚0.08米。底板由四块木板长边并排拼合而成。底板长2.17、宽0.38~0.42、厚0.05米。墓主人骨架保存一般,葬式为仰身直肢葬,头向东,面向不详。头骨、椎骨、上下肢骨、盆骨等均存,略有散乱残缺。头骨翻转枕骨大孔朝向前挡板,其余骨架略规整。双臂平伸置于身体两侧,两腿平置略分开。北棺平面略呈梯形,长1.97、头端宽0.57、足端宽0.48、高0.11米。盖板、后挡板已朽不存。前挡板残存一块木板,以榫卯形式嵌入两侧帮板的凹槽之内。前挡板长0.47、高0.11、厚0.03米。两侧帮板均仅残存一块木板。帮板长1.96、高0.1、厚0.05米。底板仅残存两块木板。木板长1.94、宽0.08、厚0.03米。墓主人骨架保存一般,葬式为仰身直肢葬,头向东,面向不详。头骨碎裂,略向北移位,上下颌骨及牙齿完整,残存上下肢骨及部分肋骨,双臂平伸置于身体两侧,双腿平置略分开。

墓内出土6件随葬品,其中2件釉陶韩瓶分别处于北棺前挡外底板东北角和南棺前挡外底板东南部,1件银耳坠和1件银押发均处于南棺内墓主头骨北侧,2件银手镯分别处于南棺墓主左右手处(图三四)。

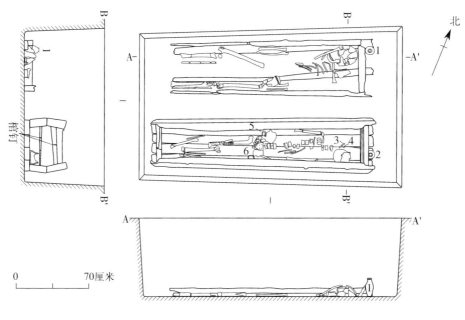

0　　　　70厘米

图三四　M27 平、剖面图

1、2.釉陶韩瓶　3.银押发　4.银耳坠　5、6.银手镯

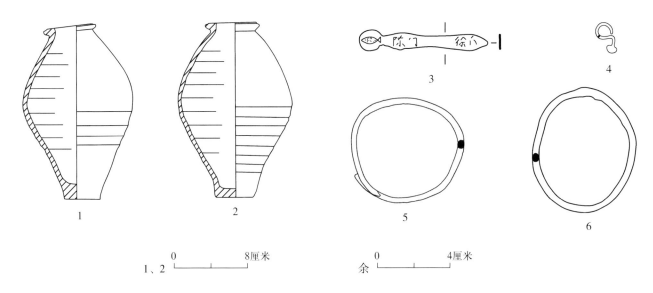

0　　　　　　8厘米
1、2

0　　　　　　4厘米
余

图三五　M27 出土遗物

1、2.釉陶韩瓶（M27：1、2）　3.银押发（M27：3）　4.银耳坠（M27：4）　5、6.银手镯（M27：5、6）

## （二）出土遗物

共 6 件，含釉陶韩瓶、银押发、银耳坠和银手镯等。

釉陶韩瓶　2 件。重唇，束颈，溜肩，鼓腹，平底，整体略有歪斜。器表与内壁有轮制旋纹。红褐色胎。器身及口沿内壁施酱釉，釉面粗糙无光。

M27：1，微侈口，重唇不明显，肩部、腹部有凹陷。器身一侧烧成黑色。口径 6.5、底径 4、最大径 12.3、高 18.5 厘米（图三五，1；彩版二一，1）。

M27：2，直口微敛，口部变形呈椭圆形。口径 6、底径 4.1、最大径 12.4、高 19 厘米（图三五，2；彩版二一，2）。

银押发　1 件。

M27：3，整体扁平，首部呈勺形，束颈，中部为扁平长条形，端头圭形。背面錾刻"陈门徐氏"。长 7.4、宽 0.58～1.14、厚 0.1 厘米，重 5.3 克（图三五，3；彩版二一，3）。

银耳坠　1 件。

M27：4，耳钩呈圆钩状，下连有一圆珠，外表氧化为铁黑色。长 1.6 厘米，重 0.9 克（图三五，4；彩版二一，4）。

银手镯　2 件。外表氧化呈铁黑色，手工打造，接口处两端相叠，截面为圆形。素面。

M27：5，不规则圆形。最长径 5.6 厘米，重 20.01 克（图三五，5；彩版二一，5）。

M27：6，椭圆形。长径 6.3、短径 5.4 厘米，重 21.5 克（图三五，6；彩版二一，6）。

# 二八　M28

## （一）墓葬形制

M28 位于发掘区的西南部，探方 T1717 的东北部，北距 M30 约 5 米。开口于③层下，距地表约 1.2 米，向下打破④～⑥层。竖穴土坑单棺墓。方向 115°。开口平面略呈长方形。墓口长 2.4、宽 0.7～0.8

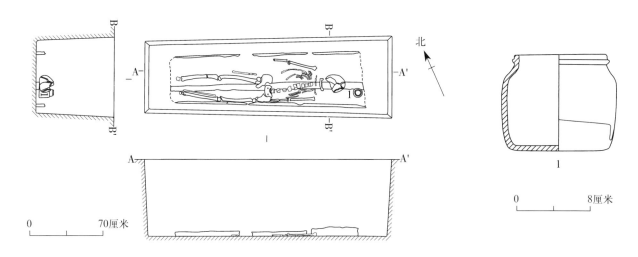

图三六　M28 平、剖面图及出土遗物
1.釉陶罐

米；墓底长 2.32、宽 0.62～0.72 米；深 0.75 米。墓坑口大底小，斜壁平底，壁面较粗糙。墓内填土为浅黄色细沙土夹红褐色淤泥碎块土，土质较疏松，稍软。

葬具为单木棺，保存较差。平面略呈梯形，长 1.91、头端宽 0.55、足端宽 0.45、高 0.09 米。盖板、前后挡板、两侧帮板以及底板均已朽不存，仅存较少腐烂底板及棺痕。墓主人骨保存较差，葬式为仰身直肢葬，头向东，面向上。头骨已碎裂，上肢骨平放于肋骨、椎骨、盆骨两侧，下肢骨双足并拢，竖向平放。

墓内出土 1 件釉陶罐，处于木棺前挡外底板东南角（图三六）。

（二）出土遗物

共 1 件。

釉陶罐　1 件。

M28：1，尖圆唇，唇下有一周内凹，直口微侈，束颈，耸肩，直腹，平底，口部略有歪斜。素面。内壁可见旋削痕迹。紫红色胎。器身及口沿内壁施酱釉，釉不及底，有流釉现象。口径 10.5、底径 12、最大径 12.9、高 10.6 厘米（图三六，1；彩版二二，1）。

# 二九　M29

（一）墓葬形制

M29 位于发掘区的西北部，探方 T1617 的中西部，南距 M35 约 5 米。开口于④层下，距地表约 1.3 米，向下打破⑤～⑥层。竖穴土坑单棺墓。方向 97°。墓葬上部存在封土，为浅红褐色土，较为坚硬。封土平面略呈椭圆形，长径 5.32、短径 3.11、高 0.5 米。开口平面略呈梯形。墓口长 2.6、宽 1～1.1 米；墓底长 2.51、宽 0.9～1 米；深 0.65 米。墓坑口大底小，四壁向下斜直内收，壁面略粗糙，墓底较平整。墓内填土为黄褐色沙土，含水量较大，较软。

葬具为单木棺，保存极差。平面略呈梯形，长 2.04、头端宽 0.63、足端宽 0.5、高 0.14 米。盖板、前后挡板已朽不存。两侧帮板各残存一块木板，斜直立于底板之上。帮板长 2.01、高 0.11、厚 0.08 米。

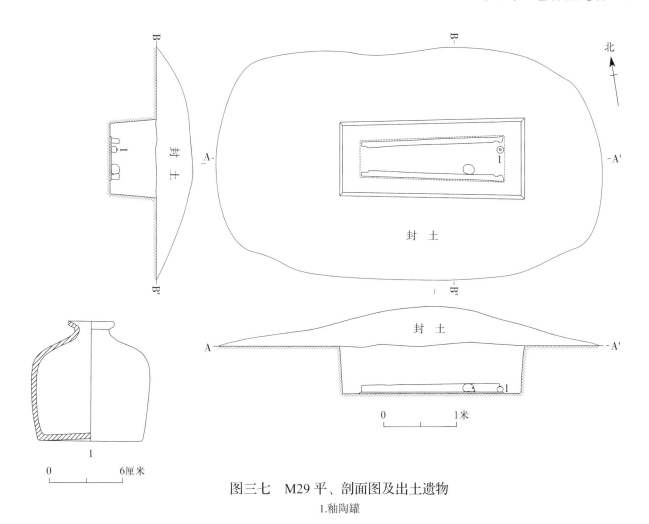

图三七　M29 平、剖面图及出土遗物
1.釉陶罐

底板腐朽严重，残痕厚 0.02 米。墓主人骨架腐朽严重，仅存头骨，葬式等均不详。

墓内出土 1 件釉陶罐，处于木棺前挡外侧底板上东北角（图三七）。

（二）出土遗物

共 1 件。

釉陶罐　1 件。

M29：1，圆唇，侈口，短束颈，耸肩，弧腹近直，平底略内凹。素面。灰白色胎。器表及口沿内部施青釉，釉不及底。口径 5、底径 10.5、最大径 10.3、高 10.5 厘米（图三七，1；彩版二二，2）。

# 三〇　M30

（一）墓葬形制

M30 位于发掘区的中北部，探方 T1718 的中南部，南距 M28 约 5 米。开口于③层下，距地表约 0.9 米，向下打破④～⑤层。竖穴土坑单棺墓。方向 87°。开口平面略呈梯形。墓口长 2.46、宽 0.78～0.9 米；墓底长 2.37、宽 0.7～0.8 米；深 0.65 米。墓坑口大底小，四壁向下斜直内收，壁面略光滑，墓底较平整。墓内填土为黄褐色淤沙土夹红褐色淤土块，土质较疏松，稍软。

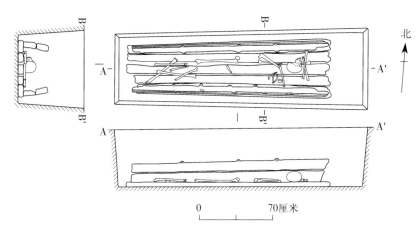

0　　　　　70厘米

图三八　M30 平、剖面图

葬具为单木棺，保存较差。平面略呈梯形，长 1.98、头端宽 0.64、足端宽 0.51、高 0.3 米。盖板、前后挡板已朽不存。两侧帮板各残存两块木板，从底板斜直向上略向棺内弧收。帮板长 1.91、高 0.24、厚 0.06 米。底板由五块木板长边并排拼合而成。底板长 1.98、宽 0.53～0.64、厚 0.05 米。墓主人骨保存较差，葬式为仰身直肢，头向南，面向不详。仅存部分上肢骨和下肢骨，位置较为凌乱，移位严重，头骨保存完整（图三八）。

墓内无随葬器物出土。

（二）出土遗物

无出土遗物。

# 三一　M31

（一）墓葬形制

M31 位于发掘区的中西部，探方 T1617 的中西部，东南距 M29 约 2.3 米。开口于③层下，距地表约 1.3 米，向下打破④～⑤层。竖穴土坑双棺墓。方向 87°。墓葬上部存在封土，为红褐色土夹少量细沙。封土平面略呈椭圆形，长径 4.98、短径 3.25、高 0.8 米。开口平面略呈梯形，墓口长 2.8、宽 1.6～1.7 米；墓底长 2.7、宽 1.54～1.63 米；深 0.65 米。墓坑口大底小，四壁向下斜直内收，壁面略粗糙，墓底较平整。墓内填土为黄褐色沙土夹大量红褐色淤泥块，土质略疏松，较软。

葬具为木棺，双棺合葬，保存较差。南棺平面略呈梯形，长 2.21、头端宽 0.68、足端宽 0.61、高 0.35 米。盖板、前后挡板已朽不存。两侧帮板均由两块木板拼合而成，从底板斜直向上略向棺内弧收。帮板长 2.16、残高 0.28、厚 0.06 米。底板残存五块木板，长边并排拼合而成。底板长 2.21、宽 0.61～0.68、厚 0.05 米。墓主人骨架保存较差，葬式为仰身直肢葬，头向东，面向不详。头骨碎裂，残存上下肢骨、椎骨，以及部分肋骨、盆骨碎片。双臂平伸置于身体两侧，双腿平置稍分开。北棺平面略呈梯形，长 2.03、头端宽 0.58、足端宽 0.49、残高 0.17 米。盖板、前后挡板已朽不存。两侧帮板均仅残存一块木板，从底板斜直向上。帮板长 1.92、残高 0.17、厚 0.02 米。底板残存四块木板，长边并排拼合而成。底板长 2.03、宽 0.43～0.56、厚 0.03 米。墓主人骨架保存较差，葬式为仰身直肢葬，头向东，面向不详。

头骨碎裂，仅残存少量肢骨、椎骨、盆骨碎片，双臂平伸置于身体两侧，双腿平置略分开。

墓内出土2件随葬品，均为釉陶罐，分别处于南北两棺头端的底板上（图三九）。

（二）出土遗物

共2件。

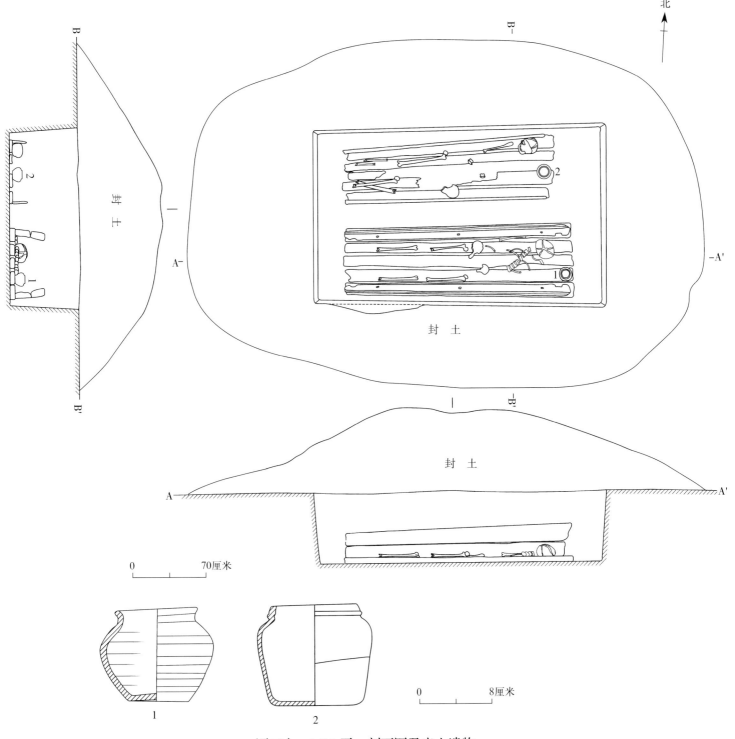

图三九　M31平、剖面图及出土遗物

1、2釉陶罐

釉陶罐　2件。素面。施酱釉。

M31∶1，圆方唇，侈口，束颈，弧肩，鼓腹，平底略内凹，整体略歪斜。内外壁可见轮制痕迹。红褐色胎。通体施釉，外底不施釉。口径10、底径8、最大径12.6、高10厘米（图三九，1；彩版二二，3）。

M31∶2，圆唇，唇下有一周内凹，微敛口，微束颈，耸肩，斜直腹，平底。紫红色胎。器身施半釉。口径10.7、底径11、最大径12.4、高10.9厘米（图三九，2；彩版二二，4）。

# 三二　M32

## （一）墓葬形制

M32位于发掘区的西南部，探方T1518的东南部，南距M36约5米。开口于③层下，距地表约1米，向下打破④～⑤层。竖穴土坑双棺墓。方向354°。开口平面略呈梯形。墓口长2.56、宽1.48～1.6米；墓底长2.4、宽1.44～1.51米；深0.8米。墓室四壁从墓口向下斜直内收，口大底小，壁面略光滑，墓底东半部高西半部低。墓内填土为灰黄色沙土夹红褐色淤土块，土质略疏松，较软。

葬具为木棺，双棺合葬，保存较差。东棺平面略呈梯形，长2.02、头端宽0.63、足端宽0.56、高0.3米。盖板、前后挡板已朽不存。两侧帮板各残存两块木板，从底板斜直向上。帮板长1.95、高0.25、厚0.07米。底板由五块木板长边并排拼合而成。底板长2.02、宽0.51～0.63、厚0.05米。棺内底部铺少许草木灰。墓主人骨架保存较差，葬式为仰身直肢葬，头向北，面向上。头骨已碎裂，上肢骨及下肢骨保存较为完整，椎骨、肋骨、骶骨、盆骨等已朽不存，两臂伸直平放于两侧，双腿分开竖向平放。西棺平面略呈梯形，长2.04、头端宽0.62、足端宽0.5、高0.34米。盖板、后挡板已朽不存。前挡板仅残存一块木板，以榫卯形式嵌入两侧帮板的凹槽之内。前挡板长0.46、高0.13、厚0.04米。两侧帮板均残存两块木板，从底板斜直向上略向棺内弧收。帮板长2.04、残高0.26、厚0.09米。底板由三块木板长边并排拼合而成。底板长2.02、宽0.49～0.54、厚0.07米。棺内底部铺少许草木灰。墓主人骨架保存较差，仅存头骨和少部分上肢骨及下肢骨。其葬式为仰身直肢葬，头向北，面向上。

墓内出土2件随葬品，其中1件釉陶韩瓶和1件釉陶罐分别处于东西两棺头端外侧的底板之上（图四○）。

## （二）出土遗物

共2件，含釉陶韩瓶和釉陶罐两类。

釉陶韩瓶　1件。

M32∶1，重唇，直口微侈，束颈，溜肩，深弧腹，平底，重唇不明显，口部略有歪斜。器表与内壁有轮制旋纹。红褐色胎。器身及口沿内壁施酱釉，釉面粗糙无光。口径6.7、底径4、最大径10.7、高17.5厘米（图四○，1；彩版二二，5）。

釉陶罐　1件。

M32∶2，侈口，圆唇，短颈，溜肩，鼓腹，平底。肩部饰一周披肩。紫红色胎。器身及口沿内壁施酱釉，釉不及底。口径9、底径9.5、高11.1厘米（图四○，2；彩版二二，6）。

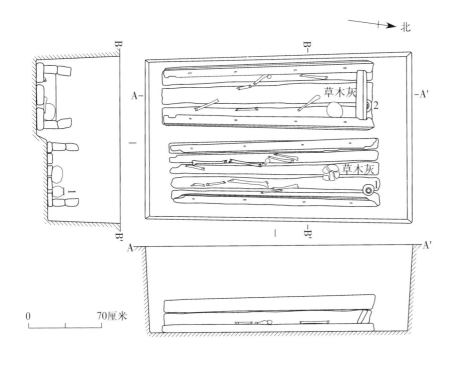
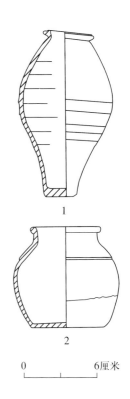

图四〇 M32 平、剖面图及出土遗物
1.釉陶韩瓶 2.釉陶罐

# 三三 M33

## （一）墓葬形制

M33 位于发掘区的西南部，探方 T1815 的西北部，北距 M27 约 10 米。开口于③层下，距地表约 1.2 米，向下打破④～⑥层。竖穴土坑单棺墓。方向 137°。开口平面呈长方形。墓口长 2.4、宽 0.65～0.8 米；墓底长 2.32、宽 0.57～0.72 米；深 0.65 米。墓坑口大底小，坑壁向下微收，壁面较粗糙，墓底较平整。墓内填土为浅灰色细沙土夹红褐色淤泥碎块，土质较疏松，稍软。

葬具为单木棺，保存较差。平面略呈梯形，长 1.9、头端宽 0.52、足端宽 0.42、高 0.33 米。盖板由一块木板制成，以榫卯形式扣合于棺身之上。盖板长 1.9、头端宽 0.33、足端宽 0.24、厚 0.05 米。前后挡板均仅残存一块木板，以榫卯形式嵌入两侧帮板的凹槽之内。前挡板长 0.38、残高 0.13、厚 0.02 米；后挡板长 0.21、残高 0.07、厚 0.03 米。两侧帮板均仅残存两块木板，从底板斜直向上略向棺内弧收。帮板长 1.85、高 0.35、厚 0.05 米。底板仅残存一块木板。木板长 0.75、宽 0.07、厚 0.03 米。墓主人骨架保存较差，葬式为仰身直肢葬，头向南，面向不详。头骨移位于墓主右臂处，可见颌骨及牙齿，上肢骨平放于棺内两侧，下肢骨竖向平放，胫骨移位斜置。

墓内出土 1 件釉陶韩瓶，处于木棺头端外底板东南角（图四一）。

## （二）出土遗物

共 1 件。

釉陶韩瓶 1 件。

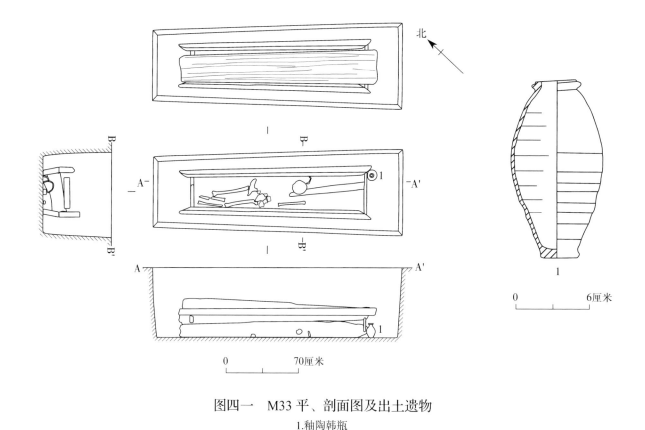

图四一　M33 平、剖面图及出土遗物

1.釉陶韩瓶

　　M33：1，重唇，直口微敛，束颈，溜肩，深弧腹，平底，底呈椭圆形。器表与内壁有轮制旋纹。红褐色胎。器身及口沿内壁施酱釉，釉面粗糙无光。口径 5.8、底径 5、最大径 10、高 20.3 厘米（图四一，1；彩版二三，1）。

# 三四　M34

## （一）墓葬形制

　　M34 位于发掘区的西南部，探方 T1714 的东北角，东北距 M33 约 6 米。开口于③层下，距地表约 1.2 米，向下打破④~⑥层。竖穴土坑单棺墓。方向 88°。开口平面略呈长方形。墓口长 2.54、宽 0.78~0.89 米；墓底长 2.45、宽 0.72~0.81 米；深 0.65 米。墓坑口大底小，斜壁平底，壁面较粗糙。墓内填土为黄褐色细沙土夹红褐色淤泥块土，土质较疏松，稍软。

　　葬具为木棺，保存较差。平面略呈梯形，长 2.09、头端宽 0.64、足端宽 0.52、高 0.38 米。盖板已朽不存。前后挡板均仅残存一块木板，以榫卯结构嵌入两侧帮板的凹槽之内。前挡板长 0.45、高 0.14、厚 0.04 米；后挡板长 0.37、高 0.11、厚 0.03 米。两侧帮板均由两块木板拼合而成，从底板斜直向上略向棺内弧收。帮板长 2.08、高 0.28、厚 0.07 米。底板由三块木板拼合而成，三块木板长边并排。底板长 2.09、宽 0.52~0.64 米、厚 0.08 米。墓主人骨架保存极差，葬式为仰身直肢葬，头向东，面向不详。头骨已碎裂，且移位，左上肢骨平放于棺内南侧，右上肢骨已朽缺失，下肢骨竖向平放。

　　墓内出土 1 件釉陶罐，处于木棺前挡外底板中部（图四二）。

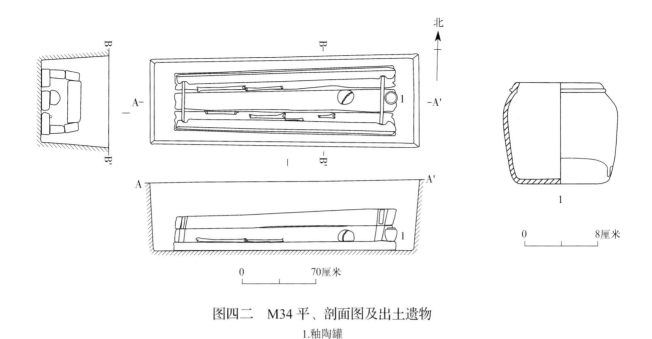

图四二　M34 平、剖面图及出土遗物
1.釉陶罐

（二）出土遗物

共 1 件。

釉陶罐　1 件。

M34：1，圆唇，唇外有一周内凹，敛口，微束颈，微耸肩，直腹略斜收，平底。口沿处略有变形。素面。红褐色胎，局部呈深灰色。器表和口沿内壁施酱釉，釉不及底，有流釉现象。口径 18、底径 11、最大径 13、高 11.9 厘米（图四二，1；彩版二三，2）。

# 三五　M35

（一）墓葬形制

M35 位于发掘区的中西部，探方 T1616 的东北部，北距 M29 约 5 米。开口于④层下，距地表约 1.2 米，向下打破⑤～⑥层。竖穴土坑单棺墓。方向 86°。开口平面略呈梯形。墓口长 2.46、宽 0.98～1.05 米；墓底长 2.38、宽 0.92～0.97 米；深 0.58 米。墓坑口大底小，四壁向下斜直内收，壁面略光滑，墓底较平整。墓内填土为褐色细沙土夹红褐色淤泥块，土质略疏松，较软。

葬具为单木棺，保存较差。平面略呈梯形，长 2.02、头端宽 0.58、足端宽 0.48、高 0.12 米。盖板、前后挡板以及底板均已朽不存。两侧帮板各残存一块木板。帮板长 2.02、高 0.11、厚 0.08 米。墓主人骨架保存一般，葬式为仰身直肢葬，头向东，面向上。头骨碎裂，残存上下肢骨及少量盆骨、肋骨，两臂竖向平放于身体两侧，两腿竖向平放，左盆骨略偏向左侧腿骨，头骨下方残存肋骨两根。

墓内出土 1 件釉陶罐，处于木棺前挡板外偏南侧（图四三）。

（二）出土遗物

共 1 件。

釉陶罐　1 件。

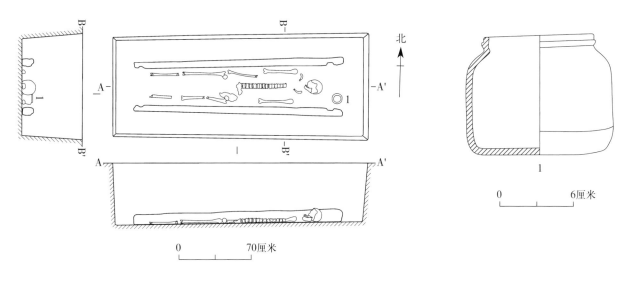

图四三　M35 平、剖面图及出土遗物

1.釉陶罐

　　M35：1，圆方唇，唇外有一周内凹，直口微敛，束颈，耸肩，直腹，平底，口沿处略有变形。素面。紫红色胎。器身及口沿内壁施酱釉，釉不及底。口径 10.3、底径 12.5、最大径 13、高 10.1 厘米（图四三，1；彩版二三，3）。

# 三六　M36

　　M36 位于发掘区的中西部，探方 T1517 的东南部，北距 M32 约 5 米。开口于①层下，距地表约 0.35 米，向下打破②～④层。竖穴土坑单棺墓。方向 113°。开口平面略呈梯形。墓口长 2.3、宽 0.75～0.84 米；墓底长 2.24、宽 0.69～0.79 米；深 0.42 米。墓坑口大底小、斜壁平底，壁面较粗糙。墓内填土为灰黄褐色细沙土，土质较致密，稍软。

　　葬具为单木棺，保存极差。平面略呈梯形，长 1.95、头端宽 0.51、足端宽 0.41、高 0.16 米。盖板、底板已朽不存。前挡板残存两块木板，后挡板仅残存一块木板，均以榫卯形式嵌入两侧帮板的凹槽之内。前挡板长 0.43、高 0.12、厚 0.04 米；后挡板长 0.38、高 0.15、厚 0.03 米。两侧帮板均仅残存一块木板，从底板竖直向上。帮板长 1.95、高 0.15、厚 0.02 米。棺内底部铺一层白灰，厚 0.02～0.04 米。墓主人骨架保存较差，葬式为仰身直肢，头向东，面向上。头骨已碎裂，下枕白灰包，两侧用白灰包固定，上肢骨平放于肋骨、椎骨、盆骨两侧，下肢骨略移位平放。

　　墓内出土 1 件硬陶罐，处于木棺前挡外底板的东南角（图四四）。

## （二）出土遗物

　　共 1 件。

　　硬陶罐　1 件。

　　M36：1，圆唇，直口，微束颈，深弧腹，平底。颈部饰两周凹弦纹。器身有明显的拉坯旋修痕迹。素面。红褐色硬陶。口径 8.7、底径 4.5、最大径 8.2、高 6.3 厘米（图四四，1；彩版二三，4）。

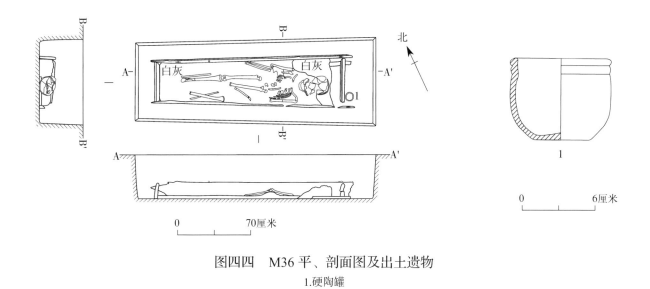

图四四 M36 平、剖面图及出土遗物
1.硬陶罐

# 三七 M37

## （一）墓葬形制

M37 位于发掘区的中西部，探方 T1517 的西南角，东距 M36 约 5 米。开口于③层下，距地表约 1.5 米，向下打破④～⑥层。竖穴土坑双棺墓。方向 340°。墓葬上部存在封土，为红褐色土夹少量细沙。封土平面略呈椭圆形，长径 4.8、短径 4.3、高 0.9 米。开口平面略呈梯形。墓口长 2.72、宽 1.55～1.82 米；墓底长 2.59、宽 1.46～1.69 米；深 0.52 米。墓坑口大底小，四壁向下斜直内收，壁面略粗糙，墓底较平整。墓内填土为黄褐色沙土，土质略疏松，较软。

葬具为木棺，双棺合葬，保存较差。东棺平面略呈梯形，长 1.95、头端宽 0.54、足端宽 0.37、高 0.35 米。盖板、前后挡板已朽不存。两侧帮板均由三块木板拼合而成，从底板斜直向上略向棺内弧收。帮板长 1.95、高 0.3、厚 0.05 米。底板由四块木板长边并排拼合而成。底板长 1.95、宽 0.34～0.51、厚 0.05 米。墓主人骨架保存较差，葬式为仰身直肢葬，头向北，面向不详。头骨碎裂，已错位偏移，残存上下肢骨、椎骨，以及一些肋骨、盆骨碎片，双臂平伸置于身体两侧，双腿平置稍分开，双膝内扣并拢。西棺平面略呈梯形，长 1.91、头端宽 0.53、足端宽 0.38、高 0.3 米。盖板、前后挡板已朽不存。两侧帮板均由三块木板拼合而成，从底板斜直向上略向棺内弧收。帮板长 1.88、高 0.25、厚 0.04 米。底板由四块木板长边并排拼合而成。底板长 1.91、宽 0.37～0.53、厚 0.05 米。墓主人骨架保存较差，葬式、头向、面向等均不详。头骨碎裂，仅残存少量上下肢骨，且均已错位位移。

墓内共计出土 3 件随葬品，其中 2 件釉陶韩瓶分别处于东棺前挡外底板上偏西处和西棺前挡外侧底板上偏西处，1 件木炭棒处于东棺足端偏东处（图四五）。

## （二）出土遗物

共 3 件，含釉陶韩瓶和木炭棒两类。

釉陶韩瓶 2 件。重唇不明显，直口微敛，束颈，溜肩，鼓腹，平底。器表与内壁有轮制弦纹。红褐色胎。器身及口沿内壁施酱釉，釉面粗糙无光。

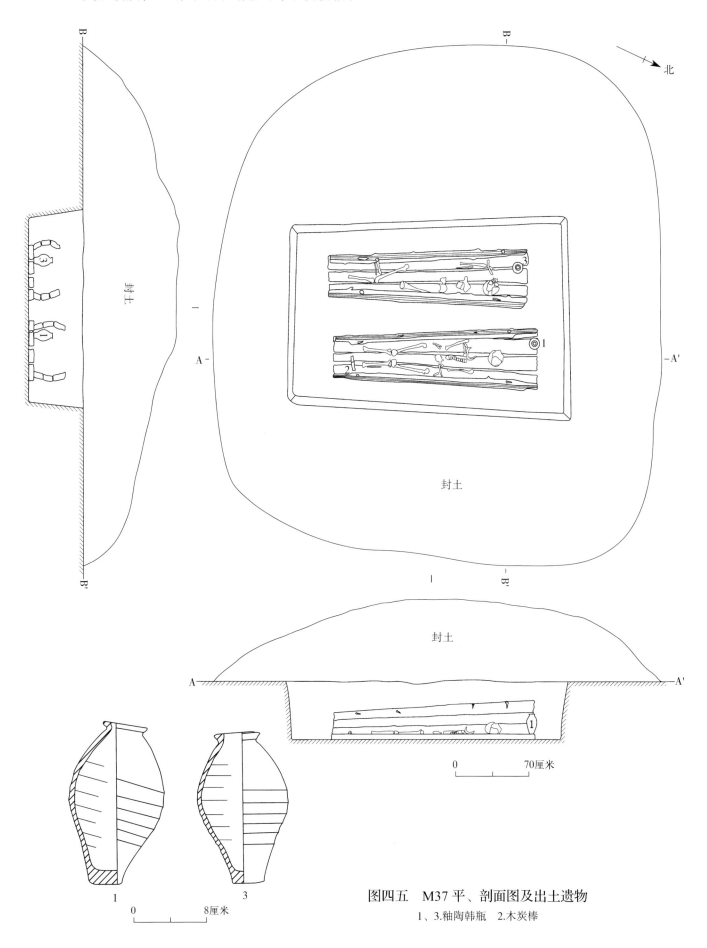

图四五 M37 平、剖面图及出土遗物

1、3.釉陶韩瓶 2.木炭棒

M37：1，夹砂灰陶。口径 5.2、底径 3.6、最大径 10.1、高 16.2 厘米（图四五，1；彩版二三，5）。

M37：3，夹砂红褐色陶。口径 6.2、底径 4.7、最大径 11、高 17.1 厘米（图四五，3；彩版二三，6）。

木炭棒　1 件。

M37：2，残损，断裂为三段。圆柱形。长 14.5、直径 2.6 厘米，重 58.5 克（彩版二四，1）。

# 三八　M38

## （一）墓葬形制

M38 位于发掘区的西南部，探方 T1910 和 T1911 的交界处中部，西南距 M106 约 18 米。开口于③层下，距地表约 1 米，向下打破④～⑥层。竖穴土坑单棺墓。方向 305°。开口平面呈长方形。墓口长 2.5、宽 0.8～0.9 米；墓底长 2.41、宽 0.71～0.82 米；深 0.52 米。墓坑口大底小，斜壁平底，壁面较粗糙，墓底较平整。墓内填土为黄褐色细沙土夹红褐色淤泥碎块土，土质较疏松，稍软。

葬具为单木棺，保存较差。平面略呈梯形，长 2.14、头端宽 0.63、足端宽 0.52、高 0.33 米。盖板由三块木板长边并排拼合而成，整体以榫卯形式扣合于棺身之上。盖板长 2.14、头端宽 0.63、足端宽 0.52、厚 0.05 米。前后挡板均仅残存一块木板，以榫卯形式嵌入两侧帮板的凹槽之内。前挡板长 0.47、高 0.21、厚 0.05 米；后挡板长 0.39、高 0.18、厚 0.02 米。两侧帮板均由两块木板拼合而成，从底板斜直向上略向棺内弧收。帮板长 2.09、高 0.22、厚 0.06 米。底板由五块木板长边并排拼合而成。底板长 2.14、宽 0.5～0.64、厚 0.06 米。棺内底部铺一层白灰，厚 0.01～0.03 米。墓主人骨架保存较好，葬式为仰身直肢葬，头向西北，面向上。头骨已碎，上肢骨双臂略内屈，双手放于腹部，肋骨、椎骨、盆骨均未移位，下肢骨平放。头骨下枕白灰包。

墓内出土 1 件釉陶罐，处于木棺前挡外底板的西南角（图四六）。

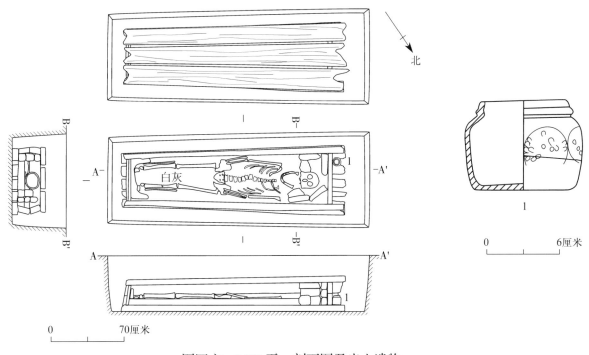

图四六　M38 平、剖面图及出土遗物

1.釉陶罐

（二）出土遗物

共1件。

釉陶罐　1件。

M38：1，圆唇，唇下有一周内凹，敛口，束颈，耸肩，直腹微斜收，平底。腹部饰团花纹。红褐色胎。器身及口沿内壁施酱釉，釉不及底，口沿内壁处少量施釉，口沿处釉层脱落严重，露出红褐色胎。口径8、底径9、最大径10.2、高7.7厘米（图四六，1；彩版二四，2）

# 三九　M39

## （一）墓葬形制

M39位于发掘区的中西部，探方T1421的西南角，北距M52约8米。开口于③层下，距地表约1.5米，向下打破④～⑥层。竖穴土坑双棺墓。方向30°。开口平面略呈梯形。墓口长2.77、宽1.57～1.76米；墓底长2.57、宽1.36～1.57米；深0.85米。墓坑口大底小，四壁斜直内收，壁面略粗糙，墓底较平整。墓内填土为红褐色花土夹红褐色淤泥和些许青灰色淤泥，土质略疏松，较软。

葬具为木棺，双棺合葬，保存较好。东棺平面略呈梯形，长2.1、头端宽0.63、足端宽0.5、高0.43米。盖板由三块木板长边并排拼合而成，整体以榫卯形式扣合于棺身之上。盖板长2.07、头端宽0.63、足端宽0.5、厚0.05米。前后挡板均由两块木板拼合而成，以榫卯形式嵌入两侧帮板的凹槽之内。前挡板长0.41、高0.46、厚0.05米；后挡板长0.32、高0.35、厚0.07米。两侧帮板均由两块木板拼合而成，从底板斜直向上略向棺内弧收。帮板长1.99、高0.26、厚0.11米。底板由三块木板长边并排拼合而成。底板长2、宽0.47～0.49、厚0.1米。棺内底部残存一层白灰，厚0.03米，应是原在棺内平铺一层白灰用以防潮。墓主人骨架保存一般，葬式为仰身直肢葬，头向北，面向上。头骨、椎骨、上下肢骨等均存在，略有散乱。头骨下支垫有一椭圆形白灰包，用作枕头，长0.16、宽0.08、厚0.08～0.11米。头骨偏移至白灰包下方。西棺平面略呈梯形，长2.1、头端宽0.6、足端宽0.5、高0.67米。盖板由三块木板长边并排拼合而成，整体以榫卯形式扣合于棺身之上。盖板长2.1、头端宽0.6、足端宽0.5、厚0.05米。前挡板残存一块木板，后挡板由三块木板拼合而成。前挡板长0.29、高0.25、厚0.03米；后挡板长0.29、高0.41、厚0.07米。两侧帮板均由三块木板拼合而成，从底板斜直向上略向棺内弧收。帮板长2.01、高0.48、厚0.1米。底板由三块木板长边并排拼合而成。底板长1.96、宽0.41～0.45、厚0.1米。棺内底部残存一层白灰，厚0.04米，应是原在棺内平铺一层白灰用以防潮。墓主人骨架保存一般，葬式、头向、面向等均不详。头骨碎裂，上肢骨、椎骨残缺，因棺内渗水淤积而散乱，下肢骨平置稍分开，双膝外翻，双足并拢。头骨下方支垫有白灰包若干，高0.23米。

墓内共计出土5件随葬品，其中1件铜镜处于东棺前挡板外偏东处的填土中，1件釉陶罐处于东棺前挡外底板上偏西处，1件釉陶韩瓶处于西棺前挡外侧底板上偏西处，2件砚台处于西棺后挡板外填土中（图四七）。

## （二）出土遗物

共5件，含铜镜、釉陶罐、釉陶韩瓶和砚台等。

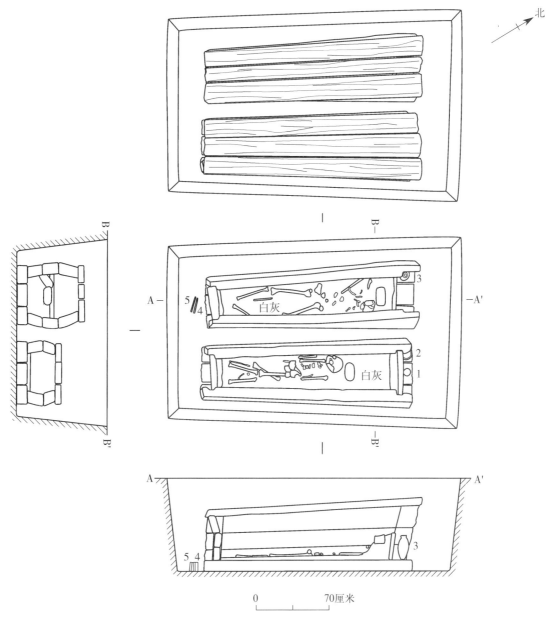

图四七　M39 平、剖面图

1.铜镜　2.釉陶罐　3.釉陶韩瓶　4、5.砚台

釉陶韩瓶　1件。

M39：3，重唇，直口，束颈，溜肩，深弧腹，平底，整体略歪斜。器表与内壁有轮制弦纹。红褐色胎。器身及口沿内壁施酱釉，釉面粗糙无光。口径 5.2、底径 3.7、最大径 10.5、高 19 厘米（图四八，1；彩版二四，3）。

釉陶罐　1件。

M39：2，圆唇，侈口，束颈，鼓肩，弧腹，平底。肩部饰花边形披肩。灰白色胎。器身及口沿内壁施酱釉，釉不及外底，有流釉现象。口径 11、底径 10.2、最大径 12.7、高 10.5 厘米（图四八，2；彩版二四，4；彩版二四，4）。

铜镜　1件。

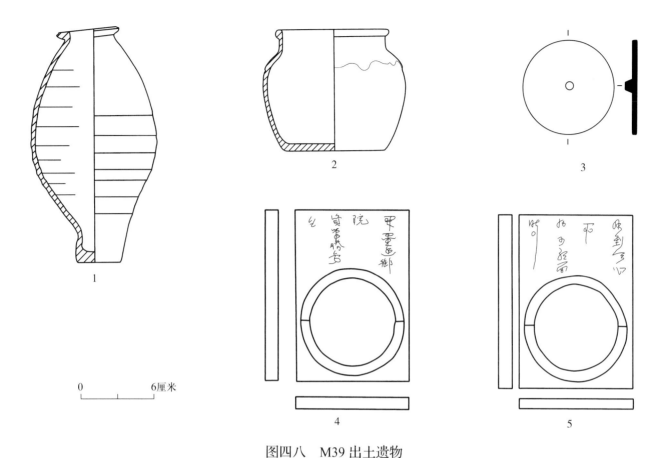

图四八　M39 出土遗物

1.釉陶韩瓶（M39：3）　2.釉陶罐（M39：2）　3.铜镜（M39：1）　4、5.砚台（M39：4、5）

M39：1，圆形镜，圆形纽。素面。镜身氧化程度较深，附着绿锈。直径 7.8、厚 0.4 厘米，重 121 克（图四八，3；彩版二四，5）。

砚台　2件。灰黑色。砚身呈石质，外表光滑。整体呈长方形，砚身右部有一圆环，一侧内凹较深，一侧略凹。

M39：4，表面有阴刻题砚诗，为"开墨香御院，资笔胜写台"。长 13.7、宽 9.3、厚 1.2 厘米，重 386.8 克（图四八，4；彩版二五，1）。

M39：5，表面有阴刻题砚诗，为"月到天心处，风来水面时"。长 14、宽 9.6、厚 1.2 厘米，重 392.7 克（图四八，5；彩版二五，2）。

# 四〇　M40

## （一）墓葬形制

M40 位于发掘区的中西部，探方 T1719 的西南部，南距 M30 约 10 米。开口于④层下，距地表约 1.4 米，向下打破⑤～⑦层。竖穴土坑单棺墓。方向 328°。开口平面略呈长方形，墓口长 2.75、宽 0.9～1 米；墓底长 2.64、宽 0.82～0.92；深 0.65 米。墓坑口大底小，坑壁向下微收，壁面粗糙，墓底较平整。墓内填土为黄褐色细沙土夹红褐色淤泥碎块土，土质较疏松，稍软。

葬具为单木棺，保存较好。平面略呈梯形，长 2.3、头端宽 0.71、足端宽 0.59、高 0.62 米。盖板

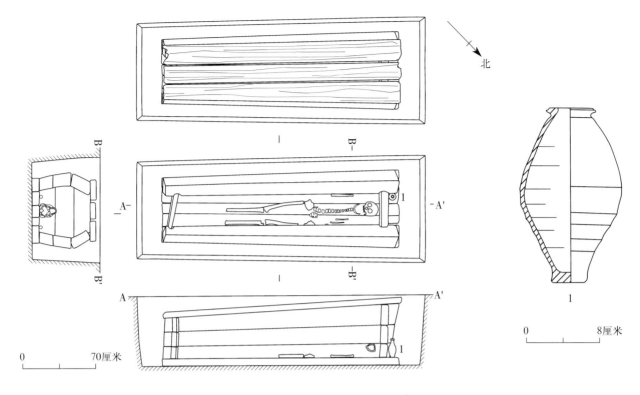

图四九　M40 平、剖面图及出土遗物
1.釉陶韩瓶

由三块木板长边并排拼合而成，整体以榫卯形式扣合于棺身之上。盖板长 2.3、头端宽 0.59、足端宽 0.49、厚 0.05 米。前后挡板均由三块木板拼合而成，以榫卯形式嵌入两侧帮板的凹槽之内。前挡板长 0.34、高 0.49、厚 0.07 米；后挡板长 0.33、高 0.38、厚 0.07 米。两侧帮板均由三块木板拼合而成，从底板斜直向上略向棺内弧收。帮板长 2.25、高 0.5、厚 0.12 米。底板由五块木板长边并排拼合而成。底板长 2.26、宽 0.6 ～ 0.72、厚 0.07 米。墓主人骨架保存较好，葬式为仰身直肢葬，头向西北，面向上。上肢骨平放于肋骨、椎骨、盆骨两侧，下肢骨双膝微屈平放。

墓内出土 1 件釉陶韩瓶，处于木棺前挡外底板西南角（图四九）。

（二）出土遗物

共 1 件。

釉陶韩瓶　1 件。

M40：1，重唇，敛口，束颈，溜肩，深弧腹，平底，底部呈椭圆形。器表与内壁有轮制旋纹。红褐色胎。器身及口沿内壁施酱釉，釉面粗糙无光。口径 5.5、底径 4、最大径 11、高 19 厘米（图四九，1；彩版二五，3）。

# 四一　M41

（一）墓葬形制

M41 位于发掘区的中西部，探方 T2020 的东南部，T2019 的东北部，北距 M42 约 3 米。开口于④层下，距地表约 1.4 米，向下打破⑤～⑦层。竖穴土坑单棺墓。方向 25°。开口平面略呈梯形。墓口长 2.3、宽 0.74～0.86 米；墓底长宽尺寸与墓口基本一致；深 0.2 米。墓坑直壁平底，壁面较粗糙。墓内填土为黄褐色细沙土夹红褐色淤泥碎块土，土质较疏松，稍软。

葬具为单木棺，保存较差。平面略呈梯形，长 2、头端宽 0.67、足端宽 0.57、高 0.12 米。盖板、前后挡板已朽不存。两侧帮板均仅残存一块木板，从底板斜直向上。帮板长 1.96、高 0.08、厚 0.02 米。底板由五块木板长边并排拼合。底板长 2、宽 0.56～0.66、厚 0.04 米。墓主人骨保存较差，葬式为仰身直肢葬，头向北，面向不详。头骨已碎，上肢骨、下肢骨因积水冲刷均有移位，但较完整（图五〇）。

墓内无随葬器物出土。

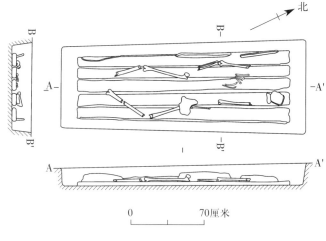

图五〇    M41 平、剖面图

## （二）出土遗物

无出土遗物。

# 四二    M42

## （一）墓葬形制

M42 位于发掘区的中西部，探方 T2020 的中东部，南距 M41 约 3 米。开口于⑥层下，距地表约 2.2 米，向下打破⑦层至生土层。竖穴土坑双棺墓。方向 20°。平面略呈平行四边形。墓口长 2.36、宽 1.19～1.2 米；墓底长 2.18、宽 1.09～1.1 米；深 1.13 米。墓坑口大底小，墓壁向下内收，壁面较粗糙，墓底较平整。墓内填土为黄褐色细沙夹红褐色淤泥及黄褐色土块，土质较疏松，稍软。

葬具为木棺，双棺合葬，保存较差。东棺已朽不存，仅存墓主人骨周围的棺痕，其棺痕长 1.94、头端残宽 0.4、足端残宽 0.3 米。棺内残留有较少草木灰痕迹。墓主人骨架保存极差，葬式为仰身直肢葬，头向、面向不详。可见残缺上肢骨平放于棺痕两侧，下肢骨稍有移位，竖向平放。西棺平面略呈梯形，长 2、头端宽 0.53、足端宽 0.4、高 0.63 米。盖板由两块木板长边并排拼合而成，整体以榫卯形式扣合于棺身之上。盖板长 2、头端宽 0.53、足端宽 0.4、厚 0.05 米。前后挡板均由两块木板拼合而成，以榫卯形式嵌入两侧帮板的凹槽之内。前挡板长 0.39、高 0.55、厚 0.03 米；后挡板长 0.31、高 0.43、厚 0.06 米。两侧帮板均由两块木板拼合而成，从底板斜直向上略向棺内弧收。帮板长 1.93、高 0.54、厚 0.05 米。棺内底部铺少许草木灰。墓主人骨架保存一般，葬式为仰身直肢葬，头向北，面向上。上肢骨平放于椎骨、肋骨两侧，下肢骨竖向平放。

墓内出土 2 件随葬品，均为釉陶韩瓶，分别处在东、西棺前挡外底板之上（图五一）。

## （二）出土遗物

共 2 件。

釉陶韩瓶    2 件。重唇，束颈，溜肩，深弧腹，平底。器表与内壁有轮制旋纹。器身及口沿内壁施酱釉，釉面粗糙无光。

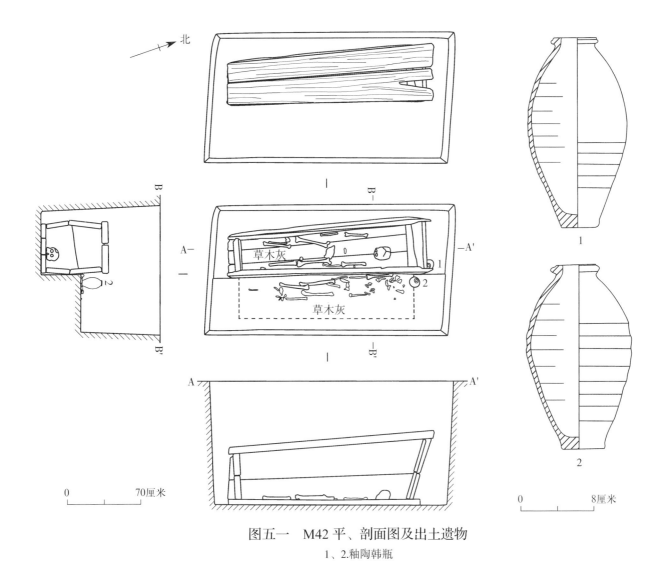

图五一 M42 平、剖面图及出土遗物
1、2.釉陶韩瓶

M42：1，直口微敛。红褐色胎。口径 5.2、底径 4、最大径 11.3、高 21.5 厘米（图五一，1；彩版二五，4）。

M42：2，直口，底呈椭圆形。灰色胎。口径 5.6、底径 5.2、最大径 11.8、高 20 厘米（图五一，2；彩版二五，5）。

# 四三 M43

## （一）墓葬形制

M43 位于发掘区的中西部，探方 T1428 的东南角，东北距 M79 约 18 米。开口于⑥层下，距地表约 2.3 米，打破至生土层。竖穴土坑双棺墓。方向 20°。开口平面略呈梯形。墓口长 2.42、宽 1.48～1.6 米；墓底长 2.21、宽 1.3～1.41 米；深 0.56 米。墓室四壁从墓口向下斜直内收，口大底小，壁面略粗糙，墓底较平整。墓内填土为黄色细沙土夹红褐色淤泥块及青灰色淤泥，黏性较大，土质较疏松，较软。

葬具为木棺，双棺合葬，保存一般。东棺平面略呈梯形，长 2.01、头端宽 0.6、足端宽 0.49、高 0.42 米。盖板已朽不存。前后挡板均残存两块木板，以榫卯形式嵌入两侧帮板的凹槽之内。前挡板长 0.43、高 0.14、厚 0.05 米；后挡板长 0.35、高 0.26、厚 0.06 米。两侧帮板均由三块木板拼合而成，从底板斜直向上略向棺内弧收。帮板长 2.01、高 0.38、厚 0.06 米。底板由三块木板长边并排拼合而成。底板长 2、宽 0.38～0.53、厚 0.06 米。棺内底部铺一层草木灰，厚 0.03 米。墓主人骨架保存较差，葬式为仰身直肢葬，头向北，面向不详。头骨碎裂，仅存若干上下肢骨，推测应是两臂平伸置于身体两侧，两腿平置稍分开。西棺平面略呈梯形，长 2、头端宽 0.51、足端宽 0.37、高 0.5 米。盖板已朽不存。前挡板由三块木板拼合而成，后挡板残存一块木板，以榫卯形式嵌入两侧帮板的凹槽之内。前挡板长 0.38、高 0.68、厚 0.05 米；后挡板长 0.28、高 0.2、厚 0.06 米。两侧帮板均由三块木板拼合而成，从底板斜直向上。帮板长 2、高 0.42、厚 0.06 米。底板由三块木板长边并排拼合而成。底板长 1.99、宽 0.33～0.45、厚 0.06 米。棺内底部铺一层草木灰，厚 0.03 米。墓主人骨架保存极差，葬式为仰身直肢葬，头向北，面向不详。头骨碎裂，可辨有零散的椎骨和上下肢骨，推测应是两腿平置稍分开。

墓内出土 2 件随葬品，其中 1 件釉陶韩瓶处于西棺前挡外底板上东北角处，1 方砖买地券处于东棺前挡外中部（图五二）。

（二）出土遗物

共 2 件，含釉陶韩瓶和砖买地券两类。

釉陶韩瓶　1 件。

M43：1，重唇，直口微敛，束颈，弧肩，鼓腹，平底。器表与内壁有轮制旋纹。红褐色胎。外壁及口沿内壁施酱釉，釉面粗糙无光。口径 5.8、底径 5.2、最大径 11.6、高 18.5 厘米（图五二，1；彩版二六，1）。

砖买地券　1 方。

M43：2，残损严重。长方形。其上有朱书文字，现已漫漶难辨。厚 3.3 厘米，长宽不详（彩版二六，2）。

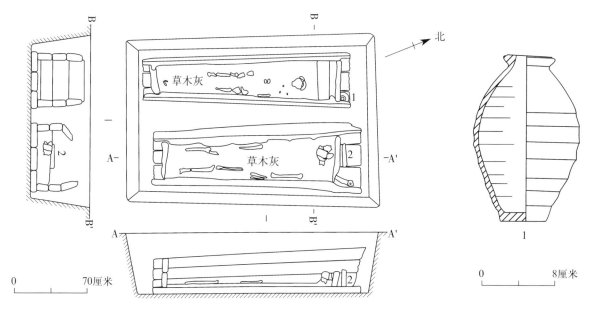

图五二　M43 平、剖面图及出土遗物

1.釉陶韩瓶　2.砖买地券

# 四四　M44

## （一）墓葬形制

M44 位于发掘区的中西部，探方 T2132 的西北部，北距 M6 约 22 米。开口于①层下，距地表约 0.3 米，向下打破②～④层。竖穴土坑双棺墓。方向 20°。开口平面略呈长方形。墓口长 2.53、宽 1.4～1.59 米；墓底长 2.43、宽 1.3～1.48；深 0.56 米。墓坑口大底小，斜壁平底，壁面较光滑。墓内填土为灰黄色细沙土，土质较致密，稍软。

葬具为木棺，双棺合葬，保存较差。东棺平面略呈梯形，长 1.95、头端宽 0.53、足端宽 0.4、高 0.18 米。盖板、前后挡板已朽不存。两侧帮板均仅残存一块木板，从底板斜直向上。帮板长 1.89、高 0.18、厚 0.02 米。底板由三块木板长边并排拼合而成。底板长 1.95、宽 0.37～0.46、厚 0.04 米。墓主人骨架保存较差，葬式为仰身直肢葬，头向北，面向不详。上肢骨平放于椎骨、肋骨两侧，右下肢股骨、胫骨略移位，左下肢弯屈平放。西棺平面略呈梯形，长 1.95、头端宽 0.52、足端宽 0.39、高 0.26 米。盖板、后挡板已朽不存。前挡板残存一块木板，以榫卯形式嵌入两侧帮板的凹槽之内。前挡板长 0.49、高 0.14、厚 0.03 米。两侧帮板各仅残存一块木板，从底板斜直向上。帮板长 1.94、高 0.19、厚 0.03 米。底板由三块木板长边并排拼合而成。底板长 1.95、宽 0.34～0.48、厚 0.04 米。棺内底部铺少许白灰。墓主人骨保存较差，葬式为仰身直肢葬，头向东，面向不详。上肢骨平放于棺内两侧，可见右侧盆骨及凌乱椎骨，股骨向下移位。

墓内出土 1 枚铜钱，处于东棺内墓主左臂处（图五三）。

## （二）出土遗物

共 1 件。

铜钱　1 枚。

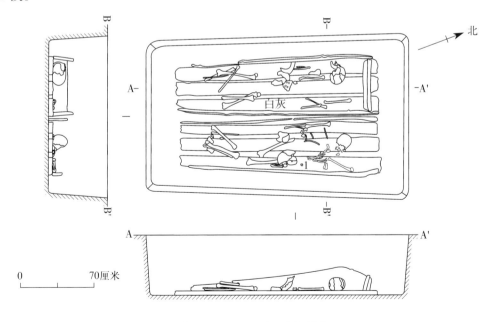

图五三　M44 平、剖面图

1.铜钱

M44：1，完整。圆形方穿，正背皆有外郭与穿郭。锈蚀严重，正背模糊不清。直径 2.4、穿径 0.6、厚 0.2 厘米，重 2.9 克。

# 四五　M45

## （一）墓葬形制

M45 位于发掘区的中部偏西南，探方 T2020 的西北角，西北距 M46 约 3 米。开口于⑥层下，距地表约 2.5 米，打破⑦层至生土层。竖穴土坑双棺墓。方向 24°。开口平面略呈梯形。墓口长 2.56、宽 1.46 ～ 1.64 米；墓底长 2.4、宽 1.34 ～ 1.5 米；深 0.88 米。墓坑口大底小，四壁向下斜直内收，壁面略粗糙，墓底东半部分高西半部分低。墓内填土为黄沙土夹红褐色淤泥块以及青灰色淤泥，土质较致密，较软。

葬具为木棺，双棺合葬，保存较差。东棺平面略呈梯形，长 1.69、头端宽 0.62、足端宽 0.49、高 0.15 米。盖板、前后挡板已朽不存。两侧帮板均仅残存一块木板，从底板斜直向上。帮板长 1.98、高 0.13、厚 0.02 米。底板由三块木板长边并排拼合而成。底板长 2.02、宽 0.49 ～ 0.62、厚 0.05 米。棺内底部铺一层草木灰，厚 0.04 米。墓主人骨架保存较差，葬式为仰身直肢葬，头向北，面向不详。头骨碎裂，其余可辨认的有上下肢骨，推测两臂平伸置于身体两侧，两腿平置稍分开，两膝外翻。西棺平面略呈梯形，长 1.9、头端宽 0.66、足端宽 0.53、高 0.7 米。盖板由两块木板长边并排拼合而成，整体以榫卯形式扣合于棺身之上。盖板长 1.9、头端宽 0.6、足端宽 0.46、厚 0.05 米。前后挡板均由三块木板拼合而成，以榫卯形式嵌入两侧帮板的凹槽之内。前挡板长 0.46、高 0.57、厚 0.05 米；后挡板长 0.36、高 0.48、厚 0.06 米。两侧帮板均由两块木板拼合而成，从底板斜直向上略向棺内弧收。帮板长 1.95、高 0.54、厚 0.08 米。底板由三块木板长边并排拼合而成。底板长 1.93、宽 0.52 ～ 0.7、厚 0.08 米。棺内底部铺一层草木灰，厚 0.05 米。墓主人骨架保存一般，葬式、头向、面向等均不详。人骨因处于清水之中，表面被水锈染成红褐色。骨架虽无残缺但散乱严重，头骨翻转，枕骨大孔朝上，肋骨、椎骨散乱，下肢骨大体处于原位，双腿平置稍分开。

墓内共计出土 3 件随葬品，其中 1 件釉陶罐处于东棺前挡板外西北角，1 件釉陶韩瓶处于西棺前挡板外西北角，1 枚铜钱处于西棺内底部淤土中（图五四；彩版二六，3）。

## （二）出土遗物

共 3 件，含釉陶罐、釉陶韩瓶和铜钱三类。

釉陶罐　1 件。

M45：1，方唇，直口，束颈，溜肩，鼓腹，下腹斜收，平底。上腹部饰散乱拍印弦纹及拍印圆痕。外壁可见轮制痕迹。灰色胎。器身及口沿内壁施酱釉，釉层较薄，釉面粗糙无光，脱落严重，有流釉现象。口径 9、底径 6.2、最大径 15、高 21.5 厘米（图五四，1；彩版二六，4）。

釉陶韩瓶　1 件。

M45：2，重唇，直口，束颈，溜肩，深弧腹，平底，腹部有凹陷，底部呈椭圆形，整体略有歪斜。器表与内壁有轮制旋纹。红褐色胎。器表及口沿内壁施酱釉，釉面粗糙无光。口径 5.8、底径 4.6、最大径 11、高 20.5 厘米（图五四，2；彩版二六，5）。

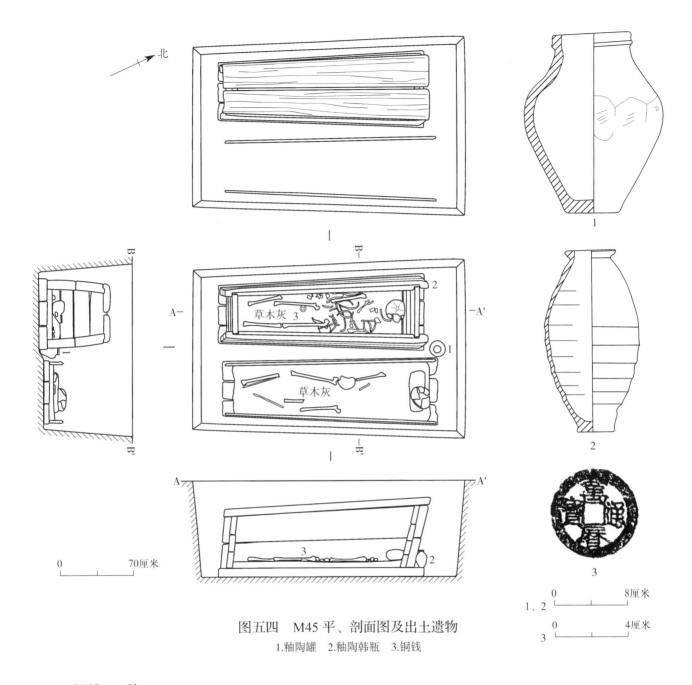

图五四　M45 平、剖面图及出土遗物
1.釉陶罐　2.釉陶韩瓶　3.铜钱

铜钱　1枚。

M45：3，完整，正背皆有外郭与穿郭，正面直读楷书"万历通宝"，光背。直径2.5、穿径0.6、厚0.1厘米，重3.3克（图五四，3）。

# 四六　M46

## （一）墓葬形制

M46位于发掘区的中北部，探方T1920的东北部，东南距M45约3米。开口于⑥层下，距地表约2.5米，向下打破⑦～⑧层。竖穴土坑单棺墓。方向340°。开口平面略呈梯形。墓口长2.4、宽0.92～1.18米；墓底长2.3、宽0.81～1.08米；深0.75米。墓坑口大底小，四壁从墓口向下斜直内收，壁面略光滑，

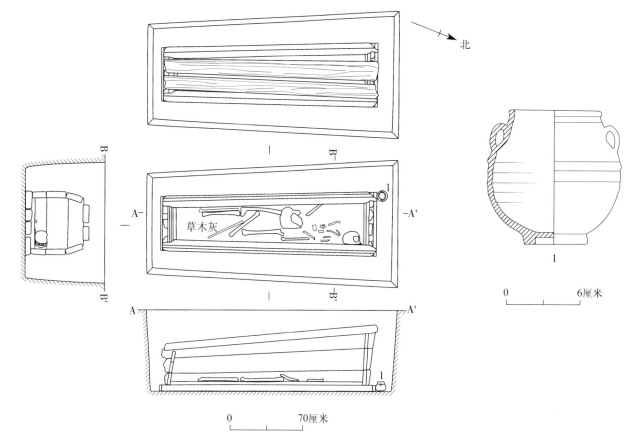

图五五    M46 平、剖面图及出土遗物

1.釉陶罐

墓底较平整。墓内填土为黄灰色沙土，土质略疏松，较软。

葬具为单木棺，保存较差。平面略呈梯形，长 2.05、头端宽 0.6、足端宽 0.5、高 0.6 米。盖板残存两块木板，长边并排拼合而成，整体以榫卯形式扣合于棺身之上。盖板长 2、头端宽 0.35、足端宽 0.27、厚 0.05 米。前后挡板均由三块木板拼合而成，以榫卯形式嵌入两侧帮板的凹槽之内。前挡板长 0.41、高 0.49、厚 0.03 米；后挡板长 0.33、高 0.31、厚 0.03 米。两侧帮板均由三块木板拼合而成，从底板斜直向上略向棺内弧收。帮板长 2.05、高 0.5、厚 0.05 米。底板由四块木板长边并排拼合而成。底板长 2.02、宽 0.5 ～ 0.6、厚 0.05 米。棺内底部铺一层草木灰，厚 0.02 ～ 0.04 米。墓主人骨架保存较差，其葬式为仰身直肢葬，头向西北，面向上。双腿分开，向左移位，两臂残缺不齐，向左移位，盆骨向右偏移，肋骨保存较差，仅存个别碎骨，头骨移位至前挡板东南侧。

墓内出土 1 件釉陶罐，处于木棺外西北角（图五五）。

（二）出土遗物

共 1 件。

釉陶罐    1 件。

M46：1，尖圆唇，微侈口，短颈，弧肩，鼓腹，圈足，肩颈结合处有双系。素面。内外壁可见轮制痕迹。灰白色胎。器身及口沿内壁施酱釉，釉不及底，有流釉现象。口径 7.2、足径 4.3、最大径 11.4、高 11.3 厘米（图五五，1；彩版二七，1）。

# 四七　M47

## （一）墓葬形制

M47位于发掘区的中西部，探方T1820的西南角，东北距M23约7米。开口于⑥层下，距地表约2.1米，向下打破⑦层至生土层。竖穴土坑三棺墓。方向14°。开口平面略呈梯形。墓坑口大底小，墓壁向下斜直内收，壁面较粗糙，墓底从东到西呈三级台阶形逐级增高。墓口长2.62、宽2.09～2.28米；墓底长2.28、宽1.81～2.09米；深0.46米。墓内填土为黄褐色细沙土夹红褐色淤泥及黄褐色碎土块，土质较疏松，稍软。

葬具为木棺，三棺合葬，保存较差。东棺平面略呈梯形，长1.92、头端宽0.55、足端宽0.44、高0.38米。盖板已朽不存。前、后挡板均仅残存一块木板，以榫卯形式嵌入两侧帮板的凹槽之内。前挡板长0.51、高0.11、厚0.02米；后挡板长0.39、高0.04、厚0.03米。东侧帮板仅残存一块木板，西侧帮板残存两块木板，从底板斜直向上。帮板长1.92、高0.28、厚0.03米。底板由三块木板长边并排拼合而成。底板长1.75、宽0.4～0.52、厚0.03米。棺座处于底板之下，由四块木板拼接而成，形成一长方形木框。棺座长1.8、宽0.44～0.5、高0.1米。棺内底部铺一层草木灰，厚0.02～0.03米。墓主人骨架保存较差，葬式为仰身直肢葬，头向东北，面向上。右上肢骨平放于椎骨、肋骨右侧，下肢股骨平放，胫骨、腓骨缺失。中棺平面略呈梯形，长1.99、头端宽0.7、足端宽0.58、高0.4米。盖板已朽不存。前、后挡板均残存两块木板，以榫卯形式嵌入两侧帮板的凹槽之内。前挡板长0.56、高0.22、厚0.04米；后挡板长0.48、高0.15、厚0.03米。东侧帮板残存三块木板，西侧帮板残存两块木板，从底板斜直向上略向棺内弧收。帮板长1.99、高0.24～0.35、厚0.07米。底板由三块木板长边并排拼合而成。底板长1.99、宽0.53～0.66、厚0.05米。棺内底部铺一层草木灰，厚0.01～0.03米。墓主人骨架保存较差，头向、面向、葬式均不详。头骨已碎为残片，上下肢骨残存五节断骨，均移位。西棺平面略呈梯形，长1.97、头端宽0.59、足端宽0.47、高0.31米。盖板、后挡板已朽不存。前挡板残存两块木板，以榫卯形式嵌入两侧帮板的凹槽之内。前挡板长0.54、高0.19、厚0.04米。两侧帮板均仅存一块木板，从底板斜直向上。帮板长1.97、高0.26、厚0.09米。底板由三块木板长边并排拼合而成。底板长1.97、宽0.47～0.54、厚0.05米。棺内底部铺一层草木灰，厚0.02～0.04米。墓主人骨架保存较差，葬式为仰身直肢葬，头向北，面向不详。头骨已碎为残片，残存四节上肢骨，稍移位，下肢骨竖向平放。

墓内共计出土3件随葬品，其中1件釉陶韩瓶处于中棺头端外底板中部，1件釉陶罐处于西棺前挡外底板上西北角，1件铜耳坠处于中棺内中部（图五六；彩版二七，2）。

## （二）出土遗物

共3件，含釉陶韩瓶、釉陶罐和银耳坠。

釉陶韩瓶　1件。

M47：1，重唇，侈口，束颈，溜肩，深弧腹，平底，整体略歪斜。器表与内壁有轮制旋纹。红褐色胎。器表及口沿内壁施酱釉，釉面粗糙无光。口径5.6、底径4.7、最大径11.5、高19.5厘米（图五六，1）。

釉陶罐　1件。

M47：2，圆唇，微侈口，束颈，耸肩，弧腹，平底。素面。器底有明显轮制痕迹。红褐色胎。

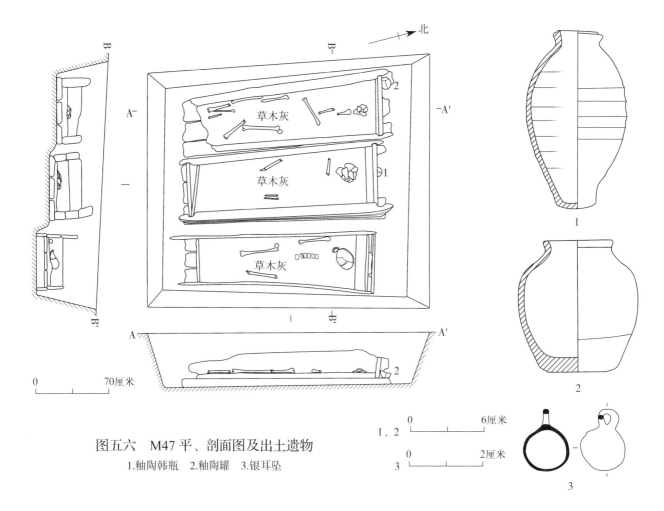

图五六　M47 平、剖面图及出土遗物

1.釉陶韩瓶　2.釉陶罐　3.银耳坠

器表及口沿内壁施酱釉，釉不及底，内壁口沿处施釉。口径 8.2、底径 8.5、最大径 13、高 15 厘米（图五六，2；彩版二七，3）。

银耳坠　1件。

M47：3，外表氧化为黑色。耳坠整体呈铃铛形，上部为一圆环，下部为一空心球相接。长 1 厘米，重 0.9 克（图五六，3；彩版二七，4）。

# 四八　M48

## （一）墓葬形制

M48 位于发掘区的中西部，探方 T1820 的西北角，北距 M63 约 5 米。开口于⑥层下，距地表 2.6 米，向下打破⑦层至生土层。竖穴土坑单棺墓。方向 14°。开口平面略呈梯形。墓口长 2.52、宽 0.84～0.94 米；墓底长 2.38、宽 0.74～0.84 米；深 1.02 米。墓坑口大底小，四壁从墓口向下斜直内收，壁面略粗糙，墓底较平整。墓内填土为黄褐色土夹红褐色淤泥块、灰黄色土块以及黄色细沙颗粒，土质稍软。

葬具为单木棺，保存较差。平面略呈梯形，长 1.96、头端宽 0.6、足端宽 0.47、高 0.42 米。盖板、前挡板已朽不存。后挡板仅残存一块木板，以榫卯形式嵌入两侧帮板的凹槽之内。后挡板长 0.35、高 0.08、厚 0.05 米。两侧帮板均由一块宽木板制成，从底板斜直向上。帮板长 1.96、高 0.34、厚 0.06 米。底板由三块木板长边并排拼合而成。底板长 1.89、宽 0.35～0.48、厚 0.07 米。棺内底部残存一层草

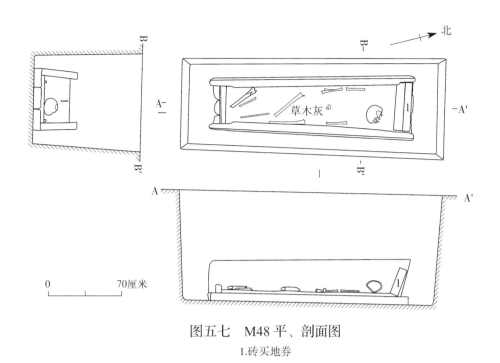

图五七 M48 平、剖面图

1.砖买地券

木灰，厚 0.03 米。墓主人骨架保存较差，葬式为仰身直肢葬，头向北，面向不详。头骨碎裂，因棺内渗水淤积翻转位移，仅存上下肢骨及少量椎骨，推测原应为双臂平伸置于身体两侧，双腿平置略分开。

墓内出土 1 方砖买地券，处于木棺头端的底板上（图五七）。

## （二）出 土 遗 物

共 1 件。

砖买地券 1 方。

M48：1，陶质。平面呈长方形。正反面均有阴线浅刻的纵向界栏，界栏中有朱书文字，但漫漶不清，界栏数量和券文均难以辨认。长 27、宽 13.3、厚 4.3 厘米（彩版二七，5）。

# 四九 M49

## （一）墓葬形制

M49 位于发掘区的中西部，探方 T1722 的东南角，南距 M63 约 5 米。开口于⑥下，距地表约 1.9 米，向下打破⑦层至生土层。竖穴土坑双棺墓。方向 304°。开口平面略呈长方形。墓口长 2.81、宽 1.6～1.75 米；墓底长 2.54、北宽 1.4～1.53 米；深 1.02 米。墓坑口大底小，四壁向下斜直内收，壁面较粗糙，墓底北半部略高，南半部略低。墓内填土为黄褐色细沙土夹红褐色淤泥和黄褐色碎土块，土质较疏松，稍软。

葬具为木棺，双棺合葬，保存较差。北棺平面略呈梯形，长 1.85、头端宽 0.63、足端宽 0.3、高 0.3 米。盖板由一块木板制成，以榫卯形式扣合于棺身之上。盖板长 1.8、头端宽 0.4、足端宽 0.3、厚 0.05 米。后挡板已朽不存。前挡板仅残存一块木板。前挡板长 0.42、高 0.08、厚 0.04 米。两侧帮板各残存一块木板。帮板长 1.71、高 0.07、厚 0.06 米。底板由三块木板长边并排拼合而成。底板长 1.78、宽 0.42～0.59、厚 0.03 米。棺座处于底板之下，由四块木板拼接而成，形成一长方形木框。棺座长 1.79、

宽 0.44～0.58、高 0.11 米。棺内底部铺少量草木灰。墓主人骨保存较差，葬式为仰身直肢葬，头向、
面向不详。头骨已碎裂，上肢骨平放于椎骨、肋骨两侧，下肢骨双膝外屈，双足并拢。南棺平面略
呈梯形，长 2.1、头端宽 0.7、足端宽 0.54、高 0.8 米。盖板由三块木板长边并排拼合而成，整体以榫
卯形式扣合于棺身之上。盖板长 2.1、头端宽 0.6、足端宽 0.48、厚 0.05 米。前后挡板均由三块木板
拼合而成，以榫卯形式嵌入两侧帮板的凹槽之内。前挡板长 0.42、高 0.54、厚 0.06 米；后挡板长 0.33、
高 0.45、厚 0.06 米。两侧帮板均由三块木板拼合而成，从底板斜直向上略向棺内弧收。帮板长 2.09、
高 0.51、厚 0.09 米。底板由三块木板长边并排拼合而成。底板长 2.04、宽 0.52～0.68、厚 0.1 米。
棺座处于底板之下，由四块木板拼接而成，形成一长方形木框。棺座长 2.13、宽 0.55～0.77、高 0.12
米。棺内底部铺一层草木灰，厚 0.02～0.04 米。墓主人骨架保存较好，葬式为仰身直肢葬，头向东，
面向不详。因棺内积水冲刷人骨均移位，墓主头骨移位于白灰包东侧。可见平放于棺内的股骨、胫骨，
其余骨骼较凌乱。

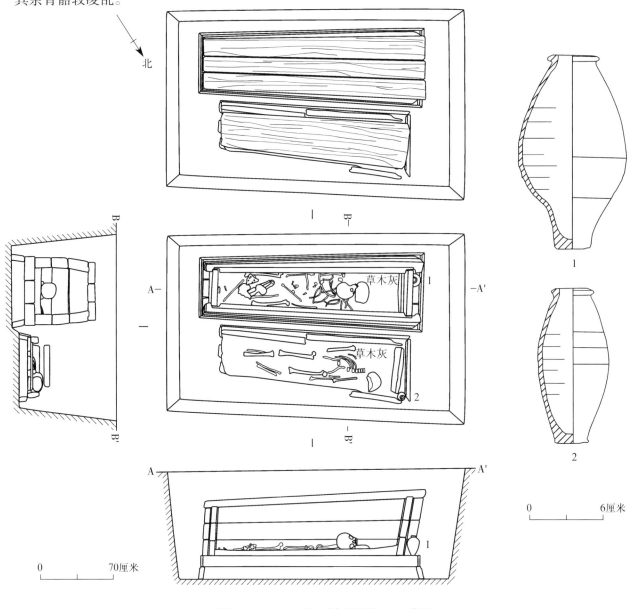

图五八　M49 平、剖面图及出土遗物

1、2.釉陶韩瓶

墓内出土 2 件随葬品，均为釉陶韩瓶，分别置于南北两棺头端外的底板之上（图五八）。

## （二）出土遗物

共 2 件。

釉陶韩瓶  2 件。重唇，直口，束颈，溜肩，平底，重唇不明显。器表与内壁有轮制旋纹。红褐色胎。器身及口沿内壁施酱釉，釉面粗糙无光。

M49：1，深弧腹。口径 5、底径 3.9、最大径 8、高 17.5 厘米（图五八，1；彩版二八，1）。

M49：2，鼓腹，唇沿不平整，口部变形呈椭圆形，器身近口沿处有凹陷。口径 6.9、底径 4、最大径 12、高 21 厘米（图五八，2；彩版二八，2）。

# 五〇  M50

## （一）墓葬形制

M50 位于发掘区的中部偏西南，探方 T1323 的东南部，南距 M61 约 8 米。开口于⑤层下，距地表 1.5 米，向下打破⑥～⑩层。竖穴土坑双棺墓。方向 245°。开口平面略呈梯形。墓口长 2.94、宽 1.72～1.85 米；墓底长 2.66、宽 1.61～1.65 米；深 0.71 米。墓坑口大底小，四壁向下斜直内收，壁面略粗糙，墓底较平整。墓内填土为淡黄色细沙夹灰黄色土块和少量红褐色淤泥土，土质较疏松，稍软。

葬具为木棺，双棺合葬，保存一般。北棺平面略呈梯形，长 2.22、头端宽 0.78、足端宽 0.64、高 0.68 米。盖板已朽不存。前挡板由三块木板组成，后挡板由两块木板组成，均以榫卯形式嵌入两侧帮板的凹槽之内。前挡板长 0.43、高 0.43、厚 0.02 米；后挡板长 0.34、高 0.23、厚 0.03 米。两侧帮板均由三块木板拼合而成，从底板斜直向上略向棺内弧收。帮板长 2.18、高 0.48、厚 0.11 米。底板由四块木板长边并排拼合而成。底板长 2.17、宽 0.61～0.71、厚 0.08 米。棺座处于底板之下，由四块木板拼接而成，形成一长方形木框。棺座长 2.22、宽 0.63～0.78、高 0.1 米。墓主人骨架保存较好，葬式为仰身直肢葬，头向西，面向上。人骨由于棺内渗水和淤泥的浸泡及冲刷，略有凌乱且发黑，两臂平伸置于身体两侧，两腿平置稍分开。南棺平面略呈梯形，长 2.11、头端宽 0.68、足端宽 0.55、高 0.66 米。盖板已朽不存。前后挡板均仅存两块木板，以榫卯形式嵌入两侧帮板的凹槽之内。前挡板长 0.35、高 0.42、厚 0.04 米；后挡板长 0.31、高 0.36、厚 0.06 米。两侧帮板均由三块木板拼合而成，从底板斜直向上略向棺内弧收。帮板长 2.03、高 0.47、厚 0.08 米。底板由三块木板长边并排拼合而成。底板长 2.01、宽 0.51～0.55、厚 0.08 米。棺座处于底板之下，由四块木板拼接而成，形成一长方形木框。棺座长 2.07、宽 0.55～0.68、高 0.11 米。墓主人骨架保存较好，葬式为仰身直肢葬，头向西，面向不详。人骨由于棺内渗水和淤泥的浸泡及冲刷，已凌乱位移且发黑。头骨侧翻，枕骨大孔朝向前挡板，上肢骨及肋骨已散乱位移，两腿平置稍分开。

墓内出土 2 件随葬品，均为釉陶韩瓶，分别处于南北棺前挡外的底板上（图五九）。

## （二）出土遗物

共 2 件。

釉陶韩瓶  2 件。重唇，束颈，溜肩，深弧腹，平底，重唇不明显，腹部有凹陷。器表与内壁

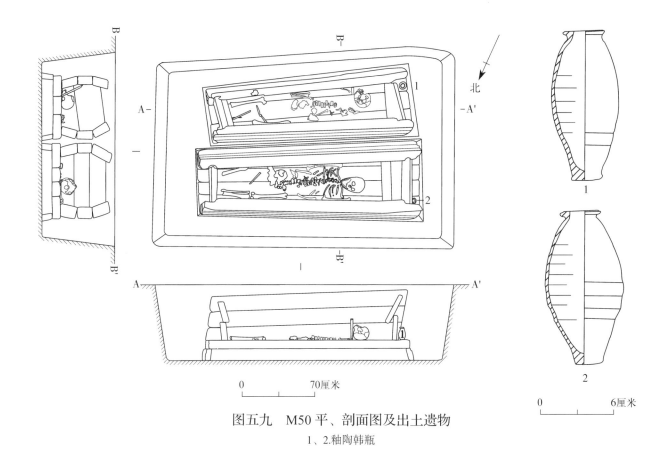

图五九　M50 平、剖面图及出土遗物
1、2.釉陶韩瓶

有轮制旋纹。器身及口沿内壁施酱釉，釉面粗糙无光。

　　M50：1，敛口。红褐色胎。口径4.8、底径3.5、最大径8、高17.5厘米（图五九，1；彩版二八，3）。

　　M50：2，直口。灰色胎。口径4.8、底径3.3、最大径8.7、高17.5厘米（图五九，2；彩版二八，4）。

# 五一　M51

## （一）墓葬形制

　　M51位于发掘区的中西部，探方T1422的东南角，南距M52约2米。开口于⑥层下，距地表约2.1米，向下打破⑦层至生土层。竖穴土坑双棺墓。方向23°。开口平面略呈梯形。墓口长2.72、宽1.61～1.7米；墓底长2.46、宽1.38～1.55米；深1.29米。墓坑口大底小，墓壁向下斜直内收，壁面较粗糙，墓底较平整。墓内填土为灰黄色细沙土夹红褐色淤泥土及黄褐色土块，土质较疏松，稍软。

　　葬具为木棺，双棺合葬，保存较差。东棺平面略呈梯形，长1.71、头端宽0.52、足端宽0.46、高0.27米。盖板、前挡板已朽不存。后挡板仅残存一块木板。后挡板长0.35、高0.04、厚0.03米。两侧帮板均仅残存一块木板，从底板斜出向上。帮板长1.42、高0.23、厚0.03米。底板由四块木板拼合而成，三块木板长边并排拼合，足端钉一条薄木板。底板长1.66、宽0.41～0.46、厚0.04米。棺内底部铺一层草木灰，厚0.02～0.04米。墓主人骨架保存极差，葬式、头向、面向等均不详。头骨已缺失。上肢骨平放于椎骨、肋骨两侧，仅存右下肢股骨竖向平放，其余骨骼均移位。西棺平面略呈梯形，长2.27、头端宽0.7、足端宽0.55、高0.78米。盖板已朽不存。前、后挡板均由三块木板拼合而成，以榫卯形式嵌入两侧帮板的凹槽之内。前挡板长0.46、高0.54、厚0.05米；后挡板长0.36、高0.46、厚 0.05 米。两侧帮板均由三块木板拼合而成，从底板斜直向上略向棺内弧收。帮板长 2.19、高 0.51、厚 0.08 米。底板由五块木板拼合而成，三块木板长边并排，头端和足端各钉一条薄木板。底板长 2.17、宽 0.49 ～ 0.66、厚 0.08 米。棺座处于底板之下，由四块木板拼接而成，形成一长方形木框。棺座长 2.26、宽 0.55 ～ 0.7、高 0.12 米。棺内底部铺一层草木灰，厚 0.02 ～ 0.06 米。墓主人骨架保存较差，葬式为仰身直肢葬，头向东，面向不详。头骨移位，可见下肢骨平放于棺内，肋骨、椎骨、颌骨、上肢骨因棺内积水冲刷，均移位，较凌乱。

墓内出土 2 件遗物，其中 1 件铁棺钉钉于西棺残朽盖板西侧中部，被填土包裹，1 件釉陶罐置于西棺头端外底板的西南角（图六〇）。

（二）出土遗物

共 2 件，含釉陶罐和铁棺钉两类。

釉陶罐　1 件。

M51：2，方唇，微侈口，束颈，溜肩，鼓腹，下腹斜收，平底，口部略有歪斜。近颈部与肩部均有拍印圆痕。灰色胎。器身及内壁上部施酱釉，外底无釉，釉面粗糙无光，密布杂质颗粒。口径 10.3、底径 5.7、最大径 14.2、高 19 厘米（图六〇，2；彩版二八，5）。

铁棺钉　1 枚。

M51：1，钉首略呈圆角方形，钉身为方锥形，顶端有残缺，钉身上部有一圈凸棱。钉体素面，附着黄色锈迹。长 18.6、宽 4.2、厚 1.7 厘米，重 252.1 克（图六〇，1；彩版二八，6）。

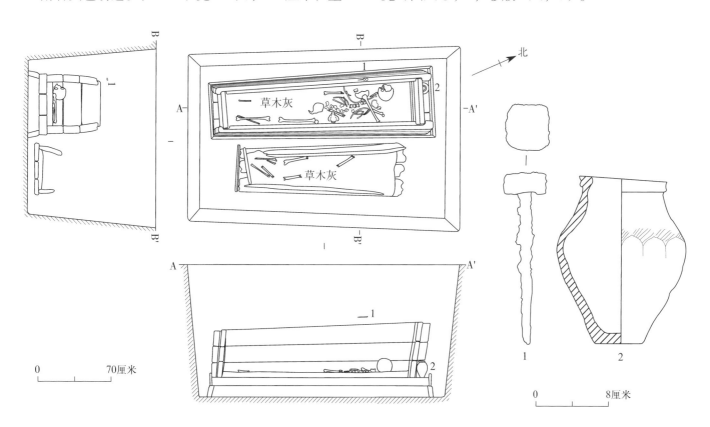

图六〇　M51 平、剖面图及出土遗物

1.铁棺钉（填土）　2.釉陶罐

# 五二　M52

## （一）墓葬形制

M52 位于发掘区的中部偏西南，探方 T1321 的东北角，北距 M51 约 2 米。开口于⑤层下，距地表 1.5 米，向下打破⑥～⑩层。竖穴土坑双棺墓。方向 100°。开口平面略呈梯形。墓口长 2.71、宽 1.59～1.73 米；墓底长 2.48、宽 1.39～1.53 米；深 0.84 米。墓坑口大底小，四壁向下斜直内收，壁面略粗糙，墓底南半部高北半部低。墓内填土为淡黄色细沙夹灰黄色土块及少量红褐色淤泥，土质较疏松，稍软。

葬具木棺，双棺合葬，保存较差。北棺平面略呈梯形，长 2.2、头端宽 0.8、足端宽 0.65、高 0.73 米。盖板由三块木板长边并排拼合而成，整体以榫卯形式扣合于棺身之上。盖板长 2.2、头端宽 0.75、足端宽 0.6、厚 0.5 米。前后挡板均由三块木板拼合而成，以榫卯形式嵌入两侧帮板的凹槽之内。前挡板长 0.44、高 0.5、厚 0.06 米；后挡板长 0.35、高 0.44、厚 0.05 米。两侧帮板均由三块木板拼合而成，从底板斜直向上略向棺内弧收。帮板长 2.18、高 0.48、厚 0.11 米。底板由五块木板长边并排拼合而成。底板长 2.16、宽 0.58～0.72、厚 0.08 米。棺座处于底板之下，由四块木板拼接而成，形成一长方形木框。棺座长 2.19、宽 0.65～0.76、高 0.13 米。棺内底部铺一层草木灰，厚 0.02 米。墓主人骨架保存较好，葬式为仰身直肢葬，头向东，面向不详。人骨由于棺内积水和淤泥的浸泡及冲刷，略有散乱且发黑。头骨已位移至白灰枕西侧，枕骨大孔朝上，上肢骨及椎骨、肋骨散乱位移，盆骨及下肢骨摆置基本规整，双腿平置略分开。棺内头端有一椭圆形白灰枕，长 0.28、宽 0.15、厚 0.08～0.11 米。南棺平面略呈梯形，长 2.15、头端宽 0.66、足端宽 0.48、高 0.44 米。盖板已朽不存。前后挡板均仅残存一块木板，以榫卯形式嵌入两侧帮板的凹槽之内。前挡板长 0.5、高 0.1、厚 0.05 米；后挡板长 0.4、高 0.08、厚 0.02 米。北侧帮板仅残存一块木板，南侧帮板残存两块木板。从底板斜直向上略向棺内弧收。帮板长 2.01、高 0.11～0.25、厚 0.05 米。底板由五块木板长边并排拼合而成。底板长 2.06、宽 0.5～0.64、厚 0.08 米。棺座处于底板之下，由四块木板拼接而成，形成一长方形木框。棺座长 2.19、宽 0.52～0.67、高 0.13 米。棺内底部铺一层草木灰，厚 0.02 米。墓主人骨架保存一般，葬式为仰身直肢葬，头向东，面向不详。头骨碎裂，已位移至白灰枕西侧，仅存上下肢骨，双臂平伸置于身体两侧，双腿平置略分开。人骨由于棺内渗水和淤泥的浸泡及冲刷，略有腐朽且发黑。棺内头端有一椭圆形白灰枕，长 0.28、宽 0.15、厚 0.08～0.11 米。

墓内出土 2 件随葬品，其中 1 件釉陶罐和 1 件釉陶韩瓶分别处于南北棺前挡外的底板上（图六一）。

## （二）出土遗物

共 2 件，含釉陶罐和釉陶韩瓶两类。

釉陶罐　1 件。

M52：1，圆唇，侈口，束颈，溜肩，弧腹近折，平底，口沿略有变形。素面。外壁腹部可见轮旋痕迹。红褐色胎。器身上部及口沿内壁施酱釉，釉层脱落严重。口径 6.7、底径 7.2、最大径 9.8、高 11.5 厘米（图六一，1；彩版二九，1）。

釉陶韩瓶　1 件。

M52：2，重唇，直口微敛，束颈，溜肩，深弧腹，平底，整体略歪斜。器表和内壁有轮制旋纹。

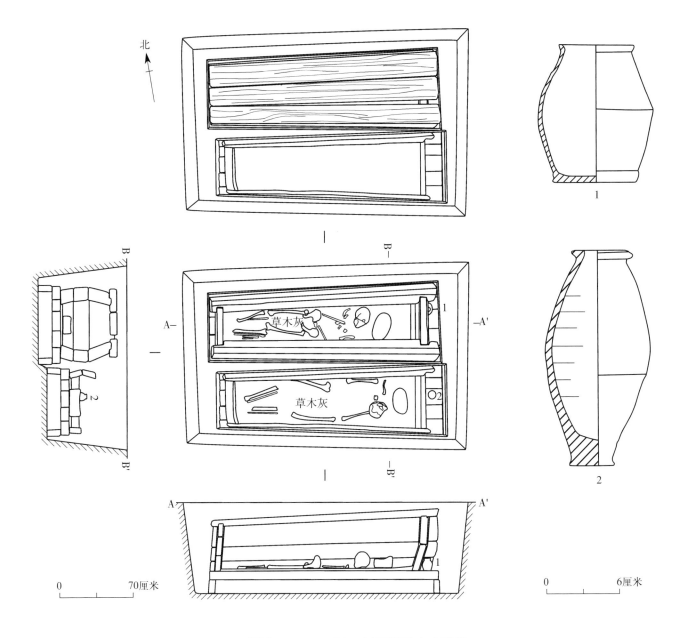

图六一　M52 平、剖面图及出土遗物
1.釉陶罐　2.釉陶韩瓶

红褐色胎。器表及口沿内壁施酱釉，釉面粗糙无光。口径 4.9、底径 3.3、最大径 10.2、高 17.2 厘米（图六一，2；彩版二九，2）。

# 五三　M53

## （一）墓葬形制

M53 位于发掘区的中北部，探方 T1521 的东北部，西南距 M54 约 3 米。开口于⑨层下，距地表约 2.7 米，向下打破⑩层至生土层。竖穴土坑单棺墓。方向 30°。开口平面略呈梯形。墓口长 2.3、宽 0.9～1.02 米；墓底长 2.2、宽 0.82～0.92 米；深 1.3 米。墓坑口大底小，四壁向下斜直内收，壁面略光滑，墓底较平整。墓内填土为黄灰色土夹青灰色土，土质略疏松，较软。

葬具为单木棺，保存较差。平面略呈梯形，长 2.05、头端宽 0.75、足端宽 0.62、高 0.56 米。盖板由一块木板制成，以榫卯形式扣合于棺身之上。盖板长 1.9、头端宽 0.63、足端宽 0.54、厚 0.07 米。前后挡板均仅残存下半部分，以榫卯形式嵌入两侧帮板的凹槽之内。前挡板长 0.47、高 0.3、厚 0.05 米；后挡板长 0.43、高 0.18、厚 0.05 米。两侧帮板均仅残存一块木板，从底板斜直向上略向棺内弧收。帮板长 1.6～1.9、高 0.13～0.3、厚 0.09 米。底板残存两块木板。底板长 1.96、宽 0.6～0.73、厚 0.09 米。棺座处于底板之下，由四块木板拼接而成，形成一长方形木框。棺座长 2.05、宽 0.58～0.74、高 0.1 米。棺内底部铺一层草木灰，厚 0.02～0.03 米。墓主人骨架保存较差，葬式为仰身直肢葬，头向北，面向不详。头部破碎，上肢骨保存较差，仅存残块两根，肋骨仅残存碎块两个，盆骨已腐朽，下肢骨平放底部，左侧向内收，右侧下肢骨已不存。

墓内共计出土 3 件随葬品，其中 1 件釉陶罐处于木棺前挡板外西侧，2 件青瓷碗处于棺内墓主头部东侧，呈对扣状（图六二；彩版二九，3）。

## （二）出土遗物

共 3 件，含釉陶罐和青瓷碗两类。

釉陶罐　1 件。

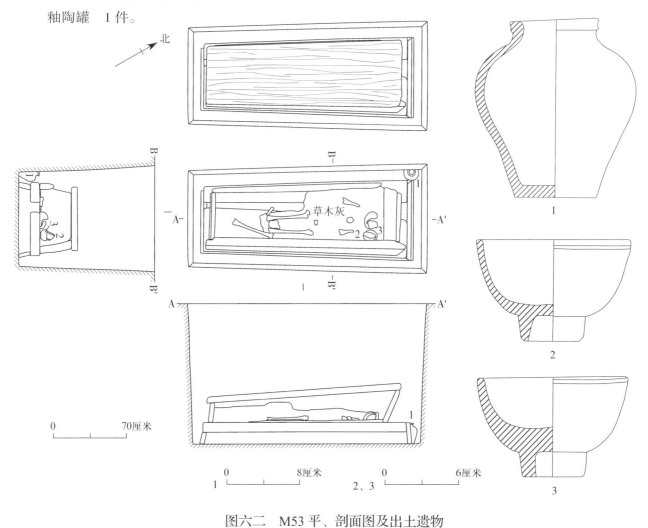

图六二　M53 平、剖面图及出土遗物

1.釉陶罐　2、3.青瓷碗

M53：1，方唇，微侈口，束颈，鼓肩，斜弧腹，下腹斜收，平底。素面。外壁颈部可见轮制痕迹。红褐色胎。器身及口沿内壁施酱釉，釉面粗糙无光。口径 10.4、底径 9.6、最大径 19、高 20.5 厘米（图六二，1；彩版三〇，1）。

青瓷碗　2 件。方唇，敞口，弧腹，圈足。外壁口沿处饰两周刻划弦纹。足跟外侧旋削一周。灰白色胎。施青釉，外底不施釉。

M53：2，外壁可见轮旋痕迹，内底可见支钉痕迹。口径 13.5、足径 5.6、高 8.9 厘米（图六二，2；彩版三〇，2）。

M53：3，口径 13.1、足径 5、高 8.5 厘米（图六二，3；彩版三〇，3）。

# 五四　M54

## （一）墓葬形制

M54 位于发掘区的中西部，探方 T1521 的西南部，东北距 M53 约 3 米。开口于⑨层下，距地表约 2.7 米，向下打破⑩层至生土层。竖穴土坑单棺墓。方向 36°。开口平面略呈梯形。墓口长 2.3、宽 0.8 ～ 0.95 米；墓底长 2.22、宽 0.73 ～ 0.86 米；深 1.02 米。墓坑口大底小，墓壁向下内收，壁面较粗糙，墓底较平整。墓内填土为黄褐色土夹较少量红褐色淤泥碎块，土质较疏松，稍软。

葬具为单木棺，保存较差。平面略呈梯形，长 1.86、头端宽 0.57、足端宽 0.43、高 0.25 米。盖板、帮板已朽不存。前、后挡板均仅残存一块木板，以榫卯形式嵌入两侧帮板的凹槽之内。前挡板长 0.25、高 0.05、厚 0.02 米；后挡板长 0.39、高 0.12、厚 0.02 米。底板由五块木板长边并排拼合而成。底板长 1.8、宽 0.41 ～ 0.56、厚 0.03 米。棺座处于底板之下，由四块木板拼接而成，形成一长方形木框。棺座长 1.87、宽 0.43 ～ 0.57、高 0.1 米。棺内底部铺少许草木灰。墓主人骨保存较差，葬式为仰身直肢葬，头向东北，面向上。头骨已碎裂，可见下颌骨及牙齿，上下肢骨因积水冲刷均有移位，但较完整，平放于棺内两侧。

墓内出土 1 件釉陶罐，处于墓底西北角（图六三）。

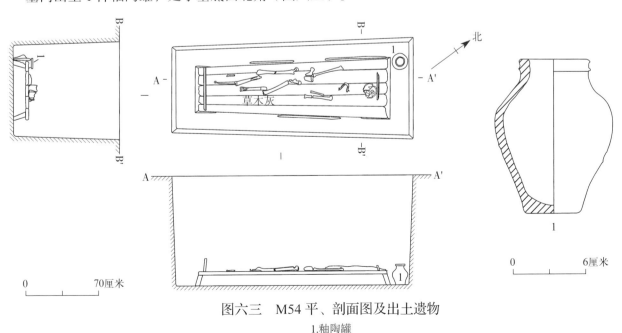

图六三　M54 平、剖面图及出土遗物

1.釉陶罐

（二）出土遗物

共 1 件。

釉陶罐　1 件。

M54：1，方唇，微侈口，束颈，溜肩，鼓腹，下腹斜收，平底。下腹部饰一周凸弦纹。口沿处有轮制痕迹。红褐色胎。器表及口沿内壁施酱釉，施釉不均，有流釉现象，釉面粗糙无光。口径 9、底径 6.7、最大径 15、高 19 厘米（图六三，1；彩版三〇，4）。

# 五五　M55

（一）墓葬形制

M55 位于发掘区西部，探方 T1520 的东北角，北距 M53 约 6 米。开口于⑨层下，距地表约 2.7 米，向下打破⑩层至生土层。竖穴土坑单棺墓。方向 19°。开口平面略呈梯形。墓口长 2.5、宽 0.94～1 米；墓底长 2.4、宽 0.84～0.92 米；深 1.36 米。墓坑口大底小，四壁向下斜直内收，壁面略光滑，墓底较平整。墓内填土为灰黄色土夹红褐色淤土块及黄褐色细沙，土质略疏松，较软。

葬具为单木棺，保存较差。平面略呈梯形，长 2、头端宽 0.7、足端宽 0.55、高 0.3 米。盖板已朽不存。前后挡板均仅残存一块木板，以榫卯形式嵌入两侧帮板的凹槽之内。前挡板长 0.5、高 0.14、厚 0.03 米；后挡板长 0.4、高 0.9、厚 0.03 米。两侧帮板均仅残存一块木板，从底板斜立向上。帮板长 1.82～1.87、高 0.09～0.24、厚 0.05 米。底板由三块木板长边并排拼合而成。底板长 1.95、宽 0.52～0.66、厚 0.04 米。棺座处于底板之下，由四块木板拼接而成，形成一长方形木框。棺座长 2、宽 0.56～0.7、高 0.1 米。棺内底部残存一层草木灰，厚 0.02 米。墓主人骨保存较差，葬式为仰身直肢葬，头向北，面向不详。头骨已碎，移位至东侧帮板处，肋骨、脊椎骨、盆骨均已腐朽不存，上肢骨平放在棺内北部两侧，下肢骨处于木棺南部，胫骨向东侧移位（图六四）。

墓内无随葬品出土。

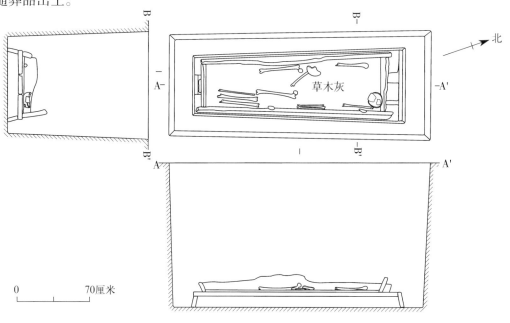

图六四　M55 平、剖面图

0　　　70厘米

草木灰

北

（二）出土遗物

无出土遗物。

## 五六 M56

（一）墓葬形制

M56 位于发掘区的中部，探方 T2123 的西北部，北邻 M57。开口于⑥层下，距地表约 1.7 米，向下打破⑦层至生土层。竖穴土坑单棺墓。方向 115°。开口平面略呈长方形。墓口长 2.7、宽 0.9 ～ 1 米；墓底长 2.56、宽 0.8 ～ 0.9 米；深 1.1 米。墓坑口大底小，墓壁向下内收，壁面较粗糙，墓底较平整。墓内填土为灰黄色细沙土夹黄褐色土及红褐色淤泥碎块，土质较疏松，稍软。

葬具为单木棺，保存较好。平面略呈梯形，长 2.25、头端宽 0.7、足端宽 0.6、高 0.78 米。盖板由两块木板长边并排拼合而成，整体以榫卯形式扣合于棺身之上。盖板长 2.2、头端宽 0.58、足端宽 0.54、厚 0.07 米。前后挡板均由三块木板拼合而成，以榫卯形式嵌入两侧帮板的凹槽之内。前挡板长 0.45、高 0.56、厚 0.09 米；后挡板长 0.39、高 0.52、厚 0.08 米。左侧帮板由三块木板拼合而成，右侧帮板由两块木板拼合而成，从底板斜直向上略向棺内弧收。帮板长 2.15、高 0.52 ～ 0.56、厚 0.09 米。底板由三块木板长边并排拼合而成。底板长 2.17、宽 0.6 ～ 0.7、厚 0.04 米。棺座处于底板之下，由四块木板拼接而成，形成一长方形木框。棺座长 2.3、宽 0.7 ～ 0.8、高 0.11 米。棺内底部铺一层草木灰，厚 0.03 ～ 0.05 米。墓主人骨架保存一般，葬式为仰身直肢葬，头向东，面向不详。人骨因积水冲刷均有位移，头已破碎，移位至左侧帮板处，脊椎骨移位至棺内东北部，肋骨较为散乱，盆骨已破碎，下肢骨交叉平放在棺内西部（图六五）。

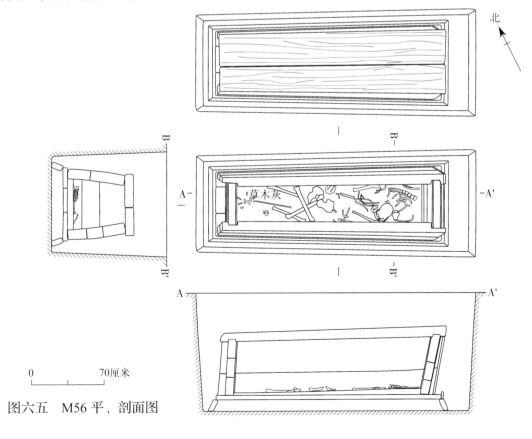

图六五 M56 平、剖面图

墓内无随葬器物出土。

## （二）出土遗物

无出土遗物。

# 五七　M57

## （一）墓葬形制

M57 位于发掘区的中北部，探方 T2123 西北部，南邻 M56。开口于⑥层下，距地表约 1.7 米，向下打破⑦层至生土层。竖穴土坑单棺墓。方向 104°。开口平面略呈梯形。墓口长 2.7、宽 0.9～1.05 米；墓底长 2.6、宽 0.8～0.95 米；深 1.35 米。墓坑口大底小，四壁向下斜直内收，壁面略光滑，墓底较平整。墓内填土为黄灰色沙土夹红褐色淤泥块，土质略疏松，较软。

葬具为单木棺，保存一般。平面略呈梯形，长 2.15、头端宽 0.83、足端宽 0.7、高 0.78 米。盖板已朽不存。前、后挡板均由三块木板拼合而成，以榫卯形式嵌入两侧帮板的凹槽之内。前挡板长 0.46、高 0.59、厚 0.06 米；后挡板长 0.38、高 0.53、厚 0.06 米。两侧帮板均由两块木板拼合而成，从底板斜直向上略向棺内弧收。帮板长 2.1、高 0.48～0.59、厚 0.12 米。底板由五块木板拼合而成，四块木板长边并排，头端钉一条薄木板。底板长 2.07、宽 0.64～0.77、厚 0.07 米。棺座处于底板之下，由四块木板拼接而成，形成一长方形木框。棺座长 2.15、宽 0.7～0.84、高 0.11 米。棺内底部铺一层草木灰，厚 0.02～0.03 米。墓主人骨架保存较差，葬式为仰身直肢葬，头向东，面向不详。头骨

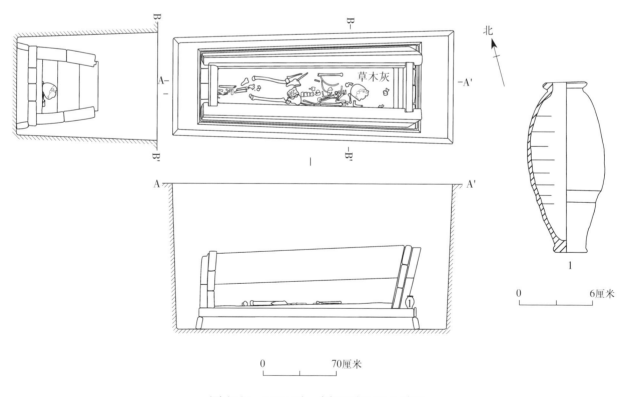

图六六　M57 平、剖面图及出土遗物

1.釉陶韩瓶

已破碎，移位至左侧帮板处，前挡板西侧残存有脊椎骨三块，盆骨移位至左侧，下肢骨残存上部分股骨，平放在底部，靠近后挡板处残存有胫骨若干块。

墓内出土 1 件釉陶韩瓶，处于木棺前挡板外的底板上北侧（图六六）。

## （二）出土遗物

共 1 件。

釉陶韩瓶　1 件。

M57：1，重唇，直口，束颈，溜肩，深弧腹，平底，底呈椭圆形，整体略有歪斜。器表与内壁有轮制旋纹。灰色胎。外壁施酱釉，釉面粗糙无光，釉层脱落严重。口径 3、底径 3.9、最大径 9.03、高 20.3 厘米（图六六，1）。

# 五八　M58

## （一）墓葬形制

M58 位于发掘区的中部，探方 T2023 的东北部，北邻 M60。开口于⑥层下，距地表约 1.7 米，向下打破⑦层至生土层。M58 打破 M60，与 M60 同属异穴合葬墓。竖穴土坑单棺墓。方向 120°。开口平面略呈长方形。墓口长 2.4、宽 0.86～1.06 米；墓底长 2.28、宽 0.76～0.94 米；深 1.37 米。墓坑口大底小，墓壁向下内收，壁面经修整较平，墓底较平整。墓内填土为灰黄色细沙土夹黄褐色土及红褐色淤泥块，土质疏松，稍软。

葬具为单木棺，保存较完整。平面略呈梯形，长 2.1、头端宽 0.78、足端宽 0.59、高 0.8 米。盖板保存较好，由三块木板拼合而成。其中两条长木板长边并排拼合，东端钉一长方形木条，整体以榫卯形式扣合于棺身之上。盖板长 2.09、头端宽 0.63、足端宽 0.54、厚 0.08 米。前后挡板均由三块木板拼合而成，以榫卯形式嵌入两侧帮板的凹槽之内。前挡板长 0.42、高 0.55、厚 0.04 米；后挡板长 0.35、高 0.45、厚 0.05 米。两侧帮板均由两块木板拼合而成，从底板斜向上略向棺内弧收。帮板长 2.0、高 0.44～0.56、厚 0.09 米。底板由四块木板拼合而成，三块木板长边并排，头端钉一条薄木板。底板长 1.96、宽 0.54～0.73、厚 0.05 米。棺座处于底板之下，由四块木板拼接而成，形成一长方形木框。棺座长 2.03、宽 0.59～0.78、高 0.1 米。棺内底部铺一层草木灰，厚 0.02～0.03 米。墓主人骨保存极差，仅剩头骨，葬式不详，头向东，面向不详。

墓内出土 1 件釉陶韩瓶，处于墓底东北角（图六七；彩版三一，1）。

## （二）出土遗物

共 1 件。

釉陶韩瓶　1 件。

M58：1，重唇，直口，束颈，溜肩，深弧腹，平底，器身略有变形凹陷。器表与内壁有轮制旋纹。红褐色胎。器表及口沿内壁施酱釉，釉面粗糙无光，釉层大部分脱落。口径 5.4、底径 4.4、最大径 9.7、高 20 厘米（图六七，1；彩版三〇，5）。

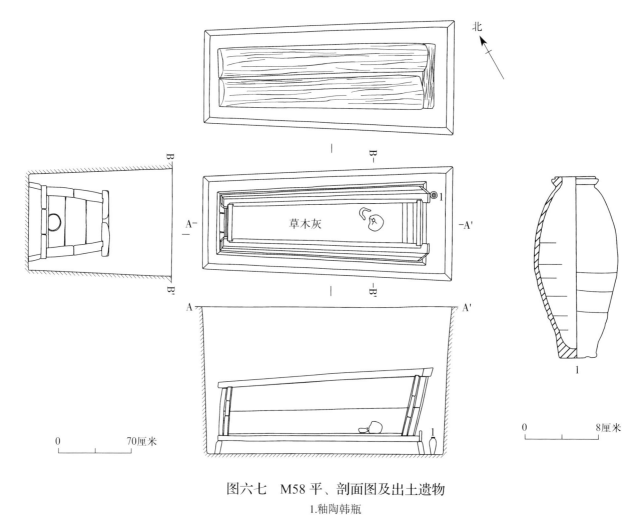

图六七　M58 平、剖面图及出土遗物
1.釉陶韩瓶

# 五九　M59

## （一）墓葬形制

　　M59 位于发掘区的中西部，探方 T2023 的东南角，北距 M58 约 2 米。开口于 ⑪ 层下，距地表 2.3 米，向下打破生土层。竖穴土坑船形砖室墓。方向 160°。开口平面略呈梯形。墓口长 2.26、宽 0.74 ～ 0.95 米；墓底长 2.03、宽 0.63 ～ 0.84 米；深 0.76 米。墓坑口大底小，四壁向下斜直内收，壁面略粗糙，墓底较平整。墓内填土上部为黄褐色土夹灰黄色土块，土质稍软；底部为灰白色泥土与石灰混合而成，土质致密，较硬。

　　砖室呈倒扣的船形，具有弧形的船体、船桨和船跳板等。砖室长 2.1、宽 0.53 ～ 0.75、高 0.7 米。砖室砌筑方式推测为：先将墓主人尸骨平置于墓底，后在其四周用青灰色条砖砌筑平面略呈梯形的砖壁，头端宽足端窄，两侧壁略弧外鼓。头端和足端为丁砖侧立纵砌成一排，头端十二块，足端七块。东侧壁最底部一层为顺砖对缝纵向平砌，其上一层为顺砖侧立前后错缝纵砌，在其上均为顺砖错缝纵向叠砌，并叠涩内收砌筑六层。西侧壁从底向上六层均为顺砖对缝纵向叠砌，并向内叠涩内收。西侧壁的六层纵砌顺砖之上为三层顺砖对缝横向叠砌，并叠涩内收。东壁从底向上八层砖，西壁从底向上至第九层时，两侧壁砌筑在一个平面，因砖壁叠涩内收而至两壁间窄而狭长，窄至 0.1 米。该平面之上两侧壁均为三层顺砖纵砌，东壁为错缝纵向叠砌，西壁为对缝纵向叠砌，此三层砖砌筑的两侧壁略叠涩外撇。在其上即为砖室顶部，由顺砖侧立交叉斜砌，铺筑于两侧砖室壁之上，在南北方向上一左一右前后交叉，较为规律地砌筑成一列。近足端0.3米处两侧砖室壁的条砖从底向上砌筑至第九层平面时，其上即交叉铺筑有斜砌的条砖，使得砖室顶部整体头端高，足端略低。前后壁在纵砌的立砖之上为顺砖横向叠砌，头端在立砖上叠砌六层，足端则叠砌四层，同样为头高足低。足端在最顶部平面放置半砖或残砖环绕船形砖室呈弧状。部分砖块之间有黏合剂，为土与石灰混合而成。船形砖室的左右两侧壁在不同层数的砖面还间隔着横插平砖。东侧壁从底向上第三层，西侧壁第四层的平面上，东侧偏头端横插一块平砖，西侧略有间隔地横插两块平砖。东侧壁从底向上第四层，西侧壁第五层的平面上，东侧南部横插一块，西侧中部和北部横插两块平砖。东侧壁从底向上第五层，西侧壁第六层的平面上，东侧北部横插两块，西侧中部和南北两侧分别横插一块平砖。西侧从底向上第六至九层则均为横砖对缝叠砌。这些在船形砖室两壁中的横插砖块，推测一方面可能是为了使逐层叠涩内收的砖室不易于倾塌，而以垂直于砖室的方式向外横插，形成拉伸；另一方面可能是模拟了船体上的船桨和船跳板等。条砖规格为23.5～26×11.5～12×2.5～3厘米。

未发现葬具痕迹。墓室内底部无铺底。墓主人骨保存较差，葬式、头向、面向等均不详。人骨平置于墓底，仅余少量上下肢骨和头骨残块，头南足北，推测应是仰身直肢葬。

墓内出土1件四系釉陶罐，处于砖室顶部的头端，罐系似被人为破坏（图六八；彩版三二）。

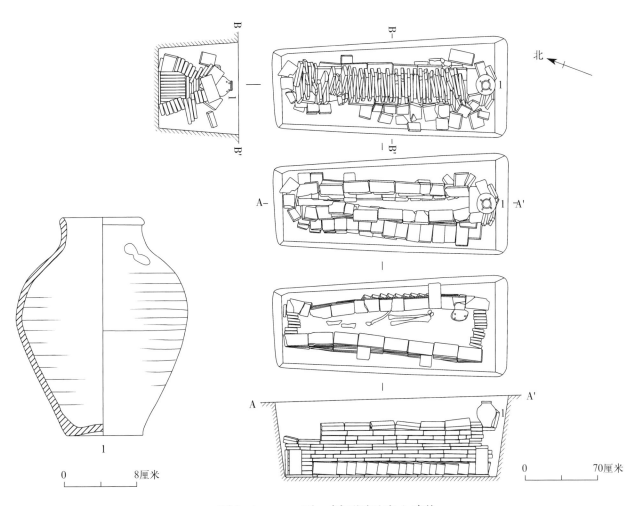

图六八　M59平、剖面图及出土遗物

1.釉陶罐

## （二）出土遗物

共 1 件。

釉陶罐　1 件。

M59：1，圆唇，微侈口，短束颈，弧肩，鼓腹，下腹斜收，平底略内凹。肩部有四系，已残。内外壁均有轮制旋纹。灰色胎。器身上部及口沿内壁施酱黄釉。口径 9.3、底径 8.6、最大径 17.5、高 24.5 厘米（图六八，1；彩版三三，1）。

# 六〇　M60

## （一）墓葬形制

M60 位于发掘区的中部，探方 T2023 的东北部。南邻 M58。开口于⑥层下，距地表约 1.7 米，向下打破⑦层至生土层。M60 被 M58 打破，与 M58 同属异穴合葬墓。竖穴土坑单棺墓。方向 120°。开口平面略呈长方形。墓口长 2.6、宽 0.9 ~ 1.02 米；墓底长 2.5、宽 0.82 ~ 0.92 米；深 1.3 米。墓坑口大底小，墓壁向下微收，壁面修整得较平直，墓底较平整。墓内填土为灰黄色细沙土夹黄褐色土及红褐色淤泥碎块，土质较疏松，稍软。

葬具为单木棺，保存较好。平面略呈梯形，长 2.16、头端宽 0.8、足端宽 0.67、高 0.79 米。盖板由三块木板长边并排拼合而成，整体以榫卯形式扣合于棺身之上。盖板长 2.2、头端宽 0.6、足端宽 0.47、厚 0.06 米。前后挡板均由三块木板拼合而成，以榫卯形式嵌入两侧帮板的凹槽之内。前挡板长 0.46、高 0.56、厚 0.07 米；后挡板长 0.41、高 0.46、厚 0.06 米。两侧帮板均由两块木板拼合而成，从底板斜直向上略向棺内弧收。帮板长 2.1、高 0.54 ~ 0.56、厚 0.1 米。底板由三块木板长边并排拼合而成，并在头端钉一木条。底板长 2.1、宽 0.63 ~ 0.74、厚 0.06 米。棺座处于底板之下，由四块木板拼接而成，形成一长方形木框。棺座长 2.16、宽 0.67 ~ 0.8、高 0.14 米。棺内底部铺一层草木灰，厚 0.02 ~ 0.03 米。墓主人骨架保存较好，葬式为仰身直肢葬，头向东，面向不详。因棺内积水冲刷，头骨、肋骨、椎骨、盆骨均移位，可见上下颌骨及牙齿，上下肢骨平放于棺内两侧。

墓内出土 2 件（组）随葬品，1 件釉陶韩瓶处于墓底东南角，1 组银环处于棺内淤土中（图六九；彩版三一，2）。

## （二）出土遗物

共 2 件（组），含釉陶韩瓶和银环两类。

釉陶韩瓶　1 件。

M60：1，重唇，直口，束颈，溜肩，鼓腹，平底，重唇不明显，口部略有歪斜，肩部有三处凹陷，整体不规整。器表与内壁有轮制旋纹。灰色胎。器表及口沿内壁施酱釉，釉面粗糙无光。口径 5.3、底径 3.6、最大径 10、高 18.6 厘米（图六九，1；彩版三三，2）。

银环　1 组 2 件。

M60：2-1、2-2，外表氧化为铁黑色。整体呈圆环形，截面呈圆形。直径 1.3、截面径 0.2 厘米，重 2.5 克（图六九，2；彩版三三，3）。

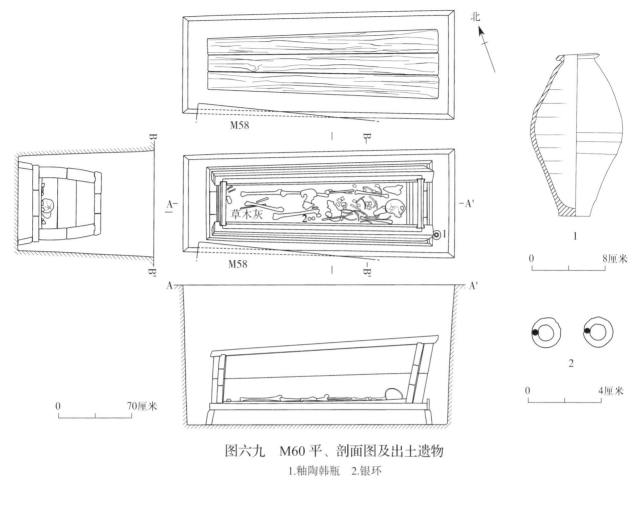

图六九 M60 平、剖面图及出土遗物
1.釉陶韩瓶 2.银环

# 六一 M61

## （一）墓葬形制

M61 位于发掘区的中西部，探方 T1322 的中部，北距 M50 约 10 米。开口于⑨层下，向下打破⑩层至生土，距地表约 2.8 米。竖穴土坑单棺墓。方向 16°。开口平面略呈梯形。墓口长 2.46、宽 0.8～0.9米；墓底长 2.34、宽 0.7～0.8 米；深 1.4 米。墓室口大底小，四壁向下斜直内收，壁面略光滑，墓底较平整。墓内填土为黄灰色土夹青灰色土，土质略疏松，较软。

葬具为单木棺，保存一般。平面略呈梯形，长 2.07、头端宽 0.72、足端宽 0.61、高 0.73 米。盖板已朽不存。前后挡板均由一块木板制成，以榫卯形式嵌入两侧帮板的凹槽之内。前挡板长 0.42、高 0.55、厚 0.04 米；后挡板长 0.35、高 0.45、厚 0.05 米。两侧帮板均由一块木板制成，从底板斜直向上。帮板长 1.96、高 0.4～0.53、厚 0.07 米。底板由四块木板长边并排拼合而成。底板长 2、宽0.55～0.65、厚 0.06 米。棺座处于底板之下，由四块木板拼接而成，形成一长方形木框。棺座长 2.07、宽 0.61～0.72、高 0.11 米。棺内底部铺一层草木灰，厚 0.02～0.04 米。墓主人骨架保存较差，葬式为仰身直肢葬，头向北，面向不详。头部破碎，移位至左侧帮板处，上肢骨保存较差，平置于棺内略偏东处，肋骨、盆骨已腐朽，下肢骨平放底部，右侧股骨有移位。

墓内出土 1 件釉陶罐，处于木棺前挡板外底板上西侧角（图七〇）。

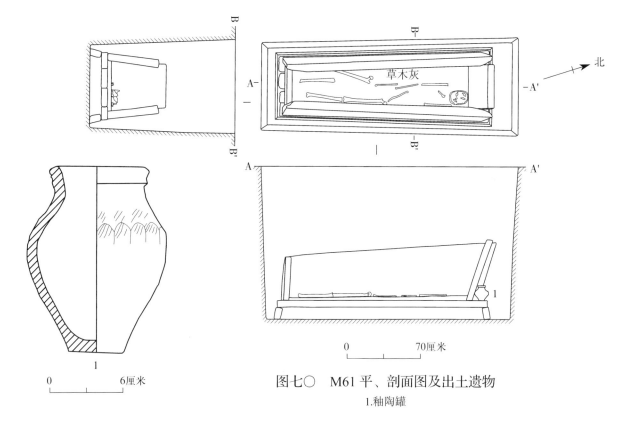

图七〇　M61 平、剖面图及出土遗物
1.釉陶罐

（二）出土遗物

共 1 件。

釉陶罐　1 件。

M61：1，圆唇，唇下有一周内凹，侈口，束颈，溜肩，鼓腹，下腹斜收，平底，整体略歪斜。上腹部饰有莲瓣纹和拍印弦纹。红褐色胎。器表及口沿内壁施酱釉。口径 6.8、底径 5、最大径 11.9、高 17.8 厘米（图七〇，1；彩版三三，4）。

# 六二　M62

（一）墓葬形制

M62 位于发掘区的中西部，探方 T1422 的西北部，南距 M51 约 2 米。开口于⑨层下，距地表约 2.8 米，向下打破⑩层至生土层。竖穴土坑双棺墓。方向 12°。开口平面略呈长方形。墓坑口大底小，墓壁向下斜直内收，壁面较粗糙，墓底较平整。墓口长 2.5、宽 1.5 ～ 1.64 米；墓底长 2.4、宽 1.39 ～ 1.52 米；深 1.55 米。墓内填土为灰黄色土夹红褐色淤泥碎块和青灰色土，土质较疏松，稍软。

葬具为木棺，双棺合葬，保存一般。东棺平面略呈梯形，长 1.95、头端宽 0.66、足端宽 0.48、高 0.61 米。盖板已朽不存。前后挡板均由一块木板制成，以榫卯形式嵌入两侧帮板的凹槽之内。前挡板长 0.47、高 0.51、厚 0.03 米；后挡板长 0.36、高 0.4、厚 0.03 米。两侧帮板均由一块木板制成，从底板斜直向上，略内扣。帮板长 1.9、高 0.45、厚 0.07 米。底板由三块木板长边并排拼合而成。底板长 1.95、宽 0.44 ～ 0.62、厚 0.04 米。棺座处于底板之下，由四块木板拼接而成，形成一长方形木框。棺座长 1.95、宽 0.48 ～ 0.66、高 0.11 米。墓主人骨架保存极差，仅残存一节下肢骨，葬式、头向、面向等均不详。西棺平面略呈梯形，长 2.03、头端宽 0.73、足端宽 0.57、高 0.67 米。盖板由一块木板制成，以榫卯形式扣合于棺身之上。

盖板长 2、头端宽 0.67、足端宽 0.5、厚 0.07 米。前后挡板均由一块木板制成，以榫卯形式嵌入两侧帮板的凹槽之内。前挡板长 0.5、高 0.47、厚 0.04 米；后挡板长 0.38、高 0.4、厚 0.04 米。两侧帮板均由一块木板制成，从底板斜直向上，略内扣。帮板长 2、高 0.45、厚 0.07 米。底板由三块木板长边并排拼合而成。底板长 1.97、宽 0.53 ~ 0.7、厚 0.04 米。棺座处于底板之下，由四块木板拼接而成，形成一长方形木框。棺座长 2.03、宽 0.57 ~ 0.73、高 0.11 米。棺内底部铺一层草木灰，厚 0.02 ~ 0.03 米。墓主人骨保存一般，葬式为仰身直肢葬，头向北，面向不详。因棺内积水冲刷人骨均移位。右上肢骨平放于凌乱的肋骨、椎骨、盆骨右侧，左上肢骨移位至头部，下肢骨平放于棺内南部两侧。

墓内共计出土 3 件（组）随葬品，其中 1 件釉陶罐处于墓底西北角，1 件银簪处于东棺内底部，1 组铜钱处于西棺内底部（图七一；彩版三四，1）。

（二）出土遗物

共 3 件（组），含釉陶罐、银簪和铜钱等。

釉陶罐　1 件。

M62：1，圆方唇，微侈口，束颈，溜肩，鼓腹，下腹斜收，平底。肩部和上腹部拍印弦纹。外壁有轮制痕迹。灰色胎。器表施酱釉，釉面粗糙无光，脱落严重，内壁不施釉。口径 10、底径 7.3、最大径 19.5、高 23.5 厘米（图七一，1；彩版三五，2）。

银簪　1 件。

M62：2，簪身呈细圆锥形，尖端较锐，簪首作圆珠状，首、身连接处呈细圆柱状，表面饰细密螺纹。长 9.7 厘米，重 7.6 克（图七一，2；彩版三四，2）。

铜钱　1 组 7 枚。洪武通宝。5 枚字迹较为清晰，2 枚锈蚀严重，字迹模糊。圆形方穿，正背皆有外郭与穿郭，正面直读楷书"洪武通宝"，光背（图七一，3）。

M62：3-1，直径 2.3、穿径 0.6、厚 0.17 厘米，重 3.37 克。

M62：3-2，直径 2.3、穿径 0.6、厚 0.17 厘米，重 3.52 克。

M62：3-3，直径 2.3、穿径 0.6、厚 0.14 厘米，重 3.05 克。

M62：3-4，直径 2.4、穿径 0.6、厚 0.17 厘米，重 4.7 克。

M62：3-5，直径 2.3、穿径 0.6、厚 0.17 厘米，重 3.5 克。

M62：3-6，直径 2.3、穿径 0.5、厚 0.22 厘米，重 3 克。

M62：3-7，直径 2.3、穿径 0.5、厚 0.18 厘米，重 4.6 克。

# 六三　M63

（一）墓葬形制

M63 位于发掘区的中部，探方 T1721 的中东部，西距 M64 约 5 米。开口于⑨层下，距地表约 2.6 米，向下打破⑩层至生土层。竖穴土坑单棺墓。方向 32°。平面略呈梯形，墓口长 2.5、宽 0.84 ~ 0.9 米；墓底长 2.4、宽 0.74 ~ 0.8 米；深 1.25 米。墓坑口大底小，四壁斜直内收，壁面略光滑，墓底较平整。墓内填土为黄灰色土夹青灰色土块，土质略疏松，较软。

葬具为单木棺，保存极差。平面略呈梯形，长 2、头端宽 0.55、足端宽 0.44、高 0.08 米。盖板、前后挡板已朽不存。两侧帮板均仅残存少许木板。帮板长 0.37 ~ 0.45、高 0.08、厚 0.05 米。底板已

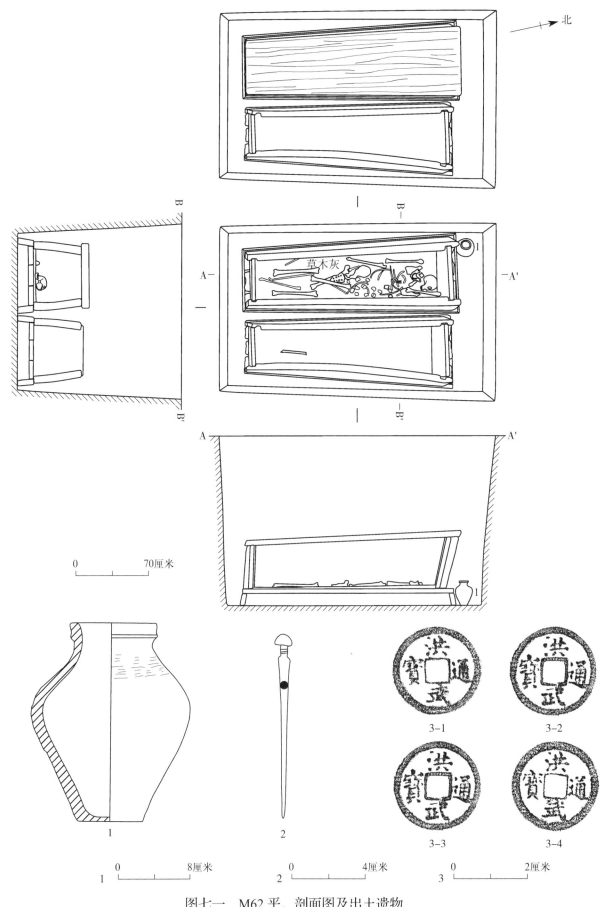

图七一  M62 平、剖面图及出土遗物
1.釉陶罐  2.银簪  3.铜钱

腐朽不存，其棺痕长 1.96、宽 0.4 ~ 0.53、厚 0.04 米。棺内底部铺少许草木灰。墓主人骨架保存较差，葬式、头向、面向等均不详。头骨、肋骨、盆骨已不存，仅残存七块上、下肢骨残骨，平放在底部。

墓内共计出土 4 件随葬品，其中 2 件青瓷碗处于木棺内头端东侧，呈对扣状，1 件青瓷碗和 1 件釉陶罐处于头端外西北角，碗扣合于罐上（图七二；彩版三五，1）。

（二）出土遗物

共 4 件，含釉陶罐和青瓷碗两类。

釉陶罐 1 件。

M63：2，方唇，直口，束颈，溜肩，鼓腹，下腹斜收，平底。腹部饰拍印弦纹，下腹部饰两周凸弦纹。红褐色胎，表面粗糙，有气孔。器表施酱釉，釉层部分脱落。口径 10.8、底径 10.3、最大径 18.5、高 23 厘米（图七二，2；彩版三五，3）

青瓷碗 3 件。敞口，斜弧腹，鸡心底，圈足。素面。内底有垫烧痕迹，外部底部有明显线割痕迹。浅灰色胎。器身内外施青灰色釉，内外壁均有棕眼，圈足和内外底无釉。

M63：1，圆方唇。口径 10.8、足径 4.6、高 5.7 厘米（图七二，1；彩版三六，1）。

M63：3，厚圆唇。口径 15、足径 6.2、高 7 厘米（图七二，3；彩版三六，2）。

M63：4，厚圆唇。口径 14.7、足径 6.1、高 7.4 厘米（图七二，4；彩版三六，3）。

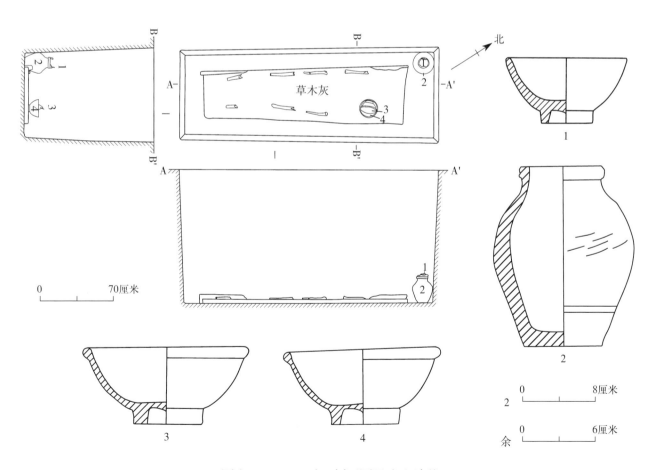

图七二 M63 平、剖面图及出土遗物

1、3、4.青瓷碗 2.釉陶罐

# 六四　M64

## （一）墓葬形制

M64位于发掘区的中西部，探方T1721的中北部，东距M63约5米。开口于⑨层下，距地表约2.7米，向下打破⑩层至生土层。竖穴土坑单棺墓。方向37°。开口平面略呈梯形。墓口长2.4、宽0.8～0.94米；墓底长2.3、宽0.7～0.84米；深1.3米。墓坑口大底小，墓壁向下内收，壁面较粗糙，墓底较平整。墓内填土为黄褐色土夹红褐色淤泥碎块及青灰色土，土质较疏松，稍软。

葬具为单木棺，保存一般。平面略呈梯形，长2.1、头端宽0.8、足端宽0.57、残高0.53米。盖板已朽不存。前后挡板均由一块木板制成，以榫卯形式嵌入两侧帮板的凹槽之内。前挡板长0.46、高0.36、厚0.04米；后挡板长0.3、高0.33、厚0.04米。两侧帮板均由一块木板制成，从底板斜直向上，略内扣。帮板长1.96、高0.34～0.37、厚0.07米。底板由两块木板长边并排拼合而成。底板长1.96、宽0.5～0.73、厚0.06米。棺座处于底板之下，由四块木板拼接而成，形成一长方形木框。棺座长2.1、宽0.57～0.8、高0.1米。棺内底部铺一层草木灰，厚0.02米。墓主人骨保存较差，葬式为仰身直肢葬，头向、面向不详。头骨已朽不存，上肢骨平放于身体两侧，下肢骨双膝分开，竖向平放。

墓内出土2件随葬品，均为青瓷碗，处于木棺内头端东北侧（图七三）。

## （二）出土遗物

共2件。

青瓷碗　2件。厚圆唇，敞口，斜弧腹，圈足。素面。灰白色胎。器身内外施青釉，釉面有棕眼，细密开片。

M64：1，鸡心底，口沿处略有变形。内外底和圈足不施釉。口径14.5、足径5.9、高7.1厘米（图七三，1；彩版三六，4）。

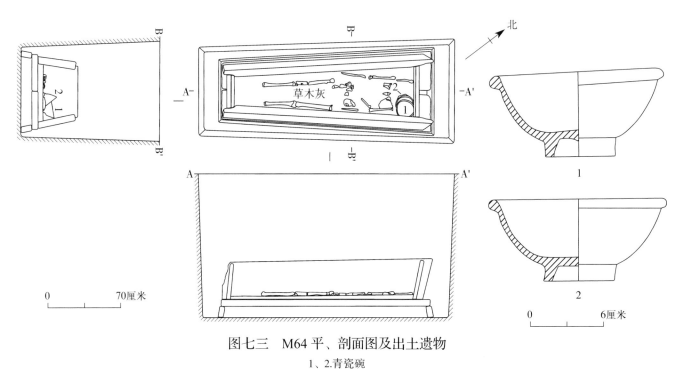

图七三　M64平、剖面图及出土遗物

1、2.青瓷碗

M64：2，整体略有变形。外底不施釉，内底有涩圈。口径 14.2、足径 5.7、高 6.8 厘米（图七三，2；彩版三六，5）。

# 六五 M65

## （一）墓葬形制

M65 位于发掘区的西南部，探方 T1721 的东北部，南距 M63 约 3 米。开口于⑨层下，距地表约 2.6 米，向下打破⑩层至生土层。竖穴土坑双棺墓。方向 29°。开口平面略呈梯形。墓口长 2.45、宽 1.57～1.85 米；墓底长 2.1、宽 1.24～1.6 米；深 1.3 米。墓坑口大底小，四壁从墓口向下斜直内收，壁面略光滑，墓底较平整。墓内填土为灰黄色土夹红褐色淤土块及黄色细沙，土质略疏松，较软。

葬具为木棺，双棺合葬，保存极差。东棺平面略呈梯形，长 1.77、头端宽 0.7、足端宽 0.46、高 0.08 米。盖板、前后挡板、底板均已朽不存。两侧帮板各残存少许木块。帮板长 0.35～1.6、高 0.08～0.09、厚 0.04 米。棺内底部铺一层草木灰，厚 0.03 米。墓主人骨保存较差，葬式、头向、面向均不详。头骨、椎骨、肋骨、骶骨、盆骨等已朽不存。左臂肢骨已不存，仅残存右臂平放于棺底西侧，双腿分开竖向平放。西棺平面略呈梯形，长 1.78、头端宽 0.58、足端宽 0.4、高 0.08 米。盖板、前后挡板、底板均已朽不存。两侧帮板各残存少许木块。帮板长 1.73、高 0.05、厚 0.04 米。棺内底部铺一层草木灰，厚 0.03 米。墓主人骨架已朽不存。

墓内共计出土随葬品 5 件，其中 1 件釉陶罐处于西棺外西北侧，2 件青瓷碗处于东棺头端东侧，2 件青瓷碗处于西棺内头端西侧（图七四）。

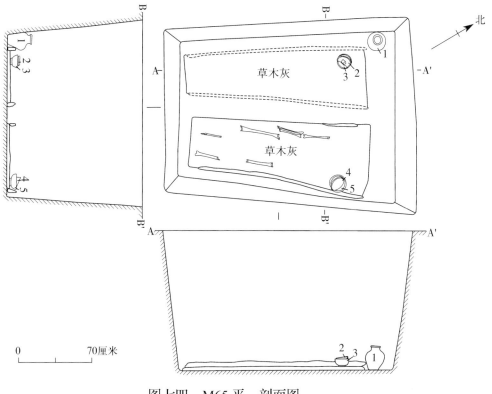

图七四 M65 平、剖面图

1.釉陶罐 2～5.青瓷碗

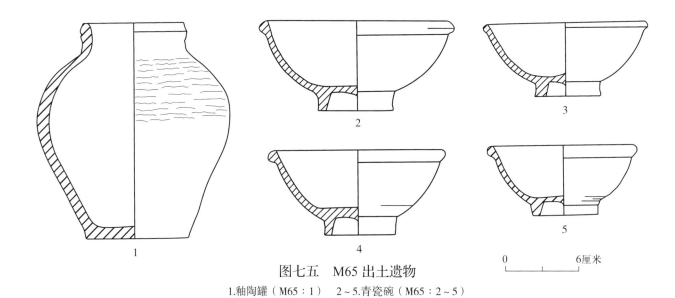

图七五  M65 出土遗物

1.釉陶罐（M65：1）  2～5.青瓷碗（M65：2～5）

（二）出土遗物

共 5 件，有釉陶罐、青瓷碗两类。

釉陶罐  1 件。

M65：1，方唇，微侈口，束颈，鼓肩，斜腹，平底。外壁拍印弦纹。内壁口沿处可见跳刀痕。红褐色胎。器表施酱釉，釉层较薄。口径 7.7、底径 9.6、最大径 17.9、高 19.7 厘米（图七五，1；彩版三七，1）。

青瓷碗  4 件。敞口，斜弧腹，鸡心底，圈足。内底有垫烧痕迹。浅灰色胎。施青灰色釉，内外底不施釉。

M65：2，厚尖唇。素面。外壁满釉，圈足内侧不施釉。口径 15.6、足径 6.3、高 6.6 厘米（图七五，2；彩版三七，2）。

M65：3，厚尖唇，内底心微凸。素面。圈足有明显轮制痕迹。釉面开片，内外壁均有少量棕眼，圈足不施釉。口径 15.3、足径 6.3、高 6.8 厘米（图七五，3；彩版三七，3）。

M65：4，厚圆唇。下腹部饰一周弦纹。外部口沿下和腹足交界处有明显切削痕迹，圈足内可见轮制痕迹。内外壁均有少量棕眼，圈足不施釉。口径 14.7、足径 6、高 6.9 厘米（图七五，4；彩版三七，4）。

M65：5，厚圆唇。外壁下腹近底处饰三周弦纹。外部口沿下和腹足交界处有明显切削痕迹。釉色不均，圈足不施釉。口径 14.3、足径 6、高 6.1 厘米（图七五，5；彩版三七，5）。

# 六六  M66

## （一）墓葬形制

M66 位于发掘区的中西部，探方 T2127 的中南部，西南距 M68 约 2 米。开口于⑨层下，距地表约 2.8 米，向下打破⑩层至生土层。竖穴土坑双棺墓。方向 12°。开口平面略呈梯形。墓口长 2.69、宽 1.43～1.85 米；墓底长 2.42、宽 1.34～1.71 米；深 1.93 米。墓坑口大底小，墓壁向下斜直内收，壁面较粗糙，墓底较平整。墓内填土为灰黄色土夹红褐色淤泥碎块及青灰色土，土质较疏松，稍软。

　　葬具为木棺，双棺合葬，保存较差。东棺平面略呈梯形，长 2.01、头端宽 0.85、足端宽 0.62、残高 0.78 米。盖板已朽不存。前后挡板均由一块木板制成，以榫卯形式嵌入两侧帮板的凹槽之内。前挡板长 0.6、高 0.61、厚 0.05 米；后挡板长 0.38、高 0.5、厚 0.04 米。两侧帮板均由一块木板制成，从底板斜直向上，略内扣。帮板长 1.85～1.91、高 0.45～0.47、厚 0.06 米。底板由三块木板长边并排拼合而成。底板长 1.95、宽 0.59～0.8、厚 0.06 米。棺座处于底板之下，由四块木板拼接而成，形成一长方形木框。棺座长 2.01、宽 0.63～0.85、高 0.11 米。棺内底铺一层草木灰，厚 0.02～0.03 米。墓主人骨架保存较差，葬式为仰身直肢葬，头向北，面向上。头骨已碎裂，上肢骨、下肢骨均移位，平放于棺内两侧。西棺平面略呈梯形，长 2.12、头端宽 0.78、足端宽 0.62、高 0.56 米。盖板已朽不存。前后挡板均仅残存一块木板，以榫卯形式嵌入两侧帮板的凹槽之内。前挡板长 0.41、残高 0.16、厚 0.04 米；后挡板长 0.33、高 0.38、厚 0.04 米。两侧帮板均由一块木板制成，从底板斜直向上，略内扣。帮板长 1.88～1.94、高 0.41～0.43、厚 0.07 米。底板由三块木板长边并排拼合而成。底板 2.05、宽 0.58～0.73、厚 0.05 米。棺座处于底板之下，由四块木板拼接而成，形成一长方形木框。棺座长 2.12、宽 0.62～0.78、高 0.12 米。棺内底部铺一层草木灰，厚 0.01～0.02 米。墓主人骨保存较差，葬式、头向、面向等均不详。仅存部分下肢骨，平放于棺内左侧。

　　墓内出土 2 件随葬品，其中 1 件釉陶罐处于东棺头端外偏西处，1 方木买地券处于东棺头端外的

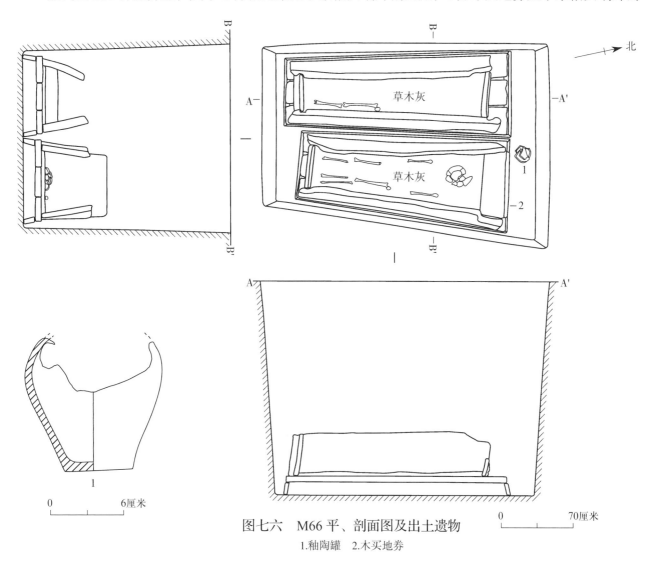

图七六　M66 平、剖面图及出土遗物

1.釉陶罐　2.木买地券

底板中部（图七六）。

### （二）出土遗物

共 2 件，含釉陶罐和木买地券两类。

釉陶罐　1 件。

M66：1，上部残。鼓腹，下腹吸收，平底。腹部可见拍印弦纹和数周凸弦纹。红褐色胎。器表施酱釉，釉面粗糙无光，脱落严重，内壁不施釉。底径 8.3、残高 16.1 厘米（图七六，1）。

木买地券　1 方。

M66：2，木质。残缺。平面呈长方形。文字已漫漶不清。长 30、宽 28、厚 0.5 厘米（彩版三六，6）。

# 六七　M67

### （一）墓葬形制

M67 位于发掘区的中西部，探方 T2126 的东北部，西距 M68 约 7 米。开口于⑨层下，距地表约 2.7 米，向下打破⑩层至生土层。竖穴土坑单棺墓。方向 355°。开口平面略呈长方形。墓口长 2.5、宽 0.76～0.9 米；墓底长 2.4、宽 0.72～0.82 米；深 1.7 米。墓坑口大底小，墓壁向下微收，壁面较粗糙，墓底较平整。墓内填土为黄褐色土夹较少量红褐色淤泥碎块及青灰色土，土质较疏松，稍软。

葬具为单木棺，保存较差。平面略呈梯形，长 2.12、头端宽 0.7、足端宽 0.56、高 0.49 米。盖板已朽不存。前后挡板均由一块木板制成，以榫卯形式嵌入两侧帮板的凹槽之内。前挡板长 0.42、高 0.23、厚 0.04 米；后挡板长 0.36、高 0.35、厚 0.03 米。两侧帮板均由一块木板制成，从底板斜直向上，略内扣。帮板长 2.03、高 0.35、厚 0.07 米。底板由四块木板长边并排拼合而成。底板长 2.05、宽 0.46～0.63、厚 0.05 米。棺座处于底板之下，由四块木板拼接而成，形成一长方形木框。棺座长 2.12、宽 0.56～0.7、高 0.1 米。棺内底部铺一层草木灰，厚 0.01～0.03 米。墓主人骨保存较差，葬式为仰身直肢葬，头向北，面向上。头骨已碎裂，上肢骨平放于棺内两侧，下肢骨双膝分开竖向平放。

墓内共计出土 2 件（组）随葬品，其中 1 件釉陶罐处于墓坑底部东北角，1 组铜钱处于棺内墓主左足处（图七七）。

### （二）出土遗物

共 2 件（组），含釉陶罐和铜钱两类。

釉陶罐　1 件。

M67：1，方唇，直口，束颈，溜肩，鼓腹，下腹斜收，平底，口部略有歪斜。腹部可见数周凸弦纹。口沿处有明显轮制痕迹。红褐色胎。器表施酱釉，釉面粗糙无光，脱落严重，内壁和外底不施釉。口径 8.7、底径 5.7、最大径 13.5、高 19 厘米（图七七，1；彩版三八，1）。

铜钱　1 组 18 枚。其中 2 枚字迹清晰，其余字迹不清且有残缺破损。圆形方穿（图七七，2）。

M67：2-1，正背皆有外郭与穿郭，正面直读楷书"洪武通宝"，光背。直径 2.3、穿径 0.6、厚 0.14 厘米，重 3 克。

M67：2-2，正背皆有外郭与穿郭，正面直读楷书"大和通宝"，光背。直径 2.3、穿径 0.45、厚 0.14 厘米，重 3 克。

M67：2-3，破损。正背皆有外郭与穿郭，正面直读楷书"洪武通宝"，光背。直径 2.3、穿径 0.6、

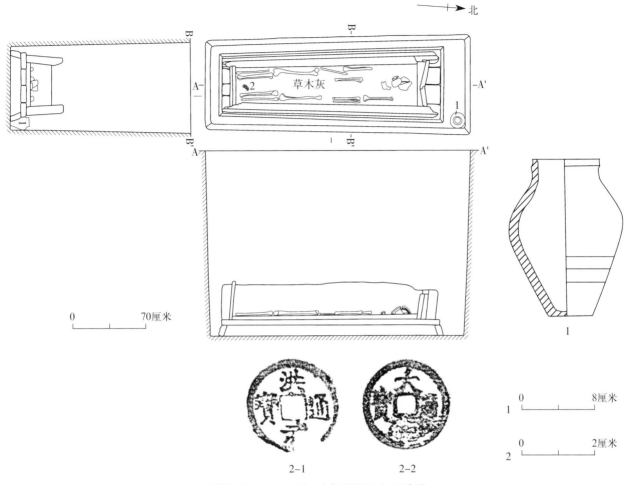

图七七　M67 平、剖面图及出土遗物

1.釉陶罐　2.铜钱

厚 0.19 厘米，重 2.5 克。

M67：2-4，正背皆有外郭与穿郭。锈蚀严重，钱文模糊无法辨认。直径 2.3、穿径 0.6、厚 0.14 厘米，重 1 克。

M67：2-5，正背皆有外郭与穿郭。锈蚀严重，钱文模糊无法辨认。直径 2.1、穿径 0.6、厚 0.08 厘米，重 1.5 克。

M67：2-6，正背皆有外郭与穿郭。锈蚀严重，钱文模糊无法辨认。直径 2.1、穿径 0.5、厚 0.1 厘米，重 1.5 克。

M67：2-7，正背皆有外郭与穿郭。锈蚀严重，钱文模糊无法辨认。直径 2.1、穿径 0.5、厚 0.08 厘米，重 1.5 克。

M67：2-8，破损。正背皆有外郭与穿郭。锈蚀严重，钱文模糊无法辨认。直径 2.1、穿径 0.5、厚 0.07 厘米，重 1.1 克。

M67：2-9，锈蚀严重，钱文模糊不清。直径 2、穿径 0.6、厚 0.08 厘米，重 1.1 克。

M67：2-10，正背皆有外郭与穿郭。锈蚀严重，钱文模糊无法辨认。直径 2、穿径 0.6、厚 0.09 厘米，重 1.1 克。

M67：2-11，锈蚀严重，钱文模糊不清。直径 2、穿径 0.5、厚 0.09 厘米，重 3 克。

　　M67：2-12，锈蚀严重，钱文模糊不清。直径 2.1、穿径 0.5、厚 0.06 厘米，重 1.5 克。

　　M67：2-13，正背皆有外郭与穿郭。锈蚀严重，钱文模糊无法辨认。直径 2.2、穿径 0.6、厚 0.09 厘米，重 1.1 克。

　　M67：2-14，破损。正背皆有外郭与穿郭。锈蚀严重，钱文模糊无法辨认。直径 2.2、穿径 0.6、厚 0.11 厘米，重 1.5 克。

　　M67：2-15，正背皆有外郭与穿郭。锈蚀严重，钱文模糊无法辨认。直径 2、穿径 0.6、厚 0.07 厘米，重 1.5 克。

　　M67：2-16，锈蚀严重，模糊不清。直径 2、穿径 0.6、厚 0.12 厘米，重 1.1 克。

　　M67：2-17，破损。锈蚀严重，模糊不清。直径 2、穿径 0.6、厚 0.06 厘米，重 1.1 克。

　　M67：2-18，破损。正背皆有外郭与穿郭。锈蚀严重，钱文模糊不清。直径 2.1、穿径 0.6、厚 0.06 厘米，重 0.8 克。

# 六八　M68

## （一）墓葬形制

　　M68 位于发掘区的中西部，探方 T2127 的西南部，东北距 M66 约 2 米。开口于⑨层下，距地表约 2.7 米。向下打破⑩层至生土层。竖穴土坑双棺墓。方向 20°。开口平面略呈梯形，墓口长 2.65、宽 1.6 ～ 1.81 米；墓底长 2.4、宽 1.4 ～ 1.6 米；深 2.12 米。墓坑口大底小，四壁从墓口向下斜直内收，壁面略光滑，墓底较平整。墓内填土为黄褐色土夹青灰色土和红褐色淤土块，土质略疏松，较软。

　　葬具为木棺，双棺合葬。东棺平面略呈梯形，长 2.05、头端宽 0.63、足端宽 0.48、高 0.75 米。盖板已朽，仅残存一半，以榫卯形式扣合于棺身之上。盖板长 1.4、头端宽 0.45、足端宽 0.3、厚 0.05 米。前后挡板均由两块木板拼合而成，以榫卯形式嵌入两侧帮板的凹槽之内。前挡板长 0.4、高 0.45、厚 0.05 米；后挡板长 0.3、高 0.34、厚 0.04 米。两侧帮板均由两块木板拼合而成，从底板斜直向上，略内扣。帮板长 1.99 ～ 2.02、高 0.53 ～ 0.56、厚 0.06 ～ 0.07 米。底板由三块木板长边并排拼合而成。底板长 2.05、宽 0.46 ～ 0.63、厚 0.03 米。棺座处于底板之下，由四块木板拼接而成，形成一长方形木框。棺座长 2.05、宽 0.48 ～ 0.63、高 0.12 米。棺内底部铺草木灰，厚 0.01 ～ 0.03 米。墓主人骨架保存较差，葬式为仰身直肢葬，头向西北，面向上。头骨已碎裂，上肢骨及下肢骨仅残存四块骨头，位置凌乱，平放在棺底，椎骨已朽不存，肋骨残存两块，处于头骨南侧，骶骨已朽不存，盆骨移位至中西部帮板处。西棺平面略呈梯形，长 2.14、头端宽 0.75、足端宽 0.65、高 0.7 米。盖板由一块木板制成，以榫卯形式扣合于棺身之上。盖板长 2.2、头端宽 0.44、足端宽 0.37、厚 0.05 米。前后挡板均由两块木板拼合而成，以榫卯形式嵌入两侧帮板的凹槽之内。前挡板长 0.4、高 0.45、厚 0.04 米；后挡板长 0.36、高 0.43、厚 0.05 米。两侧帮板均由一块木板制作而成，从底板斜直向上，略内扣。帮板长 1.99 ～ 2.02、高 0.42、厚 0.1 米。底板由三块木板长边并排拼合而成。底板长 2.1、宽 0.6 ～ 0.71、厚 0.08 米。棺座处于底板之下，由四块木板拼合，形成一长方形木框。棺座长 2.14、宽 0.65 ～ 0.75、高 0.14 米。棺内底部铺一层草木灰，厚 0.01 ～ 0.02 米。墓主人骨架保存较差，葬式为仰身直肢葬，头向北，面向不详。头骨移位至东部帮板处，肋骨与脊椎骨已碎，处在棺底中北部，较凌乱，上肢骨残存两节，平放在两侧，盆骨已碎，处在中部，下肢骨内收，平放在两侧。

　　墓内共计出土 2 件（组）随葬品，其中 1 件釉陶罐处于西棺头端外侧西北部，1 组铜钱处于西棺

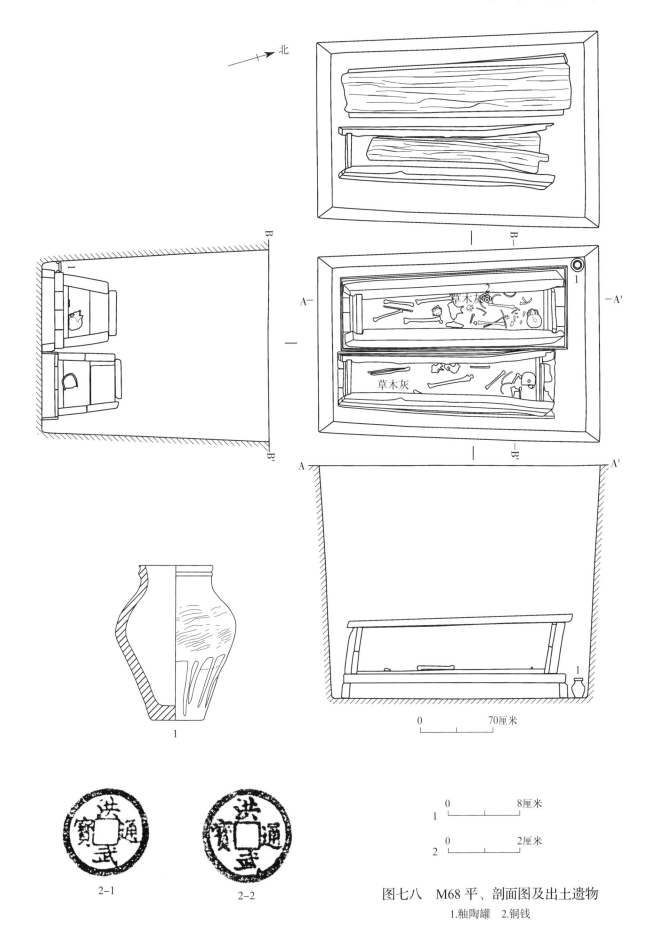

图七八　M68 平、剖面图及出土遗物

1.釉陶罐　2.铜钱

内墓主右手骨处（图七八）。

（二）出土遗物

共2件（组），含釉陶罐和铜钱两类。

釉陶罐　1件。

M68：1，方唇，微侈口，束颈，溜肩，鼓腹，下腹斜收，平底。肩部和上腹部拍印散乱弦纹。灰色胎。内外壁施酱釉，有流釉现象，釉面粗糙无光，密布杂质颗粒。口径8.6、底径6.5、最大径14.4、高18.5厘米（图七八，1；彩版三八，2）。

铜钱　1组7枚。洪武通宝。其中4枚字迹较为清晰，3枚字迹模糊。圆形方穿，正背皆有外郭与穿郭，正面直读楷书"洪武通宝"，光背（图七八，2）。

M68：2-1，直径2.3、穿径0.6、厚0.13厘米，重2.4克。

M68：2-2，直径2.2、穿径0.6、厚0.13厘米，重3.8克。

M68：2-3，直径2.1、穿径0.6、厚0.13厘米，重3.1克。

M68：2-4，直径2.2、穿径0.6、厚0.13厘米，重2.7克。

M68：2-5，直径2.2、穿径0.6、厚0.13厘米，重3克。

M68：2-6，直径2.2、穿径0.6、厚0.13厘米，重3.4克。

M68：2-7，残缺。重1.1克。

# 六九　M69

## （一）墓葬形制

M69位于发掘区的中西部，探方T1928的西北部，西北距M70约10米。开口于⑨层下，距地表约2.7米，向下打破⑩层至生土层。竖穴土坑单棺墓。方向43°。开口平面略呈梯形。墓口长2.6、宽0.84～1米；墓底长2.39、宽0.72～0.89米；深1.97米。墓坑口大底小，墓壁向下内收，壁面较粗糙，墓底较平整。墓内填土为黄褐色土夹红褐色淤泥碎块与青灰色土，土质较疏松，稍软。

葬具为单木棺，保存较好。平面略呈梯形，长2.15、头端宽0.77、足端宽0.64、高0.83米。盖板由三块木板长边并排拼合而成，整体以榫卯形式扣合于棺身之上。盖板长2.15、头端宽0.77、足端宽0.64、厚0.09米。前后挡板均由两块木板拼合而成，以榫卯形式嵌入两侧帮板的凹槽之内。前挡板长0.43、高0.57、厚0.05米；后挡板长0.34、高0.5、厚0.05米。两侧帮板均由两块木板拼合而成，从底板斜直向上略向棺内弧收。帮板长2.1、高0.54、厚0.1米。底板由五块木板拼合而成，四块木板长边并排，头端钉一条薄木板。底板长2.03、宽0.58～0.71、厚0.09米。棺座处于底板之下，由四块木板拼接而成，形成一长方形木框。棺座长2.15、宽0.64～0.77、高0.13米。棺内底部铺一层草木灰，厚0.03～0.04米。墓主人骨架保存较差，葬式为仰身直肢葬，头向北，面向不详。头骨移位，上下肢骨因棺内积水冲刷稍有移位，但较完整。

墓内出土2件随葬品，1件釉陶罐处于墓底西北角，1枚银戒指处于棺底淤土中（图七九）。

## （二）出土遗物

共2件，含釉陶罐和银戒指两类。

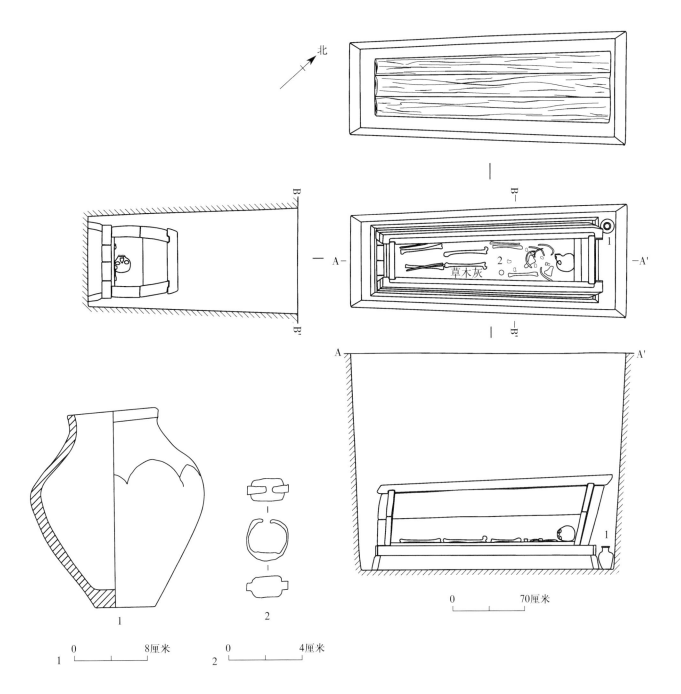

图七九  M69 平、剖面图及出土遗物
1.釉陶罐  2.银戒指

釉陶罐  1 件。

M69：1，圆方唇，微侈口，束颈，溜肩，鼓腹，平底，口沿处略有变形。肩部和上腹部有拍印圆痕。灰色胎。通体施酱釉，釉面粗糙无光，脱落严重。口径 11、底径 7.5、最大径 21、高 23 厘米（图七九，1；彩版三八，3）。

银戒指  1 枚。

M69：2，锈蚀成铁黑色，戒箍由扁银条弯曲而成，两端未闭合，戒面略呈圆角长方形。锈蚀严重，纹饰不清。直径 1.7 厘米，重 2.3 克（图七九，2；彩版三八，4）。

# 七〇　M70

## （一）墓葬形制

M70 位于发掘区的中北部，探方 T1829 的东北部，东南距 M69 约 10 米。开口于⑨层下，距地表约 2.6 米，向下打破⑩层至生土层。竖穴土坑双棺墓。方向 19°。开口平面略呈梯形。墓口长 2.72、宽 1.55～1.66 米；墓底长 2.5、宽 1.34～1.46 米；深 1.43 米。墓坑口大底小，四壁斜直内收，壁面略光滑，墓底较平整。墓内填土为灰黄色土夹红褐色淤土块及黄色细沙，土质略疏松，较软。

葬具为木棺，双棺合葬。东棺平面略呈梯形，木棺已朽不存。棺木朽痕长 1.68、头端宽 0.54、足端宽 0.44 米。棺底痕迹之上残留有一层草木灰，厚 0.01～0.03 米。墓主人骨保存较差，葬式为仰身直肢葬，头向北，面向不详。头骨已碎，移位至东侧帮板处，上肢骨已朽不存，下肢骨双腿分开竖向平放，略向右倾斜，椎骨、肋骨、骶骨、盆骨等已朽不存。西棺平面略呈梯形，长 1.95、头端宽 0.64、足端宽 0.39、高 0.37 米。盖板、前后挡板已朽不存。两侧帮板各残存一块木块，帮板残长 1.03～1.26、残高 0.19～0.3、厚 0.03 米。底板保存较好，由三块木板长边并排拼合而成。底板长 1.95、宽 0.39～0.64、厚 0.06 米。棺内底部铺一层草木灰，厚 0.01～0.02 米。墓主人骨保存较差，葬式等均不详。仅存头骨碎片几块，移位至棺底西北角，东南部残存下肢骨四块。

墓内共计出土 7 件（组）随葬品，其中 2 件釉陶罐分别处于两棺前挡板外西北侧，1 枚铜钱处于东棺内墓主头部东侧，1 组铜钱处于东棺内东侧帮板处，1 组玉环处于东棺内靠近西侧帮板处，1 枚铜钱处于西棺内东侧帮板处，1 枚铜钱处于西棺内中部偏北处（图八〇）。

## （二）出土遗物

共 7 件（组），含釉陶罐、铜钱和玉环等。

釉陶罐　2 件。束颈，下腹斜收，平底。上腹部饰散乱拍印弦纹，腹部饰数周凸弦纹。外壁可见轮制痕迹。红褐色胎。外壁施酱釉，施釉不均，釉面粗糙无光，外底无釉。

M70：1，方唇，直口，鼓肩，斜弧腹，口部略有变形。口径 10.6、底径 9.6、最大径 18.5、高 20.5 厘米（图八〇，1；彩版三九，1）。

M70：3，方唇，微侈口，溜肩，鼓腹。口径 10、底径 8.2、最大径 17.2、高 22 厘米（图八〇，3；彩版三九，2）。

铜钱　4 件（组）。圆形方穿。

M70：2，1 枚。完整。正背及穿无郭。锈蚀为薄片，正面情况已不可辨，光背。直径 2.5、穿径 0.8、厚 0.1 厘米，重 1.5 克。

M70：4，1 枚。完整。正背皆有外郭与穿郭。锈蚀严重，正背模糊不清。直径 2.3、穿径 0.7、厚 0.1 厘米，重 2.3 克。

M70：5，1 枚。完整。正背皆有外郭与穿郭。正面旋读篆书"元祐通宝"，背面模糊不清。直径 2.9、穿径 0.8、厚 0.1 厘米，重 3 克（图八〇，5）。

M70：6，1 组 2 枚。M70：6-1，完整。锈蚀严重，正背模糊不清。直径 2.2、穿径 0.6、厚 0.1 厘米，重 2 克。M70：6-2，边缘部分残缺。正面有篆书"货泉"，光背。直径 2.2、穿径 0.8、厚 0.1 厘米，重 1 克（图八〇，6）。

玉环　1 组 2 件。呈圆环形，截面均圆形（图八〇，7；彩版三八，5）。

M70：7-1，保存较好，通体圆润。直径 1.1、截面径 0.2 厘米，重 0.4 克。

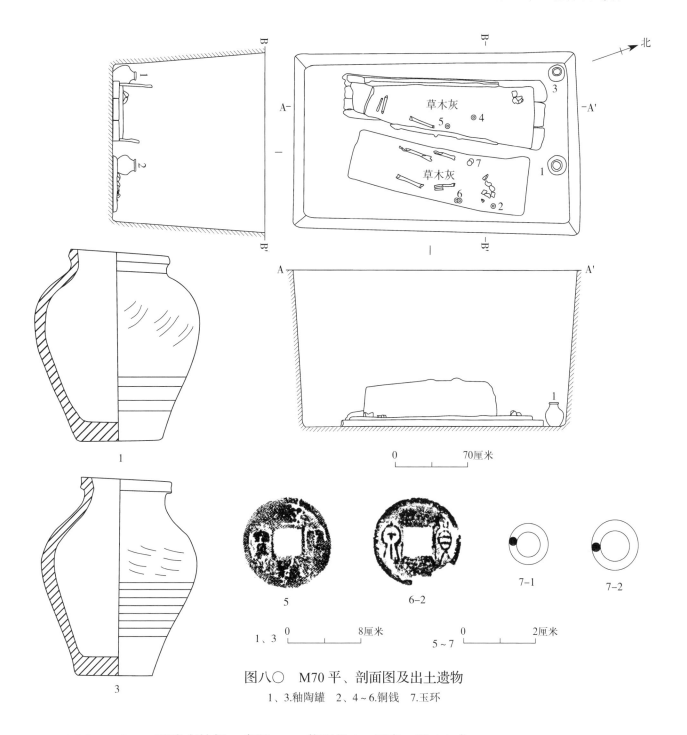

图八〇　M70 平、剖面图及出土遗物
1、3.釉陶罐　2、4~6.铜钱　7.玉环

M70∶7-2，一面略有缺损。直径 1.4、截面径 0.3 厘米，重 0.3 克。

# 七一　M71

## （一）墓葬形制

M71 位于发掘区的中西部，探方 T1224 的中部，北距 M7 约 20 米。开口于⑨层下，距地表约 2.2 米，向下打破⑩层至生土层。竖穴土坑单棺墓。方向 27°。开口平面略呈梯形。墓口长 2.47、宽 0.8 ~ 1.1 米；墓底长 2.27、宽 0.65 ~ 0.9 米；深 1.6 米。墓坑口大底小，四壁向下斜直内收，壁面略光滑，墓底较平整。墓内填土为黄灰色土夹青灰色土块，土质略疏松，较软。

葬具为单木棺，保存较差。平面略呈梯形，长 1.98、头端宽 0.7、足端宽 0.57、高 0.54 米。盖板、后挡板已朽不存。前挡板仅残存少许木块。前挡板长 0.34、高 0.12、厚 0.06 米。两边帮板均仅残存一块木板，从底板斜直向上略向棺内弧收。帮板长 1.94、高 0.1～0.36、厚 0.03～0.06 米。底板由三块木板长边并排拼合而成。底板长 1.93、宽 0.52～0.67、厚 0.06 米。棺座处于底板之下，由四块木板拼接而成，形成一长方形木框。棺座长 1.99、宽 0.57～0.7、高 0.12 米。棺内底部铺一层草木灰，厚 0.02～0.03 米。墓主人骨架保存较差，葬式、头向、面向等均不详。头骨、肋骨、盆骨、脊椎骨已腐朽不存，仅残存下肢骨与上肢骨六块残骨，平放在棺底部，较凌乱。

墓内共计出土随葬品 3 件，其中 1 件釉陶罐处于木棺前挡板外西北侧，2 件青瓷碗处于木棺内头端东北角，呈对扣状（图八一）。

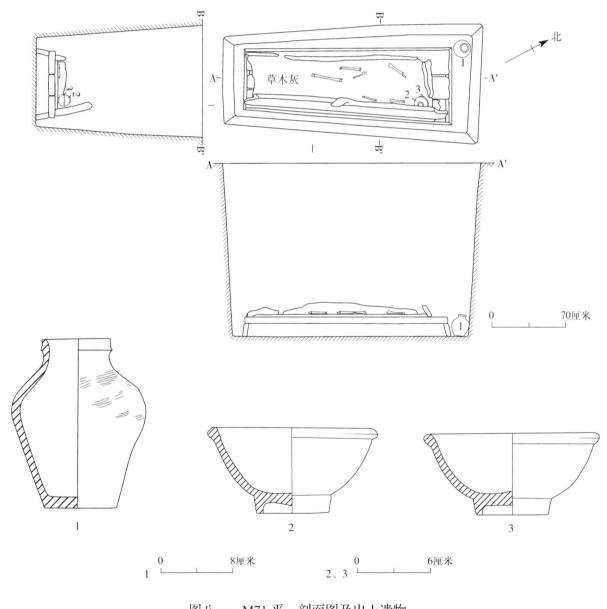

图八一　M71 平、剖面图及出土遗物
1.釉陶罐　2、3.青瓷碗

（二）出土遗物

共 3 件，含青瓷碗和釉陶罐两类。

釉陶罐 1 件。

M71：1，方唇，唇下一周略凹，微侈口，束颈，溜肩，鼓腹，下腹斜收，平底，整体略歪斜。外壁拍印弦纹。外壁及内壁可见轮制痕迹。红褐色胎。器表及口沿内壁施酱釉，釉层脱落严重。口径 6.8、底径 9、最大径 16.5、高 20.4（图八一，1；彩版三九，3）。

青瓷碗 2 件。敞口，斜弧腹，圈足。素面。浅灰色胎。器表施青灰色薄釉，内外底无釉。

M71：2，厚尖唇，鸡心底。胎体表面有较多气孔。内底有垫烧痕迹。圈足无釉。口径 14.5、足径 6.2、高 6.5 厘米（图八一，2；彩版三九，4）。

M71：3，厚圆唇，内底心略有凸起。腹部和圈足交界处有明显旋削痕迹。釉色偏灰。口径 14.8、足径 6、高 6.5 厘米（图八一，3；彩版三九，5）。

# 七二 M72

（一）墓葬形制

M72 位于发掘区的中西部，探方 T2030 的西北部，西南距 M3 约 10 米。开口于⑥层下，距地表约 1.8 米，向下打破⑦层至生土层。竖穴土坑单棺墓。方向 210°。开口平面略呈梯形。墓口长 2.56、宽 0.9～1 米；墓底长 2.46、宽 0.8～0.9 米；深 1.95 米。墓坑口大底小，斜壁平底，壁面经修整较平。墓内填土为灰黄色沙土夹红褐色淤泥碎块及黄褐色土块，土质较疏松，稍软。

葬具为单木棺，保存较好。平面略呈梯形，长 2.26、头端宽 0.85、足端宽 0.68、高 0.77 米。盖板由三块木板长边并排拼合而成，整体以榫卯形式扣合于棺身之上。盖板长 2.3、头端宽 0.77、足端宽 0.6、厚 0.06 米。前后挡板均由三块木板拼合而成，以榫卯形式嵌入两侧帮板的凹槽之内。前挡板长 0.46、高 0.58、厚 0.05 米；后挡板长 0.39、高 0.46、厚 0.04 米。两侧帮板均由一块木板制成，从底板斜直向上，略内扣。帮板长 2.11、高 0.54、厚 0.09～0.11 米。底板由三块木板长边并排拼合而成。底板长 2.18、宽 0.62～0.77、厚 0.05 米。棺座处于底板之下，由四块木板拼接而成，形成一长方形木框。棺座长 2.26、宽 0.68～0.85、高 0.11 米。棺内底部铺一层草木灰，厚 0.02～0.03 米。墓主人骨架保存较差，葬式为仰身直肢葬，头向西，面向上。头骨移位于白灰包东侧，上下颌骨及牙齿尚存，未见肋骨、椎骨，上下肢骨稍有移位，平放于棺内两侧。

墓内出土 1 件釉陶罐，处于墓底西南角（图八二）。

（二）出土遗物

共 1 件。

釉陶罐 1 件。

M72：1，圆唇，微侈口，颈较长，鼓肩，鼓弧腹，下腹斜收，外底内凹。肩部有刻划符号，下腹部有数周凸弦纹。颈部可见轮制痕迹。红褐色胎。器表及口沿内壁施青黄釉，釉不及底，釉面粗糙无光，脱落严重。口径 10.5、底径 8.4、最大径 12、高 22 厘米（图八二，1；彩版三九，6）。

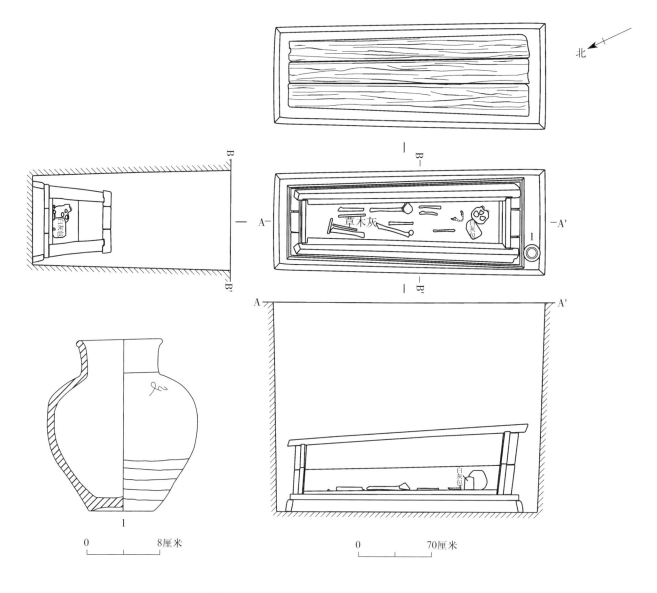

图八二　M72 平、剖面图及出土遗物

1.釉陶罐

## 七三　M73

### （一）墓葬形制

M73 位于发掘区的中北部，探方 T0933 的西南部，东南距 M8 约 35 米。开口于⑨层下，距地表约 3.3 米，向下打破⑩层至生土层。竖穴土坑双棺墓。方向 279°。开口平面略呈梯形。墓口长 2.71、宽 1.47 ~ 1.87 米；墓底长 2.38、宽 1.31 ~ 1.68 米；深 1.7 米。墓坑口大底小，四壁向下斜直内收，壁面略光滑，墓底北半部高南半部低。墓内填土为灰黄色土夹青灰色土及红褐色淤土块，土质略疏松，较软。

葬具为木棺，双棺合葬，保存较差。北棺平面略呈梯形。木棺已朽，仅存两块底板。底板残长 1.7、宽 0.53 ~ 0.68、厚 0.03 米。棺内底部铺一层草木灰，厚 0.01 ~ 0.03 米。墓主人骨架保存较差，葬式、头向、面向等均不详。人骨基本全部腐朽不存。南棺平面略呈梯形，长 2.13、头端宽 0.82、足端宽 0.6、残高 0.75 米。盖板已朽不存。前、后挡板均由两块木板拼合而成，以榫卯形式嵌入两侧帮板的凹槽之内。前挡板长 0.56、高 0.6、厚 0.04 米；后挡板长 0.4、高 0.5、厚 0.04 米。两侧帮板均由两块木板拼合而成，从底板斜直向上略向棺内弧收。帮板长 2.07～2.09、高 0.5～0.6、厚 0.04～0.06 米。底板由三块木板长边并排拼合而成，头端加钉一木条。底板长 2.1、宽 0.56～0.77、厚 0.06 米。棺座处于底板之下，由四块木板拼接而成，形成一长方形木框，足端木板已不存。棺座长 2.13、宽 0.6～0.82、高 0.01米。棺内底部铺一层草木灰，厚 0.01～0.02 米。墓主人骨架保存较差，葬式、头向、面向等均不详。人骨基本腐朽不存。

　　墓内共计出土随葬品 5 件，其中 1 件釉陶韩瓶处于南棺前挡外北侧角，2 件青瓷碗处于北棺内西南部，2 件青瓷碗处于南棺内西南部（图八三）。

（二）出土遗物

共 5 件，含釉陶韩瓶和青瓷碗两类。

釉陶韩瓶　1 件。

M73：3，重唇，直口，束颈，溜肩，鼓腹，下腹斜收，平底，口部略变形，整体较胖。器表见

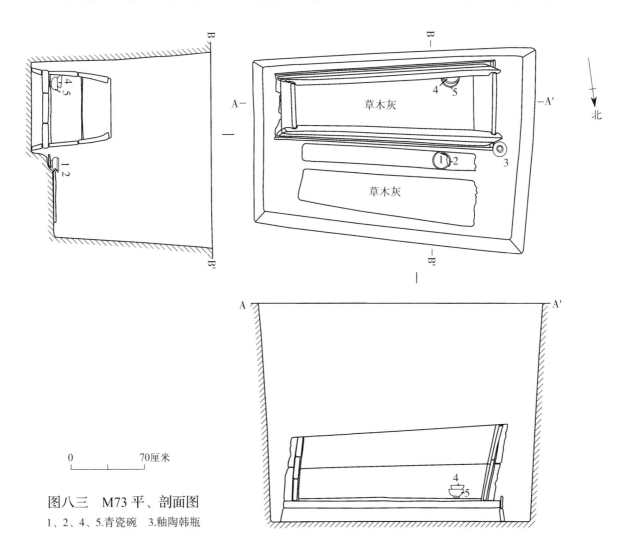

图八三　M73 平、剖面图

1、2、4、5.青瓷碗　3.釉陶韩瓶

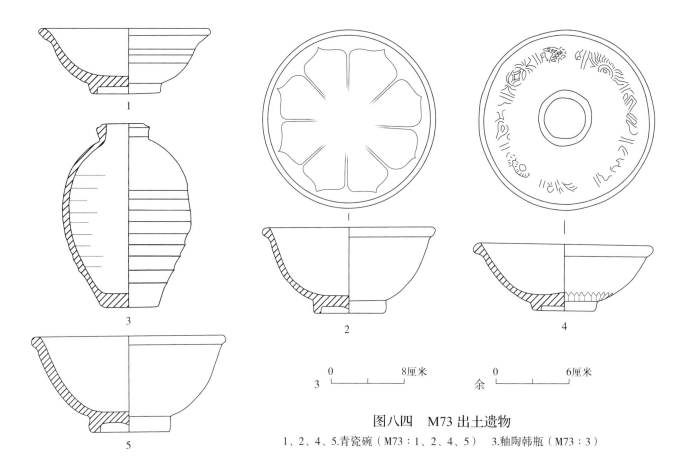

图八四　M73 出土遗物

1、2、4、5.青瓷碗（M73：1、2、4、5）　3.釉陶韩瓶（M73：3）

有轮制旋纹。外壁口沿处见轮制痕迹。红褐色胎。器表及口沿内壁施酱釉，釉面粗糙无光，釉层脱落严重。口径 6.2、底径 5.9、最大径 14.2、高 21.5 厘米（图八四，3；彩版四〇，1）。

青瓷碗　4 件。敞口，斜弧腹，圈足。灰色胎。

M73：1，圆唇。外壁有三周轮制旋纹。内外壁可见轮制痕迹。施青灰色釉，内外底不施釉。口径 14.5、足径 6.2、高 5.8 厘米（图八四，1；彩版四〇，2）。

M73：2，厚圆唇，鸡心底。内壁饰模印花瓣纹。施青色釉，内外底无釉，釉面开片。口径 15.5、足径 6.7、高 7.7 厘米（图八四，2；彩版四〇，3）。

M73：4，厚圆唇，内底心微凸。内饰模印钱币纹、花卉纹，外壁下腹部近足处饰模印莲花纹。器底有明显拉坯旋修痕迹。施青灰色釉，内外底无釉。口径 16.5、足径 6、高 6.5 厘米（图八四，4；彩版四〇，4）。

M73：5，厚圆唇，鸡心底。素面。器身内外壁施青釉，外底无釉，外壁见少量棕眼。口径 15.1、足径 6.5、高 7.7 厘米（图八四，5；彩版四〇，5）。

# 七四　M74

## （一）墓葬形制

M74 位于发掘区的西北部，探方 T1629 的东南角，北邻 M75。开口于⑥层下，距地表约 1.8 米，向下打破⑦层至生土层。竖穴土坑单棺墓。方向 200°。开口平面略呈长方形。墓口长 2.6、宽 0.9～1 米；墓底长 2.4、宽 0.7～0.8 米；深 1.9 米。墓坑口大底小，墓壁向下内收，壁面经修整较平，墓底较平整。墓内填土为灰黄色沙土及生土块夹较少红褐色淤泥碎块，土质较疏松，稍软。

　　葬具为单木棺，保存较好。平面略呈梯形，长 2.15、头端宽 0.71、足端宽 0.6、高 0.77 米。盖板由一块木板制成，以榫卯形式扣合于棺身之上。盖板长 2.1、头端宽 0.65、足端宽 0.55、厚 0.05 米。盖板之下为一层天花板，已断裂，塌陷至棺底，尺寸不详。前后挡板均由两块木板拼合而成，以榫卯形式嵌入两侧帮板的凹槽之内。前挡板长 0.48、高 0.56、厚 0.07 米；后挡板长 0.42、高 0.51、厚 0.05 米。两侧帮板均由两块木板拼合而成，从底板斜直向上略向棺内弧收。头端、足端两侧帮板各在靠内一侧加钉一块薄木板。帮板足端雕成花边形。帮板长 2.11、高 0.53、厚 0.05 米。底板为一整块木板。底板长 2.01、宽 0.6～0.67、厚 0.04 米。底板之下为棺座，棺座东西两侧位于底板之下，南北两侧从底板外侧包住底板，并与东西侧板相连接，南北端棺座底部有阶梯状雕刻装饰。棺座长 2.16、宽 0.61～0.71、高 0.16 米。棺底铺一层草木灰，白灰厚 0.02～0.23 米。墓主人骨保存完整，葬式为仰身直肢葬，头向、面向不详。因棺内积水冲刷，头骨、肋骨、椎骨、盆骨均移位，较凌乱，上肢骨平放于棺内两侧，下肢骨双膝分开竖向平放。头骨两侧用白灰包固定（图八五）。

　　墓内无随葬品出土。

## （二）出土遗物

　　无出土遗物。

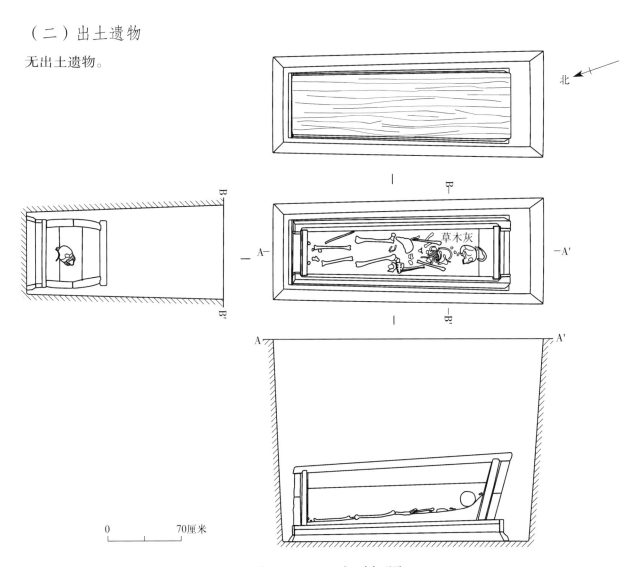

图八五　M74 平、剖面图

# 七五　M75

## （一）墓葬形制

M75 位于发掘区的西北部，探方 T1729 的中西部，南邻 M74。开口于⑥层下，距地表约 1.8 米，向下打破⑦层至生土层。竖穴土坑单棺墓。方向 230°。开口平面略呈梯形。墓口长 2.41、宽 0.9 ~ 1 米；墓底长 2.14、宽 0.67 ~ 0.8 米；深 1.8 米。墓坑口大底小，墓壁向下内收，壁面和墓底较平整。墓内填土为灰黄色沙土夹较少红褐色淤泥碎块及黄褐色土，土质较疏松，稍软。

葬具为单木棺，保存极差，仅存腐朽棺痕。棺痕略呈长方形，长 1.96、头端宽 0.6、足端宽 0.56、灰痕厚 0.05 米。未见墓主人骨架（图八六）。

墓内无随葬品出土。

## （二）出土遗物

无出土遗物。

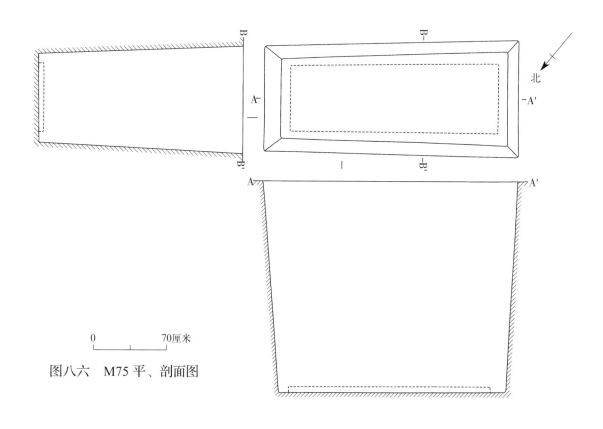

0　　　　　70厘米

图八六　M75 平、剖面图

# 七六　M76

## （一）墓葬形制

M76 位于发掘区的中部，探方 T1529 中北部，北邻 M77。开口于⑥层下，距地表约 1.8 米，向下打破⑦层至生土层。M76 打破 M77，与 M77 同属异穴合葬墓。竖穴土坑单棺墓。方向 125°。开口平面略呈长方形。墓口长 2.4、宽 0.71 ~ 0.76 米；墓底长 2.31、宽 0.65 ~ 0.67 米；深 1.23 米。墓室四壁从墓口向下斜直内收，口大底小，壁面略光滑，墓底较平整。墓内填土为黄灰色土夹青灰色土块，土质略疏松，较软。

葬具为单木棺，保存较差。平面略呈梯形，长 1.95、头端宽 0.6、足端宽 0.5、高 0.44 米。盖板、前后挡板已朽不存。两侧帮板均仅残存一块木板，从底板斜向上略向棺内弧收。帮板长 1.66～1.76、高 0.25～0.3、厚 0.05 米。底板由三块木板长边并排拼合而成。底板长 1.89、宽 0.47～0.59、厚 0.05 米。棺座处于底板之下，由四块木板拼接而成，形成一长方形木框。棺座长 1.93、宽 0.5～0.61、高 0.1 米。棺内底部铺一层草木灰，厚 0.02～0.04 米。墓主人骨架保存较差，葬式为仰身直肢葬，头向东，面向不详。头骨已碎，仅残存椎骨与下肢骨少许部分。

墓内出土 2 件随葬品，其中 1 件釉陶罐处于木棺前挡板外东南侧，1 枚铜钱处于木棺内底部中部偏南（图八七；彩版四一，1）。

（二）出土遗物

共 2 件，含釉陶罐和铜钱两类。

釉陶罐 1 件。

M76：1，圆方唇，微侈口，束颈，溜肩，鼓腹，下腹斜收，平底。上腹部饰拍印弦纹及圆痕。灰色胎。外壁施酱釉，釉层大部分脱落。口径 7.5、底径 6、最大径 15、高 19.5 厘米（图八七，1；彩版四二，1）。

铜钱 1 枚。

M76：2，残。圆形方穿，正背皆有外郭与穿郭。正面直读隶书“开□通宝”，光背。直径 2.4、穿径 0.7、厚 0.1 厘米，重 1.6 克（图八七，2）。

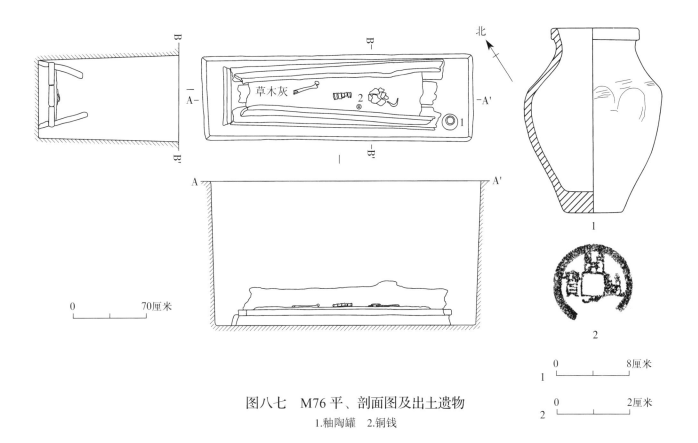

图八七 M76 平、剖面图及出土遗物
1.釉陶罐 2.铜钱

# 七七　M77

## （一）墓葬形制

M77 位于发掘区的中部，T1529 中北部，南邻 M76。开口于⑥层下，距地表约 1.8 米，向下打破⑦层至生土层。M77 被 M76 打破，与 M76 同属异穴合葬墓。竖穴土坑单棺墓。方向 120°。开口平面略呈梯形。墓口长 2.47、宽 0.78～0.91 米；墓底长 2.37、宽 0.69～0.82 米；深 1.32 米。墓坑口大底小，四壁从墓口向下斜直内收，壁面略光滑，墓底较平整。墓内填土为黄灰色土夹青灰色土块，土质略疏松，较软。

葬具为单木棺，保存较差。平面略呈梯形，长 1.98、头端宽 0.65、足端宽 0.52、高 0.35 米。盖板已朽不存。前后挡板均仅残存下半部分，以榫卯形式嵌入两侧帮板的凹槽之内。前挡板长 0.44、高 0.11、厚 0.03 米；后挡板长 0.34、高 0.08、厚 0.04 米。两侧帮板均仅残存一块木板，从底板斜向上且内扣。帮板长 1.88、高 0.18～0.22、厚 0.05 米。底板由三块木板长边并排拼合而成。底板长 1.9、宽 0.43～0.63、厚 0.05 米。棺座处于底板之下，由四块木板拼接而成，形成一长方形木框。棺座长 1.98、宽 0.52～0.65、高 0.1 米。棺内底部铺一层草木灰，厚 0.02～0.04 米。墓主人骨架保存较差，葬式为仰身直肢葬，头向东，面向不详。头骨已破碎，移位至棺内右侧，下肢骨与上肢骨移位至右帮板处，位置凌乱，脊椎骨、肋骨、盆骨已朽不存。

墓内出土 1 件釉陶韩瓶，处于木棺前挡板外东南侧（图八八；彩版四一，2）。

## （二）出土遗物

共 1 件。

釉陶韩瓶　1 件。

M77：1，重唇，直口，束颈，溜肩，深弧腹，平底。器表与内壁有轮制旋纹。红褐色胎。器表

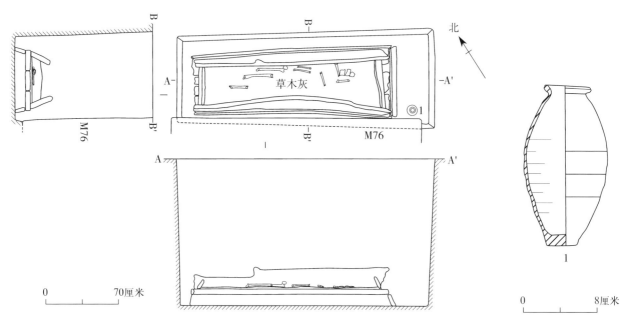

图八八　M77 平、剖面图及出土遗物

1.釉陶韩瓶

及口沿内壁施酱釉，釉面粗糙无光。口径5.8、底径4、最大径10.3、高20厘米（图八八，1；彩版四二，2）。

# 七八 M78

## （一）墓葬形制

M78位于发掘区的西北部，探方T1529的中西部，北距M76约5米。开口于⑥层下，距地表约1.8米，向下打破⑦层至生土层。竖穴土坑双棺墓。方向119°。平面略呈长方形。墓口长2.67、宽1.5～1.68米；墓底长2.47、宽1.31～1.48米；深1.35米。墓坑口大底小，墓壁向下内收，壁面经修整较平整，墓底较平整。墓内填土为灰黄色细沙土及黄褐色土夹红褐色淤泥碎块，土质较疏松，稍软。

葬具为木棺，双棺合葬，保存较差。北棺平面形状已不可辨，残存部分长2.11、头端宽0.55、足端宽0.46、高0.03米。木棺基本已朽不存。棺内底部铺一层草木灰，厚0.01～0.03米。墓主人骨架保存极差，葬式、头向、面向等均不详。头骨破碎不全，上下肢骨部分仅存断骨四节平放于棺内。南棺平面略呈梯形，长2.11、头端宽0.68、足端宽0.54、高0.3米。盖板已朽不存。前后挡板均仅残存少许木板，以榫卯形式嵌入两侧帮板的凹槽之内。前挡板长0.5、高0.16、厚0.03米；后挡板长0.4、高0.17、厚0.03米。两侧帮板均仅残存一块木板，从底板斜直向上。帮板长1.93～1.95、高0.15～0.17、厚0.03米。底板由三块木板长边并排拼合而成。底板长2.06、宽0.5～0.64、厚0.04米。棺座处于底板之下，由四块木板拼接而成，形成一长方形木框。棺座长2.1、宽0.54～0.68、高0.09米。棺内底部铺少量草木灰，厚0.01米。墓主人骨架保存较差，葬式为仰身直肢葬，头向东，面向不详。头骨稍移位，上下肢骨稍移位，平放于棺内两侧。

墓内出土2件随葬品，其中1件釉陶韩瓶处于墓底东北角，1件釉陶罐处于墓底东南角（图八九）。

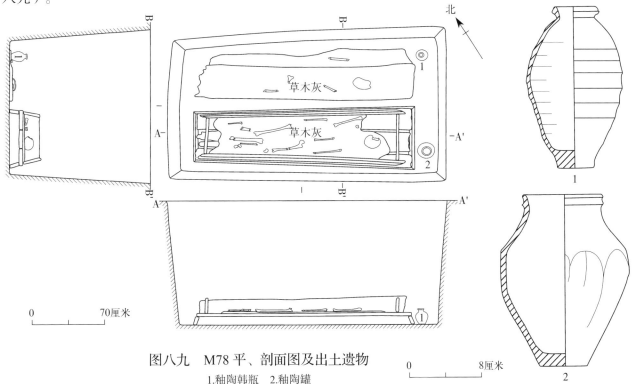

图八九 M78平、剖面图及出土遗物
1.釉陶韩瓶 2.釉陶罐

（二）出土遗物

共 2 件，含釉陶罐和釉陶韩瓶两类。

釉陶韩瓶　1 件。

M78：1，重唇，微侈口，束颈，溜肩，深弧腹，平底，底呈椭圆形，器身变形，肩部内凹。器表与内壁有轮制旋纹。红褐色胎。器表及口沿内壁施酱釉，釉面粗糙无光，大部分已脱落。口径 5.4、底径 5、最大径 11.7、高 19.5 厘米（图八九，1；彩版四二，3）。

釉陶罐　1 件。

M78：2，圆方唇，唇下有一周内凹，微侈口，束颈，溜肩，鼓腹，下腹斜收，平底。肩部和上腹部拍印圆痕。器表有轮制痕迹。红褐色胎。器表及口沿内壁施酱釉，釉面粗糙无光，脱落严重。口径 9.6、底径 6、最大径 16、高 21.4 厘米（图八九，2；彩版四二，4）。

# 七九　M79

（一）墓葬形制

M79 位于发掘区的西北部，探方 T1529 的中西部，东邻 M78。开口于⑥层下，距地表约 1.7 米，向下打破⑦层至生土层。竖穴土坑双棺墓。方向 130°。开口平面呈不规则长方形。墓口长 2.37、宽 1.3 ～ 1.42 米；墓底长 2.15、宽 1.14 ～ 1.24 米；深 1.25 ～ 1.36 米。墓坑口大底小，墓壁向下内收，壁面经修整较平整，墓底南半部高北半部低。墓内填土为灰黄色细沙土及黄褐色土夹红褐色淤泥碎块，土质较疏松，稍软。

葬具为木棺，双棺合葬，保存较差。北棺平面略呈梯形，长 2.11、头端宽 0.69、足端宽 0.5、高 0.22 米。盖板已朽不存。前后挡板均仅残存下半部分，以榫卯形式嵌入两侧帮板的凹槽之内。前挡板长 0.57、高 0.11、厚 0.02 米；后挡板长 0.42、高 0.08、厚 0.03 米。两侧帮板均仅残存一块木板，从底板斜直向上。帮板长 1.85 ～ 1.92、高 0.1、厚 0.03 米。底板由三块木板长边并排拼合而成。底板长 2.08、宽 0.42 ～ 0.66、厚 0.02 ～ 0.03 米。棺座处于底板之下，由四块木板拼接而成，形成一长方形木框。棺座长 2.11、宽 0.05 ～ 0.07、高 0.08 米。棺内底部残留一层草木灰，厚 0.02 米。墓主人骨保存较差，葬式为仰身直肢葬，头向、面向不详。头骨已朽缺失，上肢骨稍移位，较凌乱，下肢骨平放于棺内两侧。南棺平面略呈长方形，长 1.18、宽 0.29 ～ 0.32、高 0.11 米。盖板已朽不存。前后挡板均仅残存下半部分。前挡板长 0.24、高 0.08、厚 0.01 米；后挡板长 0.25、高 0.06、厚 0.02 米。两侧帮板均仅残存一块木板，从底板斜直向上。帮板长 1.07 ～ 1.09、高 0.07 ～ 0.09、厚 0.01 米。底板由三块木板长边并排拼合而成。底板长 1.18、宽 0.27 ～ 0.31、厚 0.01 米。棺内底部铺一层草木灰，厚 0.01 米。墓主人骨架保存较差，葬式为二次葬，头向东南，面向上。头骨碎裂，可见颌骨及牙齿，椎骨、肋骨、盆骨均移位，上下肢骨平放于棺内两侧，系人为摆放而成。

墓内出土 1 件釉陶韩瓶，位于南棺头端东侧处（图九〇）。

（二）出土遗物

共 1 件。

釉陶韩瓶　1 件。

M79：1，重唇，微侈口，束颈，溜肩，深弧腹，平底，底呈椭圆形，重唇不明显，整体略有歪

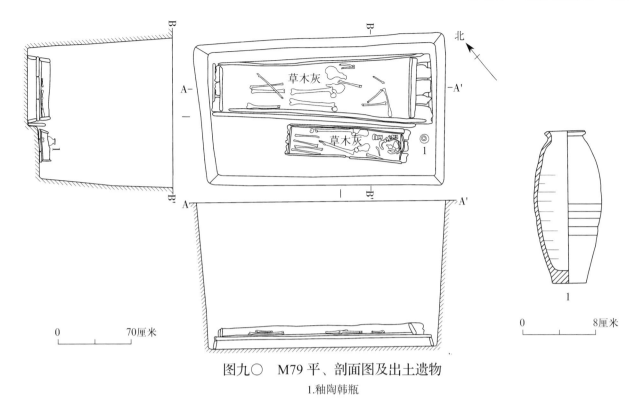

图九○　M79 平、剖面图及出土遗物

1.釉陶韩瓶

斜。器表与内壁有轮制旋纹。红褐色胎。器表及口沿内壁施酱釉，釉面粗糙无光。口径 5.2、底径 4.3、最大径 8.5、高 19 厘米（图九○，1；彩版四三，1）。

# 八○　M80

## （一）墓葬形制

M80 位于发掘区的中部，探方 T1529 的中东部，西距 M78 约 2 米。开口于⑥层下，距地表约 1.8 米，向下打破⑦层至生土层。M80 打破 M81、M82。竖穴土坑墓。方向 135°。开口平面略呈梯形。墓口长 2.46、宽 0.8 ～ 0.85 米；墓底长 2.37、宽 0.76 ～ 0.72 米；深 0.57 米。墓坑口大底小，四壁从墓口向下斜直内收，壁面略光滑，墓底较平整。墓内填土为黄灰色土夹青灰色土块，土质略疏松，较软。

未见葬具、人骨以及随葬品（图九一；彩版四三，2）。

## （二）出土遗物

无出土遗物。

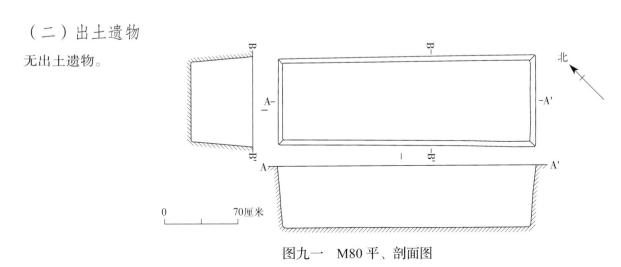

图九一　M80 平、剖面图

# 八一　M81

## （一）墓葬形制

M81 位于发掘区的西北部，探方 T1529 的中东部，北距 M76 约 2 米。开口于⑥层下，距地表约 1.8 米，向下打破⑦层至生土层。M81 打破 M82，被 M80 打破，与 M82 同属异穴合葬墓。竖穴土坑单棺墓。方向 120°。平面略呈梯形。墓口长 2.67、宽 0.82 ～ 1.1 米；墓底长 2.46、宽 0.71 ～ 0.9 米；深 1.3 米。墓坑口大底小，四壁向下斜直内收，壁面略光滑，墓底较平整。墓内填土为黄灰色土夹青灰色土，土质略疏松，较软。

葬具为单木棺，保存较差。平面略呈梯形，长 2.12、头端宽 0.72、足端宽 0.55、高 0.5 米。盖板已朽不存。前后挡板均由三块木板拼合而成，以榫卯形式嵌入两侧帮板的凹槽之内。前挡板长 0.5、高 0.32、厚 0.03 米；后挡板长 0.39、高 0.29、厚 0.02 米。两侧帮板均由三块木板拼合而成，从底板斜直向上略向棺内弧收。帮板长 2.03、高 0.38、厚 0.05 米。底板由三块木板长边并排拼合而成。底板长 1.99、宽 0.5 ～ 0.66、厚 0.04 米。棺座处于底板之下，由木板拼接一周，形成一长方形木框。棺座长 2.1、宽 0.55 ～ 0.72、高 0.08 米。木棺上方靠近头端处放置一块木板，与 M82 相连，俗称"过桥板"。墓主人骨架保存较差，葬式为仰身直肢葬，头向东，面向不详。头部破碎，移位至右侧帮板处，上肢保存较差，平放在木棺中部以下，位置凌乱，肋骨、脊椎骨、盆骨已腐朽不存。

墓内出土 2 件随葬品，其中 1 件釉陶罐处于木棺前挡外西南侧，1 枚铜钱处于木棺内中部墓主人腹部下方（图九二；彩版四四，1）。

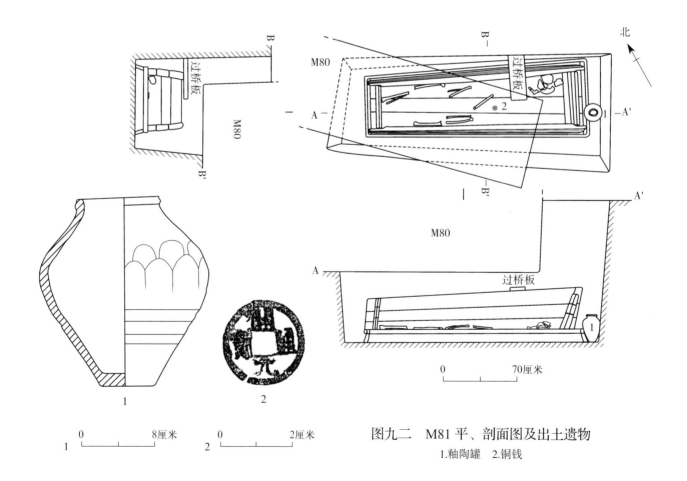

图九二　M81 平、剖面图及出土遗物
1.釉陶罐　2.铜钱

（二）出土遗物

共 2 件，含釉陶罐和铜钱两类。

釉陶罐　1 件。

M81：1，圆方唇，唇下有一周内凹，微侈口，束颈，溜肩，鼓腹，平底，整体略歪斜，口部变形呈椭圆形。上腹部有拍印圆痕和弦纹，下腹部饰数周凸弦纹。红褐色胎。外壁施酱釉，脱落严重。口径 8、底径 7、最大径 21.3、高 23.5 厘米（图九二，1；彩版四三，3）。

铜钱　1 枚。

M81：2，开元通宝。完整。圆形方穿，正面及穿有郭，正面直读隶书"开元通宝"，光背。直径 2.5、穿径 0.8、厚 0.1 厘米，重 2.6 克（图九二，2）。

# 八二　M82

（一）墓葬形制

M82 位于发掘区的西北部，探方 T1529 的中东部，北距 M76 约 2 米。开口于⑥层下，距地表约 1.8 米，打破⑦层至生土层。M82 被 M81 打破，与 M81 同属异穴合葬墓。竖穴土坑单棺墓。方向 130°。开口平面略呈梯形，墓口长 2.22、宽 0.53～0.76 米；墓底长 2.06、宽 0.49～0.64 米；深 1.39 米。墓坑口大底小，四壁向下斜直内收，壁面略光滑，墓底较平整。墓内填土为黄灰色土夹青灰色土，土质略疏松，较软。

葬具为单木棺，保存较差。平面略呈梯形，长 1.82、头端宽 0.48、足端宽 0.41、高 0.36 米。盖板已朽不存。前后挡板均仅残存下半部分，以榫卯形式嵌入两侧帮板的凹槽之内。前挡板长 0.4、高 0.2、厚 0.03 米；后挡板长 0.32、高 0.15、厚 0.02 米。两侧帮板各残存两块木板，从底板斜直向上。帮板长 1.7～1.76、高 0.24、厚 0.01～0.02 米。底板由三块木板长边并排拼合而成。底板长 1.74、宽 0.3～0.39、厚 0.02 米。棺座处于底板之下，由四块木板拼接而成，形成一长方形木框。棺座长 1.82、宽 0.41～0.48、高 0.1 米。木棺之上靠近头端处放置一块木板，与 M81 相连，俗称"过桥板"。过桥板长 0.85、宽 0.06～0.12、厚 0.04 米。墓主人骨架保存较差，葬式为仰身直肢葬，头向东，面向不详。头部破碎，移位至左侧帮板处，上肢骨、下肢骨、肋骨、脊椎骨、盆骨均已腐朽，残存碎骨三块。

墓内出土 1 件釉陶罐，处于木棺前挡板外东南侧（图九三；彩版四四，2）。

（二）出土遗物

共 1 件。

釉陶罐　1 件。

M82：1，圆方唇，唇面有一周凹槽，微侈口，束颈，溜肩，鼓腹，下腹斜收，平底。上腹部饰拍印圆痕，下腹部饰数周凸弦纹。器表可见轮制痕迹。红褐色胎。外壁施酱釉，釉不及底，有流釉现象，釉面粗糙无光，脱落严重。口径 8.8、底径 5.4、最大径 13.7、高 17.8 厘米（图九三，1；彩版四五，1）。

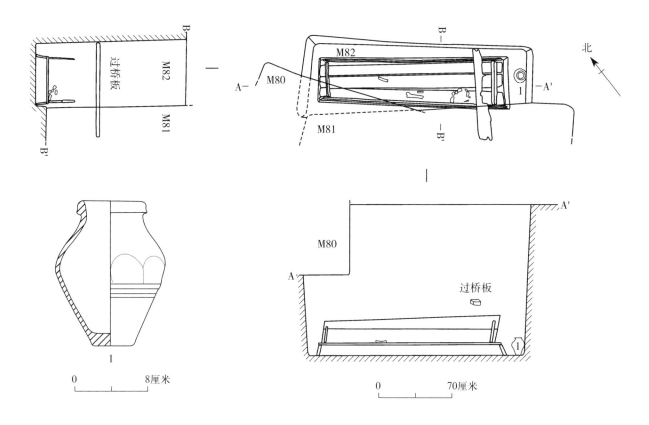

图九三　M82 平、剖面图及出土遗物

1.釉陶罐

## 八三　M83

### （一）墓葬形制

M83 位于发掘区的西北部,探方 T1530 的中西部,东南距 M76 约 8 米。开口于⑨层下,距地表约 2.7 米,打破⑩层至生土层。竖穴土坑单棺墓。方向 248°。平面略呈梯形。墓口长 2.41、宽 1.03～1.12 米;墓底长 2.18、宽 0.84～0.88 米;深 1.64 米。墓坑口大底小,四壁向下斜直内收,壁面略光滑,墓底较平整。墓内填土为黄褐色土夹红褐色淤土块,土质较松散,稍软。

葬具为单木棺,保存较差。平面略呈梯形,长 1.98、头端宽 0.6、足端宽 0.56、高 0.31 米。盖板已朽不存。前后挡板均仅残存下部少许。前挡板长 0.5、高 0.14、厚 0.03 米;后挡板长 0.4、高 0.1、厚 0.03 米。两侧帮板均仅残存一块木板,从底板斜立向上。帮板长 1.75～1.85、高 0.17、厚 0.04～0.07 米。底板由三块木板长边并排拼合而成。底板长 1.98、宽 0.44～0.6、厚 0.04 米。棺座处于底板之下,由四块木板拼接而成,形成一长方形木框,仅存南北两侧板。棺座长 1.93、宽 0.47～0.53、高 0.1 米。棺内底部铺一层草木灰,厚 0.02～0.03 米。墓主人骨架保存较差,已基本不存,葬式等均不详。

墓内出土 2 件随葬品,其中 1 方砖买地券处于木棺头端挡板外的底板之上,1 件釉陶罐处于墓坑西北角（图九四）。

### （二）出土遗物

共 2 件,含砖买地券和釉陶罐两类。

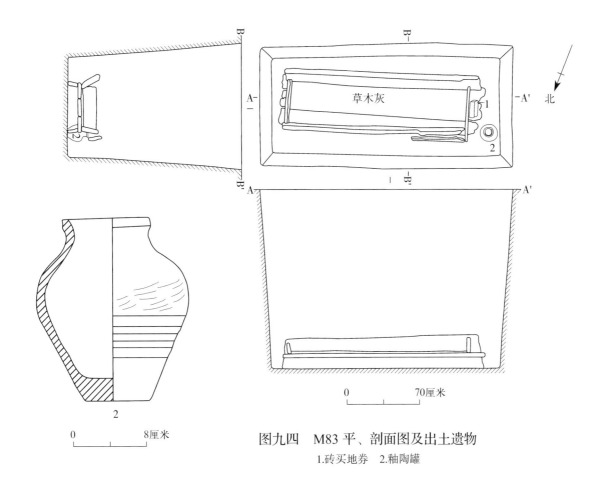

图九四　M83 平、剖面图及出土遗物
1.砖买地券　2.釉陶罐

釉陶罐　1 件。

M83：2，方唇，微侈口，束颈，鼓肩，斜弧腹，下腹斜收，平底。上腹部可见散乱拍印弦纹，下腹部饰数周凸弦纹。内外壁口沿处可见轮制痕迹。红褐色胎。器表施酱釉，釉层不均，釉面粗糙无光，脱落严重。口径 9.8、底径 7.4、最大径 17.5、高 21 厘米（图九四，2；彩版四五，2）。

砖买地券　1 方。

M83：1，平面为长方形。正面有朱书痕迹，但已漫漶不清。背面有阴线浅刻的纵向界栏，界栏内有朱书文字，均漫漶不清，无法辨认。长 37.2、宽 29、厚 6 厘米（彩版四五，3）。

# 八四　M84

## （一）墓葬形制

M84 位于发掘区的西北部，探方 T1331 的东北部，东距 M85 约 2 米。开口于⑥层下，距地表约 1.5 米，向下打破⑦层至生土层。竖穴土坑双棺墓。方向 115°。平面略呈梯形。墓口长 2.65、宽 1.6～1.65 米；墓底长 2.45、宽 1.5～1.55 米；深 1.5 米。墓坑口大底小，四壁向下斜直内收，壁面略光滑，墓底较平整。墓内填土为灰黄色土，土质略疏松，较软。

葬具为木棺，双棺合葬，保存较好。北棺平面略呈梯形，长 2.2、头端宽 0.79、足端宽 0.69、高 0.87 米。盖板由三块木板长边并排拼合而成。盖板长 2.3、头端宽 0.79、足端宽 0.69、厚 0.07 米。前后挡板均由三块木板拼合而成，以榫卯形式嵌入两侧帮板的凹槽之内。前挡板长 0.44、高 0.58、厚 0.06 米；

后挡板长 0.41、高 0.5、厚 0.07 米。两侧帮板均由两块木板拼合而成，从底板斜直向上略向棺内弧收。帮板长 2.16～2.19、高 0.56、厚 0.11 米。底板由三块木板长边并排拼合而成。底板长 2.14、宽 0.63～0.75、厚 0.07 米。棺座除头端为棺座板外包底板以外其余均处底板之下，由木板拼接围成一周，形成一长方形木框。棺座长 2.2、宽 0.69～0.79、高 0.17 米。棺内底部铺一层草木灰，厚 0.02～0.03 米。墓主人骨架保存较差，葬式为仰身直肢葬，头向东北，面向不详。头骨已碎裂，移位至左侧，椎骨、肋骨、骶骨、盆骨、上肢骨、下肢骨位置凌乱，平放在棺底部。南棺平面略呈梯形，长 2、头端宽 0.67、足端宽 0.53、高 0.75 米。盖板由四块木板长边并排拼合而成，盖板长 2.1、头端宽 0.67、足端宽 0.53、厚 0.07 米。前后挡板均由三块木板拼合而成，以榫卯形式嵌入两侧帮板的凹槽之内。前挡板长 0.45、高 0.52、厚 0.05 米；后挡板长 0.36、高 0.45、厚 0.05 米。两侧帮板均由两块木板拼合而成，从底板斜直向上略向棺内弧收。帮板长 1.94～1.99、高 0.49、厚 0.07 米。底板由三块木板长边并排拼合而成。底板长 1.94、宽 0.48～0.61、厚 0.04 米。棺座处于底板之下，由木板拼接围成一周，形成一长方形木框。棺座长 2、宽 0.53～0.67、高 0.15 米。棺内底部铺一层草木灰，厚 0.02 米。墓主人骨保存较差，葬式为仰身直肢葬，头向东北，面向上。仅存头骨和少部分上肢骨及下肢骨，较凌乱。

墓内共计出土 3 件随葬品，其中 1 件釉陶韩瓶处于北棺头端棺外东北侧，1 件釉陶罐处于南棺头端棺外中部，1 件银簪处于北棺墓主头部（图九五）。

## （二）出土遗物

共 3 件，含釉陶韩瓶、釉陶罐和银簪等。

釉陶韩瓶　1 件。

M84：1，重唇，直口，束颈，溜肩，深弧腹，平底，整体略胖。器表与内壁有轮制旋纹。红褐色胎。器表及口沿内壁施酱釉，釉面粗糙无光。口径 6.4、底径 5.2、最大径 13.5、高 23.7 厘米（图九五，1；彩版四五，4）。

釉陶罐　1 件。

M84：2，圆方唇，微侈口，束颈，溜肩，鼓腹，下腹斜收，平底。上腹部饰拍印圆痕，下腹部饰数周凸弦纹。口部和颈部有轮制痕迹。红褐色胎。器表及口沿内壁施酱釉，脱落严重。口径 9、底径 6.4、最大径 16.3、高 21.4 厘米（图九五，2；彩版四五，5）。

银簪　1 件。

M84：3，残。氧化呈灰黑色，手工打造。通体呈方锥形，簪首残缺，形制不明，簪尾似针尖，簪身微弯。残长 7.5、厚 0.18～0.28 厘米，重 1.3 克（图九五，3；彩版四五，6）。

# 八五　M85

## （一）墓葬形制

M85 位于发掘区的西北部，探方 T1431 的西北部。西距 M84 约 2 米。开口于⑥层下，距地表约 2 米，向下打破⑦层至生土层。竖穴土坑单棺墓。方向 116°。开口平面略呈梯形。墓口长 2.7、宽 1.8～2 米；墓底长 2.5、宽 1.65～1.8 米；深 0.71～1.37 米。墓坑口大底小，墓壁向下内收，壁面修整较平，墓坑北半部高，南半部低，落差 0.66 米。墓内填土为灰黄色沙土与黄褐色土夹较少量红褐色淤泥碎块，土质较疏松，稍软。

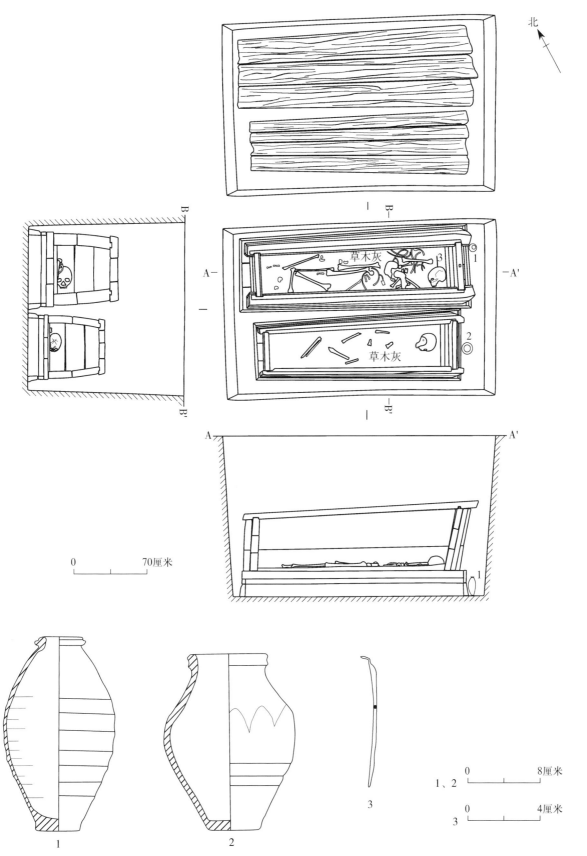

图九五  M84 平、剖面图及出土遗物
1.釉陶韩瓶  2.釉陶罐  3.银簪

葬具为单木棺，保存较好。平面略呈梯形，长 2.17、头端宽 0.79、足端宽 0.67、高 0.78 米。盖板由两块木板长边并排拼合而成，整体以榫卯形式扣合于棺身之上。盖板长 2.2、头端宽 0.79、足端宽 0.65、厚 0.05 米。前后挡板均由两块木板拼合而成，以榫卯形式嵌入两侧帮板的凹槽之内。前挡板长 0.4、高 0.58、厚 0.05 米；后挡板长 0.34、高 0.49、厚 0.04 米。两侧帮板均由两块木板拼合而成，从底板斜直向上略向棺内弧收，以榫卯形式嵌于底板之上。帮板长 2.11～2.13、高 0.55、厚 0.1 米。底板由三块木板长边并排拼合而成。底板长 2.12、宽 0.61～0.72、厚 0.04 米。棺座除头端棺座板处于底板外侧，其余均处于底板之下，由木板拼接围成一周，形成一长方形木框。棺座长 2.17、宽 0.67～0.79、高 0.18 米。棺内底部铺一层草木灰，厚 0.03～0.05 米。墓主人骨架保存较好，葬式为仰身直肢葬，头向东，面向上。椎骨、肋骨较凌乱，上下肢骨稍移位，平放于棺内两侧。

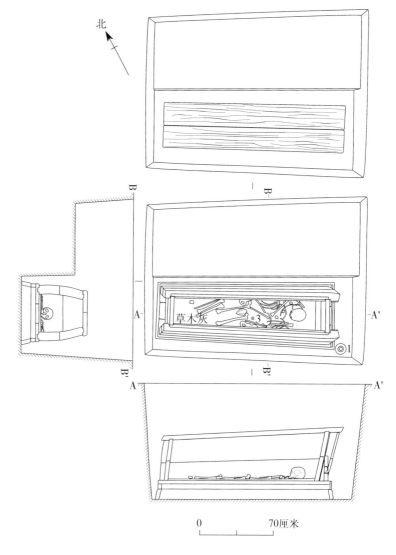

图九六　M85 平、剖面图
1. 釉陶韩瓶　2. 砖买地券　3. 铜钱

墓内共计出土 3 件随葬品，其中 1 件釉陶韩瓶处于墓底东南角，1 方砖买地券处于头端棺外底板上中部，1 枚铜钱处于棺底淤土中（图九六）。

（二）出土遗物

共 3 件，含釉陶韩瓶、砖买地券和铜钱等。

釉陶韩瓶　1 件。

M85：1，重唇，侈口，束颈，弧肩，鼓腹，平底。器表与内壁有轮制旋纹。红褐色胎。器表及口沿内壁施酱釉，釉面粗糙无光，釉层部分脱落。口径 5.7、底径 5、最大径 13、高 17.4 厘米（图九七，1；彩版四六，1）。

铜钱　1 枚。

M85：3，嘉靖通宝。圆形方穿，正背皆有外郭与穿郭，正面直读楷书"嘉靖通宝"，光背。直径 2.5、穿径 0.6、厚 0.14 厘米，重 2.8 克（图九七，3）。

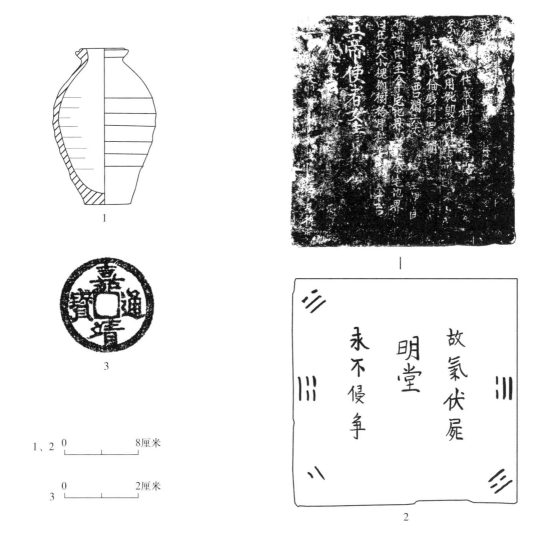

图九七　M85 出土遗物

1.釉陶韩瓶（M85：1）　2.砖买地券（M85：2）　3.铜钱（M85：3）

砖买地券　1 方。

M85：2，平面呈方形。正面四边中央和四角用朱书绘有八卦符号。正中间为朱书的"明堂"二字。其右侧为"故气伏尸"，其左侧为"永不侵争"。背面右起有阴线浅刻的纵向界栏，共 8 栏。界栏中有小楷朱书文字。左侧三列券文字体较大且无界栏。长 23、宽 22.5、厚 3.5 厘米（图九七，2）。券文如下：

……二……直□淮□□府……坊街□□住，奉神祭主叶□□□为□考叶公大用姚殷氏，神主奄逝未卜□□替亡者出备钱财，买到白地一方，南北□丈八尺，东西口阔六丈五尺，东至陈良，西至杨潮，南至□宅地界，北至秦宅地界……白在地大小槐柳树拾肆株……安葬全吉。（以下券文无界栏）五帝使者女青律令。券立……□公大用……收把付身执照。

# 八六　M86

## （一）墓葬形制

M86 位于发掘区的西北部，探方 T1631 的中西部，西距 M87 约 1 米。开口于⑥层下，距地表约 1.9 米，向下打破⑦层至生土层。竖穴土坑单棺墓。方向 120°。开口平面略呈梯形。墓口长 2.39、宽 0.61 ～ 0.7 米；墓底长 2.27、宽 0.58 ～ 0.76 米；深 1.2 米。墓坑口大底小，墓壁向下内收，壁面较粗糙，墓底较平整。墓内填土为灰黄色沙土夹较少量红褐色淤泥碎块和黄褐色土，土质较疏松，稍软。

葬具为单木棺，保存较差。平面略呈梯形，长 2.11、头端宽 0.7、足端宽 0.51、高 0.65 米。盖板已朽不存。前后挡板均由三块木板拼合而成，以榫卯形式嵌入两侧帮板的凹槽之内。前挡板长 0.45、高 0.43、厚 0.03 米；后挡板长 0.3、高 0.35、厚 0.03 米。两侧帮板均由两块木板拼合而成，从底板斜直向上，略内扣。帮板长 2.05、高 0.5、厚 0.07 ～ 0.08 米。底板由三块木板长边并排拼合而成。底板长 2.03、宽 0.46 ～ 0.63、厚 0.05 米。棺座处于底板之下，由四块木板拼接而成，形成一长方形木框。棺座长 2.11、宽 0.51 ～ 0.7、高 0.1 米。棺内底部铺一层草木灰，厚 0.01 ～ 0.02 米。墓主人骨架保存极差，葬式为仰身直肢葬，头向东南，面向上。头骨已碎为残片，上下肢骨均朽蚀残缺，稍移位，平放于棺内两侧。

墓内出土 1 件釉陶韩瓶，处于木棺前挡外底板上东北角（图九八）。

## （二）出土遗物

共 1 件。

釉陶韩瓶　1 件。

M86：1，重唇，直口微侈，束颈，溜肩，弧腹略鼓，平底，整体略胖。器表与内壁有轮制旋纹。

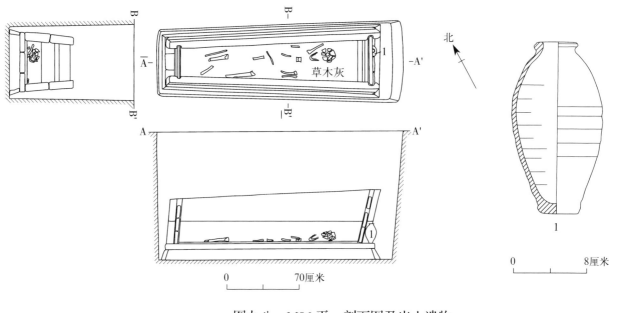

图九八　M86 平、剖面图及出土遗物

1.釉陶韩瓶

灰色胎。器表及口沿内壁施酱釉，釉面粗糙无光。口径 5.1、底径 4.7、最大径 9.9、高 18.6 厘米（图九八，1；彩版四六，2）。

## 八七　M87

### （一）墓葬形制

M87 位于发掘区的西北部，探方 T1531 的中东部，东距 M86 约 1 米。开口于⑥层下，距地表约 1.8 米，向下打破⑦层至生土层。竖穴土坑单棺墓。方向 140°。开口平面略呈梯形。墓口长 2.35、宽 0.68～0.85 米；墓底长 2.21、宽 0.58～0.71；深 0.75 米。墓坑口大底小，四壁从墓口向下斜直内收，壁面略光滑，墓底较平整。墓内填土为黄灰色土夹青灰色土，土质略疏松，较软。

葬具为单木棺，保存极差。平面略呈梯形，木棺痕迹长 1.87、头端宽 0.48、足端宽 0.38、高 0.18 米。盖板已朽不存。前后挡板腐朽严重，残存前挡板长 0.45、高 0.17、厚 0.02 米；残存后挡板长 0.36、高 0.09、厚 0.03 米。两侧帮板均仅残存一小块木板。帮板长 1.87、高 0.15、厚 0.02 米。底板已腐朽，仅残存一小块木板。木板长 0.69、宽 0.1～0.15、厚 0.02 米。墓主人骨架已朽不存。

墓内出土 1 件釉陶韩瓶，处于木棺前挡板外东南侧（图九九）。

### （二）出土遗物

共 1 件。

釉陶韩瓶　1 件。

M87：1，重唇，直口微侈，束颈，溜肩，深弧腹，平底，整体略歪斜。器表和内壁有轮制弦纹。灰色胎。器表及口沿内壁施酱釉，釉面粗糙。口径 5、底径 3.4、最大径 8、高 15.9 厘米（图九九，1；彩版四六，3）。

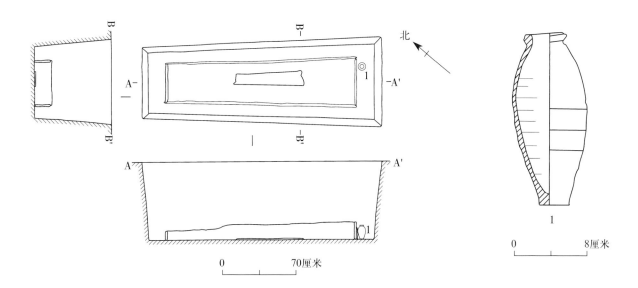

图九九　M87 平、剖面图及出土遗物
1.釉陶韩瓶

# 八八　M88

## （一）墓葬形制

M88位于发掘区的西南部,探方T1920的中南部,东南距M89约5米。开口于⑪层下,距地表3.1米,向下打破生土层。M88打破M100,与M100同属异穴合葬墓。竖穴土坑单棺墓。方向291°。开口平面略呈梯形。墓口长2.42、宽1～1.17米;墓底长2.3、宽0.86～0.94米;深0.9米。墓坑口大底小,四壁从墓口向下斜直内收,壁面较光滑,墓底较平整。墓内填土为黄褐色土块夹青灰色淤泥,土质疏松,较软。

葬具为单木棺,保存较差。平面略呈梯形,长1.9、头端宽0.82、足端宽0.55、高0.16米。盖板、前后挡板、帮板均已不存。底板由三块木板长边并排拼合而成。底板长1.9、宽0.54～0.75、厚0.03米。棺座处于底板之下,由四块木板拼接而成,形成一长方形木框。棺座长1.9、宽0.55～0.8、高0.12米。棺内底部铺一层草木灰,厚0.01～0.02米。墓主人骨架保存较差,葬式为仰身直肢葬,头向西,面向不详。头骨碎裂,仅存少量盆骨和上下肢骨,平置于棺内右侧。

墓内共计出土4件随葬品,其中1件铁棺钉处于棺盖板南侧中上部,1件釉陶罐处于墓底西北角,2件青瓷碗处于棺内西南角(图一〇〇;彩版四六,4)。

## （二）出土遗物

共4件,含釉陶罐、青瓷碗和铁棺钉。

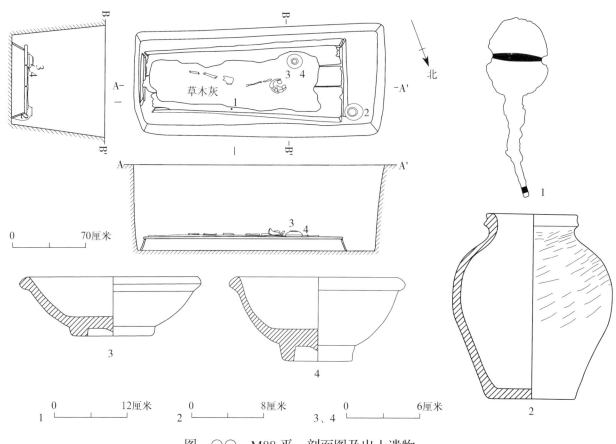

图一〇〇　M88平、剖面图及出土遗物
1.铁棺钉　2.釉陶罐　3、4.青瓷碗

釉陶罐 1件。

M88：2，方唇，微侈口，束颈，溜肩，鼓腹，下腹斜收，平底。上腹部可见散乱拍印弦纹，下腹部饰数周凸弦纹。内外壁口沿处可见轮制痕迹。红褐色胎。器表施酱釉，釉层不均，釉面粗糙无光，脱落严重。口径 8.2、底径 10、最大径 17.1、高 20.1 厘米（图一〇〇，2；彩版四七，1）。

青瓷碗 2件。厚尖唇，敞口，斜弧腹，鸡心底，圈足。素面。外壁可见轮制痕迹。浅灰色胎。施青釉，内外底不施釉。

M88：3，内底有垫烧痕迹。施釉不均，外壁釉不及底，内外壁均见少量棕眼。口径 15、足径 6.7、高 5 厘米（图一〇〇，3；彩版四七，2）。

M88：4，口径 14.4、足径 5.9、高 6.7 厘米（图一〇〇，4；彩版四七，3）。

铁棺钉 1枚。

M88：1，钉首部略呈葫芦形，片状，钉身为方锥形，钉体表面附着黄色锈迹。长 28.6、宽 0.8～9.5、首部最厚处 1.85 厘米，重 34.3 克（图一〇〇，1；彩版四七，4）。

# 八九 M89

## （一）墓葬形制

M89 位于发掘区的西南部，探方 T1919 的中东部，西北距 M88 约 5 米。开口于⑪层下，距地表约 3 米，向下打破生土层。M89 打破 M90，与 M90 同属异穴合葬。竖穴土坑单棺墓。方向 318°。开口平面略呈梯形。墓口长 2.35、宽 0.67～0.76 米；墓底长 2.26、宽 0.6～0.66 米；深 0.65 米。墓坑口大底小，四壁向下斜直内收，壁面略光滑，墓底较平整。墓内填土为灰黄色土，土质略疏松，稍软。

葬具为木棺，保存较差。平面略呈梯形，长 1.98、头端宽 0.48、足端宽 0.43、高 0.12 米。盖板、后挡板、帮板以及底板基本腐朽不存。前挡板仅残存一块木板。前挡板长 0.32、高 0.06、厚 0.03 米。棺身中部上方残存两块横置的"过桥板"。过桥板长 0.39～0.42、宽 0.08～0.09、厚 0.02 米。墓主人骨架已朽不存（图一〇一；彩版四八，1）。

墓内无随葬品出土。

## （二）出土遗物

无出土遗物。

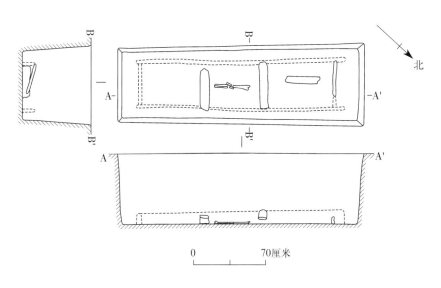

图一〇一 M89 平、剖面图

# 九〇　M90

## （一）墓葬形制

M90 位于发掘区的西南部，探方 T1919 的中东部，西北距 M88 约 5 米。开口于 ⑪ 层下，距地表约 3 米，向下打破生土层。M90 被 M89 打破，与 M89 同属异穴合葬墓。竖穴土坑单棺墓。方向 318°。开口平面略呈梯形。墓口长 2.27、宽 0.63～0.73 米；墓底长 2.17、宽 0.56～0.68 米；深 0.75 米。墓坑口大底小，四壁从墓口向下斜直内收，壁面略光滑，墓底较平整。墓内填土为灰黄色土，土质略疏松，稍软。

葬具为单木棺，保存较差。平面略呈梯形，长 1.99、头端宽 0.55、足端宽 0.4、高 0.6 米。盖板、前后挡板已朽不存。两侧帮板均由一块木板制成，从底板斜向上，内扣。帮板长 1.7～1.74、高 0.42～0.45、厚 0.06 米。底板由两块木板长边并排拼合而成。底板长 1.92、宽 0.37～0.55、厚 0.04 米。棺座处于底板之下，由四块木板拼接而成，形成一长方形木框。棺座长 1.99、宽 0.4～0.52、高 0.06 米。棺内底部铺一层草木灰，厚 0.01～0.02 米。墓主人骨保存较差，葬式为仰身直肢葬，头向西北，面向不详。头骨已碎为残块，肋骨、脊椎骨、盆骨已腐朽，残存少部分上下肢骨，平放棺底两侧。

墓内共计出土 3 件随葬品，其中 1 件釉陶罐处于木棺前挡板外西北侧，2 件青瓷碗处于木棺内墓主头端西北侧（图一〇二；彩版四八，2）。

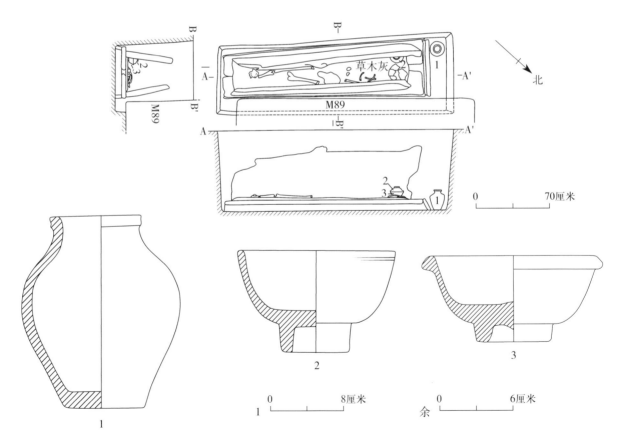

图一〇二　M90 平、剖面图及出土遗物

1.釉陶罐　2、3.青瓷碗

（二）出土遗物

共 3 件，含釉陶罐和青瓷碗两类。

釉陶罐　1 件。

M90：1，圆方唇，微侈口，束颈，弧肩，鼓腹，下腹斜收，平底。素面。外壁可见轮制痕迹。红褐色胎。外壁施酱釉，釉层脱落严重。口径 3、底径 4.7、最大径 19.5、高 18.6 厘米（图一〇二，1；彩版四九，1）。

青瓷碗　2 件。敞口，斜弧腹，圈足。浅灰色胎。内外壁釉面有棕眼。

M90：2，圆方唇。口沿外饰两周弦纹。足下旋削一周。器身施青釉，除圈足旋削处部分釉脱落外，内外壁均满釉。口径 13.5、足径 5.4、高 8.5 厘米（图一〇二，2；彩版五〇，1）。

M90：3，厚圆唇，内底心微凸，鸡心底。素面。内底有垫烧痕迹。施青灰釉，内外底无釉。口径 15、足径 6.2、高 6.7 厘米（图一〇二，3；彩版五〇，2）。

# 九一　M91

（一）墓葬形制

M91 位于发掘区的西南部，探方 T1817 的中南部，南距 M92 约 3 米。开口于⑪层下，距地表约 3.1 米，向下打破生土层。M91 被 M93 打破，与 M93 同属异穴合葬墓。竖穴土坑单棺墓。方向 18°。开口平面呈长方形。墓口长 2.54、宽 0.8～0.9 米；墓底长 2.18、宽 0.7～0.8 米；深 1.1～1.3 米。墓坑口大底小，墓壁向下微收，壁面修整得较平直，在墓底北壁处预留有宽 0.25 米，高出墓底 0.2 米的生土台。墓内填土为灰黄色土夹青灰色土，土质较疏松，稍软。

葬具为单木棺，保存较差。平面略呈梯形，长 1.92、头端宽 0.66、足端宽 0.5、高 0.46 米。盖板已朽不存。前后挡板均仅残存一块木板，以榫卯形式嵌入两侧帮板的凹槽之内。前挡板长 0.5、高 0.18、厚 0.02～0.04 米；后挡板长 0.38、高 0.28、厚 0.02～0.04 米。两侧帮板均仅残存一块木板，从底板斜向上，略向内扣。帮板长 1.73～1.87、高 0.31～0.4、厚 0.03 米。底板由三块木板长边并排拼合而成。底板长 1.92、宽 0.5～0.66、厚 0.04 米。棺内底部铺一层草木灰，厚 0.01～0.03 米。墓主人骨架保存较差，葬式为仰身直肢葬，头向北，面向上。头骨已碎裂为残片，上肢骨平放于棺内两侧，下肢骨双膝向上微屈，双膝双足并拢。

墓内共计出土 4 件随葬品，其中 1 件青瓷碗处于近足端的盖板朽痕之上，2 件青瓷碗处于木棺内东北角，1 件釉陶罐处于墓坑北部生土台上西北角（图一〇三；彩版五〇，3）。

（二）出土遗物

共 4 件，含釉陶罐和青瓷碗两类。

釉陶罐　1 件。

M91：2，方唇，唇下有一周略凹，直口，束颈，鼓肩，斜弧腹，下腹斜收，平底。上腹部饰拍印弦纹，下腹部饰数周凸弦纹。红褐色胎。器表及口沿内壁施酱釉，釉层大部分脱落。口径 10.3、底径 9.3、最大径 18、高 21.6 厘米（图一〇四，2；彩版五一，1）。

青瓷碗　3 件。厚圆唇，敞口，斜弧腹，圈足。素面。施青釉，内外底不施釉。

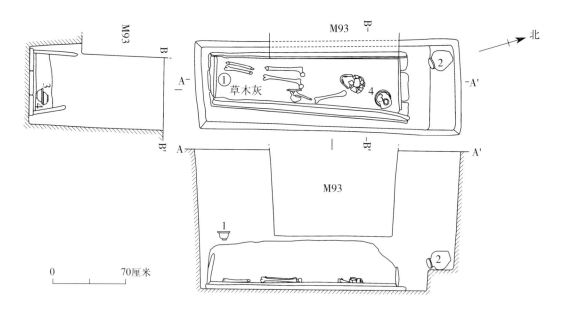

图一〇三　M91 平、剖面图

1、3、4.青瓷碗　2.釉陶罐

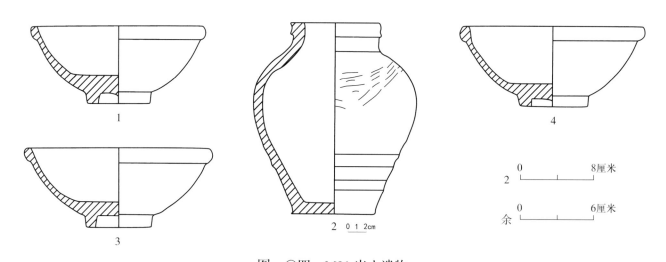

图一〇四　M91 出土遗物

1、3、4.青瓷碗（M91：1、3、4）　2.釉陶罐（M91：2）

　　M91：1，鸡心底。内底可见轮制痕迹。红褐色胎。釉面见少量棕眼。口径 14.8、足径 5.5、高 6.6 厘米（图一〇四，1；彩版五一，2）。

　　M91：3，内底可见轮制痕迹。红褐色胎。外壁釉面有冰裂纹。口径 14.6、足径 5.5、高 6.4 厘米（图一〇四，3；彩版五一，3）。

　　M91：4，鸡心底。内部底部有垫烧痕迹，腹部和圈足交界处有旋削痕迹。灰色胎。釉层不均，轻微流釉。口径 15.4、足径 5.6、高 6.7 厘米（图一〇四，4；彩版五一，4）。

# 九二　M92

## （一）墓葬形制

M92 位于发掘区的西南部，探方 T1816 的中部，北距 M91 约 3 米。开口于 ⑪ 层下，距地表约 3 米，向下打破生土层。竖穴土坑单棺墓。方向 13°。开口平面略呈梯形。墓口长 2.74、宽 0.91 ～ 1.19 米；墓底长 2.34、宽 0.75 ～ 1 米；深 1.3 ～ 1.5 米。墓坑口大底小，四壁从墓口向下斜直内收，壁面略光滑，墓底较平整。墓内填土为灰黄色土，土质略疏松，稍软。

葬具为单木棺，保存较差。平面略呈梯形，长 2.05、头端宽 0.81、足端宽 0.61、高 0.54 米。盖板已朽不存。前后挡板均仅残存一块木板，以榫卯形式嵌入两侧帮板的凹槽之内。前挡板长 0.51、高 0.21、厚 0.04 米；后挡板长 0.4、高 0.16、厚 0.04米。两侧帮板均仅由一块木板制成，从底板斜向上内扣。帮板长 1.7 ～ 1.74、高 0.35 ～ 0.41、厚 0.05 米。底板由两块木板长边并排拼合而成。底板长 1.9、宽 0.47 ～ 0.77、厚 0.05 米。棺座处于底板之下，由四块木板拼接而成，形成一长方形木框。棺座长 2.01、宽 0.61 ～ 0.81、高 0.07 米。棺内底部铺一层草木灰，厚 0.02 米。墓主人骨架保存较差，葬式、头向、面向等均不详。头骨已碎为残片，肋骨、脊椎骨、盆骨、上肢骨已腐朽，残存少部分下肢骨，平放木棺内南部。

墓内共计出土 4 件（组）随葬品，其中 1 件釉陶罐处于墓坑北部生土台上，2 件青瓷碗处于木棺内东北角，1 组铜钱处于木棺内底部草木灰中（图一〇五）。

## （二）出土遗物

共 4 件（组），含釉陶罐、青瓷碗和铜钱等类。

釉陶罐　1 件。

M92：1，圆方唇，唇下一周略凹，微侈口，束颈，溜肩，鼓腹，下腹斜收，平底略内凹。素面。红褐色胎。内外壁施酱釉，满釉，釉层大部分脱落。口径 8.2、底径 10.5、最大径 18.1、高 22.2 厘米（图一〇五，1；彩版四九，2）。

青瓷碗　2 件。敞口，斜弧腹，鸡心底，圈足。素面。内外底不施釉。

M92：2，厚尖唇，内底有一"X"形符号。外壁可见轮制痕迹。红褐色胎。施青釉。口径 14.8、足径 5.9、高 6.6 厘米（图一〇五，2；彩版四九，3）。

M92：3，厚圆唇。内壁上部和底部饰模印莲花纹，中部饰莲池鸳鸯纹。内底有垫烧痕迹，外部足底有明显旋削痕迹。浅灰色胎。施青灰色釉。口径 15.5、足径 6.5、高 7.5 厘米（图一〇五，3；彩版四九，4）。

铜钱　1 组 6 枚。5 枚完整，1 枚断为两半。圆形方穿，正背皆有外郭与穿郭，光背。

M92：4-1，正面有文字，但锈蚀严重无法识读。直径 2.5、穿径 0.7、厚 0.1 厘米，重 2.1 克。

M92：4-2，正面可识读"元□通宝"。直径 2.4、穿径 0.7、厚 0.1 厘米，重 2.7 克（图一〇五，4）。

M92：4-3，正面有文字，但锈蚀严重无法识读。直径 2.4、穿径 0.6、厚 0.1 厘米，重 3 克。

M92：4-4，正面有文字，但锈蚀严重无法识读。直径 2.3、穿径 0.7、厚 0.1 厘米，重 2.4 克。

M92：4-5，正面有文字，但锈蚀严重无法识读。直径 2.4、穿径 0.6、厚 0.1 厘米，重 2.7 克。

M92：4-6，残断。正面可识读"元宝"，余字不清。直径 2.4、穿径 0.6、厚 0.1 厘米，重 2.5 克。

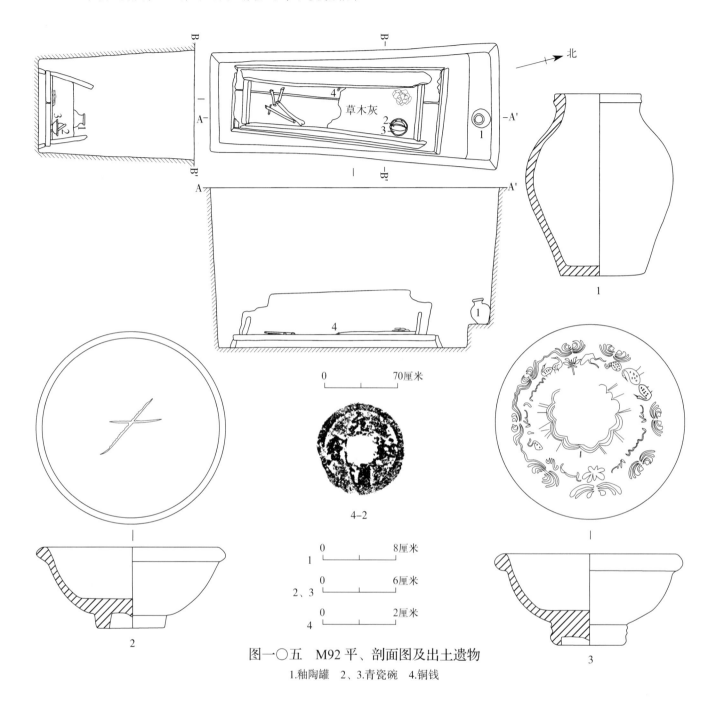

图一〇五　M92 平、剖面图及出土遗物
1.釉陶罐　2、3.青瓷碗　4.铜钱

# 九三　M93

## （一）墓葬形制

M93 位于发掘区的西南部，探方 T1817 的中南部，南距 M92 约 3 米。开口于⑪层下，距地表约 3.1 米，向下打破生土层。M93 打破 M91，与 M91 同属异穴合葬墓。竖穴土坑单棺墓。方向 18°。开口平面略呈长方形。墓口长 1.23、宽 0.57～0.63 米；墓底长 1.13、宽 0.5～0.57 米；深 0.8 米。墓坑口大底小，墓壁向下微收，壁面粗糙，墓底较平整。墓内填土为灰黄色土，土质较疏松，稍软。

葬具为单木棺，保存极差。平面略呈梯形，长 1.06、头端宽 0.4、足端宽 0.34、高 0.04 米。盖板、前后挡板、帮板均已朽不存。底板由三块木板长边并排拼合而成。底板长 1.06、宽 0.34～0.4、厚 0.02

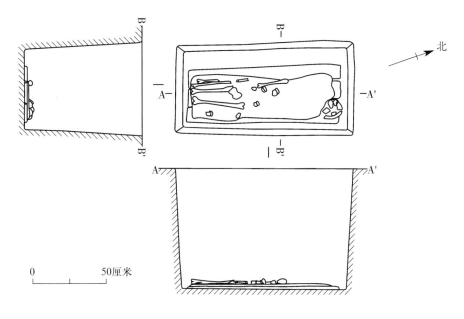

图一〇六　M93 平、剖面图

米。墓主人骨保存较差，有明显人为摆放痕迹，为二次迁葬，头向东北，面向不详。头骨已碎为残片，可见凌乱椎骨及肋骨，上下肢骨平放于棺内两侧（图一〇六；彩版五〇，4）。

墓内无随葬品出土。

## （二）出土遗物

无出土遗物。

# 九四　M94

## （一）墓葬形制

M94 位于发掘区的西南部，探方 T1816 的中南部，北距 M92 约 5 米。开口于⑪层下，距地表约 3 米，向下打破生土。竖穴土坑单棺墓。方向 18°。开口平面略呈梯形。墓口长 2.46、宽 0.71 ～ 0.93 米；墓底长 2.28、宽 0.58 ～ 0.76 米；深 1.13 ～ 1.22 米。墓坑口大底小，四壁从墓口向下斜直内收，壁面略光滑，墓底较平整。墓内填土为灰黄色土，土质略疏松，稍软。

葬具为单木棺，保存较差。平面略呈梯形，长 1.91、头端宽 0.61、足端宽 0.47、高 0.2 米。盖板、前后挡板已朽不存。两侧帮板均仅残存一块木板，从底板斜向上。帮板长 1.6 ～ 1.7、高 0.61 ～ 0.93、厚 0.02 米。底板由三块木板长边并排拼合而成。底板长 1.84、宽 0.42 ～ 0.56、厚 0.03 米。棺座处于底板之下，由四块木板拼接而成，形成一长方形木框。棺座长 1.91、宽 0.47 ～ 0.61、高 0.07 米。棺内底部铺一层草木灰，厚 0.02 米。墓主人骨架保存较差，葬式为仰身直肢葬，头向北，面向不详。头骨已碎，移位至棺中部，肋骨、脊椎骨已腐朽不存，上肢骨残存部分碎块，平放两侧，下肢骨放置在中下部，两腿内收。

墓内出土 2 件随葬品，其中 1 件釉陶罐处于木棺前挡板外中部，1 枚铜钱处于木棺内中部（图一〇七）。

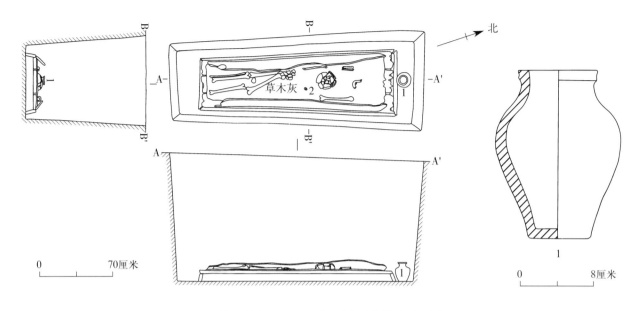

图一〇七　M94 平、剖面图及出土遗物
1.釉陶罐　2.铜钱

## （二）出土遗物

共 2 件，含釉陶罐和铜钱两类。

釉陶罐　1 件。

M94：1，方唇，微侈口，束颈，溜肩，鼓腹，下腹斜收，平底。素面。外壁可见轮制痕迹。红褐色胎。内外壁施酱釉，釉层大部分已脱落。口径 6.8、底径 7.1、最大径 14.3、高 19.1 厘米（图一〇七，1；彩版五一，5）。

铜钱　1 枚。

M94：2，完整。圆形方穿，正背皆有外郭与穿郭。锈蚀严重，正背模糊不清。直径 2.2、穿径 0.6、厚 0.1 厘米，重 2.3 克。

# 九五　M95

## （一）墓葬形制

M95 位于发掘区的西南部，探方 T1815 的东北角，西距 M94 约 2 米。开口于⑪层下，距地表约 3 米，向下打破生土层。M95 打破 M96，与 M96 同属异穴合葬墓。竖穴土坑单棺墓。方向 30°。开口平面略呈梯形。墓口长 2.12、宽 0.6～0.85 米；墓底长 2.05、宽 0.53～0.77 米；深 0.8 米。墓坑口大底小，墓壁向下微收，壁面粗糙，墓底较平整。墓内填土为灰黄色土，土质较疏松，稍软。

葬具为单木棺，保存极差。平面略呈梯形，长 1.92、头端宽 0.55、足端宽 0.3、高 0.08 米。盖板、前挡板已朽不存。后挡板仅残存一块木板，以榫卯形式嵌入两侧帮板的凹槽之内。后挡板长 0.23、高 0.09、厚 0.02 米。两侧帮板均仅残存一块木板，从底板斜直向上。帮板长 1.89～1.9、高 0.07～0.08、厚 0.02 米。底板仅残存两个横向木条。底板长 0.3 和 0.4、宽 0.03、厚 0.02 米。墓主人骨架保存极差，

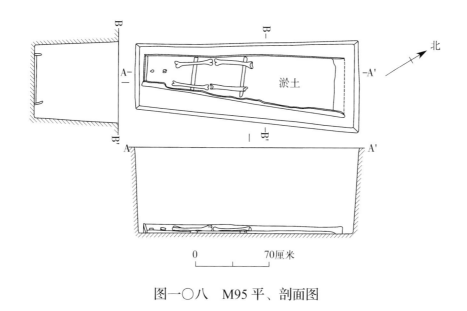

图一〇八 M95平、剖面图

葬式、头向、面向等均不详。头骨及上肢骨已朽不存，下肢骨仅存骨渣及骨沫，平放于棺内两侧（图一〇八；彩版五二，1）。

墓内无随葬品出土。

## （二）出土遗物

无出土遗物。

# 九六　M96

## （一）墓葬形制

M96位于发掘区的西南部，探方T1815的东北角，西距M94约2米。开口于⑪层下，距地表约3米，向下打破生土层。M96被M95打破，与M95同属异穴合葬墓。竖穴土坑单棺墓。方向7°。开口平面略呈梯形。墓口长2.43、宽0.92～1.15米；墓底长2.26、宽0.8～0.98米；深1.51米。墓坑口大底小，墓壁向下微收，壁面修整得较平，墓底较平整。墓内填土为灰黄色土夹青灰色土，土质较疏松，稍软。

葬具为单木棺，保存一般。平面略呈梯形，长2.03、头端宽0.88、足端宽0.62、高0.78米。前后挡板均由两块木板拼合而成，以榫卯形式嵌入两侧帮板的凹槽之内。前挡板长0.55、高0.47、厚0.03米；后挡板长0.36、高0.49、厚0.03米。两侧帮板均由一块木板制成，从底板斜向上略向棺内弧收。帮板长1.93、高0.56、厚0.08米。底板由两块木板长边并排拼合而成。底板长1.99、宽0.58～0.82、厚0.03米。棺座处于底板之下，由木板拼接围成一周，形成一长方形木框。棺座长2.03、宽0.62～0.88、高0.18米。棺内底部铺一层草木灰，厚0.02～0.03米。墓主人骨保存较差，葬式为仰身直肢葬，头向、面向不详。头骨已碎为残片，移位于墓主双膝处，上下肢骨稍有移位，平放于棺内两侧。

墓内共计出土4件随葬品，其中1件釉陶罐处于前挡外底板西北角，2件青瓷碗处于木棺内东北角，呈对扣状，1枚铜钱在木棺内墓主右手骨处（图一〇九；彩版五二，2）。

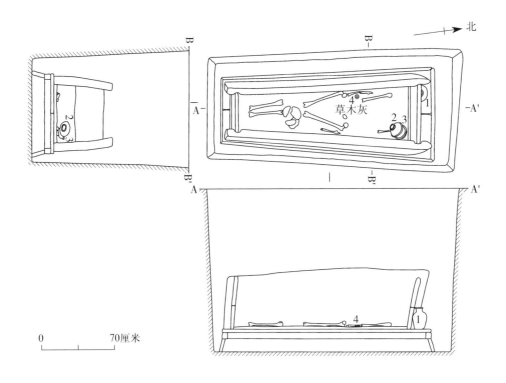

图一〇九　M96 平、剖面图
1.釉陶罐　2、3.青瓷碗　4.铜钱

## （二）出土遗物

共 4 件，含釉陶罐、青瓷碗和铜钱等。

釉陶罐　1 件。

M96：1，圆方唇，侈口，束颈，弧肩，鼓腹，下腹斜收，平底略内凹，口部略变形。素面。肩颈处有少量切削痕迹。红褐色胎。器表施酱釉，内壁和外底无釉。口径 10、底径 9、最大径 16.7、高 19 厘米（图一一〇，1；彩版五三，1）。

青瓷碗　2 件。敞口，斜弧腹，圈足。施青釉，釉面见棕眼。

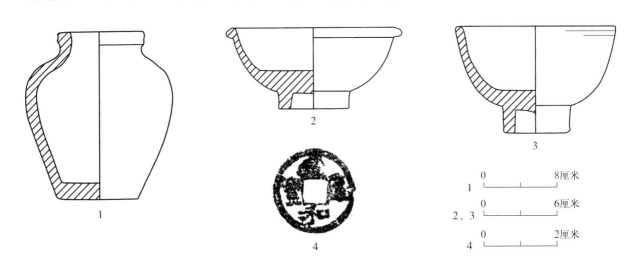

图一一〇　M96 出土遗物
1.釉陶罐（M96：1）　2、3.青瓷碗（M96：2、3）　4.铜钱（M96：4）

M96：2，尖圆唇。素面。灰色胎。内外底和圈足不施釉。口径 13.4、足径 5.7、高 6.8 厘米（图一一〇，2；彩版五三，2）。

M96：3，圆方唇，鸡心底。外壁近口沿处饰两周刻划弦纹。内外壁可见轮制痕迹，足内部分有旋削。灰白色胎。外底不施釉。口径 12.2、足径 5.7、高 8.7 厘米（图一一〇，3；彩版五三，3）。

铜钱　1 枚。

M96：4，完整。圆形方穿，正背皆有外郭与穿郭，正面直读"宣和通宝"，光背。直径 2.4、穿径 0.7、厚 0.1 厘米，重 2.6 克（图一一〇，4）。

# 九七　M97

## （一）墓葬形制

M97 位于发掘区的西南部，探方 T1716 的东北部。北距 M26 约 4 米。开口于⑪层下，距地表约 3.1 米，向下打破生土层。竖穴土坑双棺墓。方向 30°。开口平面略呈长方形。墓口长 2.54、宽 1.26～1.51 米；墓底长 2.41、宽 1.14～1.37 米；深 0.97～1.3 米。墓坑口大底小，墓壁向下内收，壁面修整得较平，墓底东半部高西半部低。墓内填土为灰黄土夹青灰色土，土质较疏松，稍软。

葬具为木棺，双棺合葬，保存较差。东棺平面形状已不可辨。盖板、前后挡板、帮板均已朽不存。底板残存三块木板，长边并排。底板长 1.97、头端宽 0.49、足端宽 0.32、厚 0.05 米。墓主人骨架保存极差，葬式、头向、面向等均不详。仅存两根右侧下肢骨竖向平放。西棺平面略呈梯形，长 2.02、头端宽 0.76、足端宽 0.49、高 0.06 米。盖板已朽不存。前挡板残存三块木板，后挡板残存两块木板，以榫卯形式嵌入两侧帮板的凹槽之内。前挡板长 0.49、高 0.5、厚 0.03 米；后挡板长 0.32、高 0.1、厚 0.03 米。两侧帮板均由一块木板制成，从底板斜直向上。帮板长 1.86～1.92、高 0.32～0.51、厚 0.04～0.08 米。底板由三块木板长边并排拼合而成。底板长 1.98、宽 0.49～0.76、厚 0.04 米。棺座处于底板之下，由四块木板拼接而成，形成一长方形木框，足端棺座板已不存。棺座长 2.02、宽 0.49～0.76、高 0.05 米。棺内底部铺一层草木灰，厚 0.01～0.03 米。墓主人骨架保存较差，葬式为仰身直肢葬，头向南，面向不详。头骨碎裂，移位于墓主右手骨处，上肢骨平放于棺内两侧，下肢骨双膝分开，竖向平放。

墓内共计出土 6 件（组）随葬品，其中 1 件釉陶罐处于西棺前挡外底板东北角，2 件青瓷碗处于西棺内东北角，1 组铜钱和 2 件铁秤砣均处于西棺内墓主人右臂处（图一一一）。

## （二）出土遗物

共 6 件（组），含釉陶罐、青瓷碗、铜器和铁秤砣等。

釉陶罐　1 件。

M97：1，圆方唇，直口，束颈，弧肩，鼓腹，下腹斜收，平底。下腹部有三周凸弦纹。外壁有轮制痕迹。红褐色胎。器身施酱釉，釉面粗糙无光，密布杂质颗粒，外底及内壁口沿以下无釉。口径 10、底径 9、最大径 18、高 20.5 厘米（图一一二，1；彩版五四，1）。

青瓷碗　2 件。敞口，斜弧腹，圈足。内底有垫烧痕迹。浅灰色胎。器身内外施青灰色釉。

M97：2，斜方唇。外壁底部饰两周弦纹。内外底和圈足无釉。口径 11.7、足径 4.3、高 5.8 厘米（图一一二，2；彩版五四，2）。

M97：3，厚圆唇，鸡心底。素面。内外底及圈足内壁无釉，釉面有细密开片。口径 15.3、足径 6、

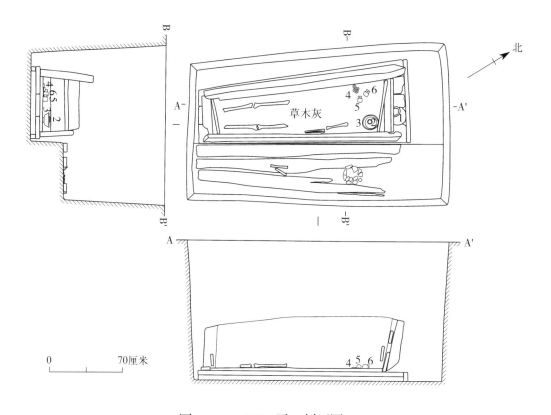

**图一一一  M97 平、剖面图**

1.釉陶罐  2、3.青瓷碗  4.铜钱  5、6.铁秤砣

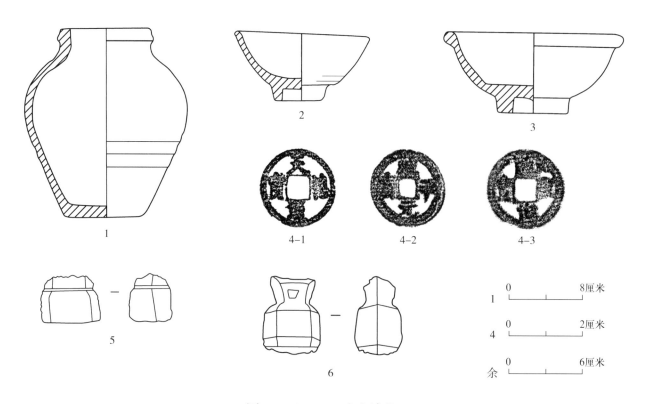

**图一一二  M97 出土遗物**

1.釉陶罐（M97：1）  2、3.青瓷碗（M97：2、3）  4.铜钱（M97：4-1~4-3）  5、6.铁秤砣（M97：5、6）

高 6.5 厘米（图一一二，3；彩版五四，3）。

铜钱　1 组 4 枚。1 枚字迹较为清晰，3 枚锈蚀严重，字迹模糊。圆形方穿，光背。

M97：4-1，天禧通宝，正面及穿有郭，背面无郭，正面旋读楷书"天禧通宝"。直径 2.2、穿径 0.6、厚 0.1 厘米，重 2.8 克（图一一二，4-1）。

M97：4-2，正背皆有外郭与穿郭，正面旋读楷书"咸平元宝"字。直径 2.2、穿径 0.5、厚 0.1 厘米，重 2.1 克（图一一二，4-2）。

M97：4-3，正背皆有外郭与穿郭，正面锈蚀严重，字迹模糊。直径 2、穿径 0.6、厚 0.1 厘米，重 1.9 克（图一一二，4-3）。

M97：4-4，正面及穿有郭，背面无郭，正面锈蚀严重，字迹模糊。直径 2.1、穿径 0.7、厚 0.1 厘米，重 1.8 克。

铁秤砣　2 件。束颈，砣身为不规则六边形。

M97：5，砣首呈倒置梯形，方孔，圜底。长 4.3、宽 2.8、高 6 厘米，重 287.5 克（图一一二，5；彩版五四，4）。

M97：6，砣首断裂，近平底。长 4.9、宽 2.9、高 3.5 厘米，重 251.6 克（图一一二，6；彩版五四，5）。

# 九八　M98

## （一）墓葬形制

M98 位于发掘区的西南部，探方 T1716 的中南部，东北距 M97 约 3 米。开口于⑪层下，距地表约 3 米，向下打破生土层。竖穴土坑单棺墓。方向 41°。开口平面略呈梯形。墓口长 2.2、宽 0.62～0.83 米；墓底长 2.06、宽 0.54～0.73 米；深 0.9 米。墓坑口大底小，四壁向下斜直内收，壁面略光滑，墓底较平整。墓内填土为灰黄色土，土质略疏松，稍软。

葬具为单木棺，保存较差。平面略呈梯形，长 1.8、头端宽 0.67、足端宽 0.39、高 0.19 米。盖板、后挡板已朽不存。前挡板仅残存一块木板，以榫卯形式嵌入两侧帮板的凹槽之内。前挡板长 0.03、高 0.06、厚 0.02 米。两侧帮板均仅残存下部分少许木块。帮板长 1.68、高 0.07～0.09、厚 0.02 米。底板残存三块木板，长边并排拼合，之下有两块横板加固。底板长 1.76、宽 0.3～0.63、厚 0.03 米。棺座处于底板之下，由四块木板拼接而成，形成一长方形木框，足端处棺座板已不存。棺座长 1.81、宽 0.39～0.67、高 0.07 米。棺内底部铺一层草木灰，厚 0.02 米。墓主人骨架保存较差，葬式为仰身直肢葬，头向东北，面向不详。头骨、肋骨、脊椎骨、盆骨已不存，仅残存下肢骨放置在棺内底部，两腿内收。

墓内出土 1 件釉陶罐，处于木棺前挡板外东北角（图一一三）。

## （二）出土遗物

共 1 件。

釉陶罐　1 件。

M98：1，圆方唇，直口，束颈，溜肩，鼓腹，下腹斜收，平底。颈部有散乱拍印弦纹，肩部有莲花形切削圆痕。红褐色胎。器表施酱釉，施釉不均，釉不及底且有流釉现象，内壁不施釉。口径 8、底径 6.5、最大径 14.5、高 19.3 厘米（图一一三，1；彩版五三，4）。

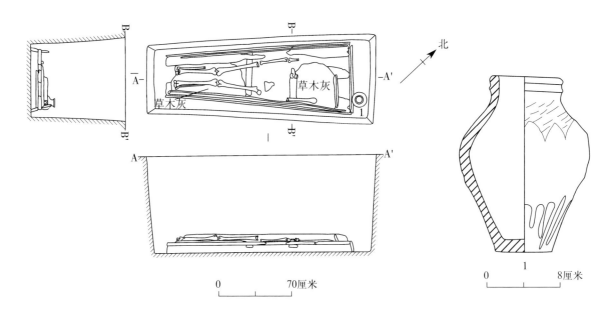

图一一三　M98 平、剖面图及出土遗物
1.釉陶罐

# 九九　M99

## （一）墓葬形制

M99位于发掘区的西南部，探方T2115的东南部，北距M101约3米。开口于⑪层下，距地表约3米，向下打破生土层。竖穴土坑单棺墓。方向33°。开口平面略呈梯形。墓口长2.46、宽0.83～0.99米；墓底长2.32、宽0.73～0.87米；深1.17米。墓坑口大底小，四壁从墓口向下斜直内收，壁面略光滑，墓底较平整。墓内填土为灰黄色土，土质略疏松，稍软。

葬具为单木棺，保存较好。平面略呈梯形，长2.06、头端宽0.75、足端宽0.6、高0.8米。盖板由三块木板长边并排拼合而成，整体以榫卯形式扣合于棺身之上。盖板长2.06、头端宽0.65、足端宽0.55、厚0.06米。前后挡板均残存两块木板，以榫卯形式嵌入两侧帮板的凹槽之内。前挡板长0.45、高0.38、厚0.05米；后挡板长0.34、高0.3、厚0.05米。两侧帮板均由两块木板拼合而成，从底板斜直向上略向内扣。帮板长1.9～2、高0.53、厚0.08米。底板由三块木板长边并排拼合而成。底板长2.02、宽0.55～0.71、厚0.05米。棺座处于底板之下，由四块木板拼接而成，形成一长方形木框，头端棺座板已不存。棺座长2.06、宽0.6～0.75、高0.12米。棺内底部铺一层草木灰，厚0.03～0.06米。墓主人骨架已朽不存，大量骨渣分布于棺内北部，葬式、头向、面向等均不详（图一一四）。

墓内无随葬品出土。

## （二）出土遗物

无出土遗物。

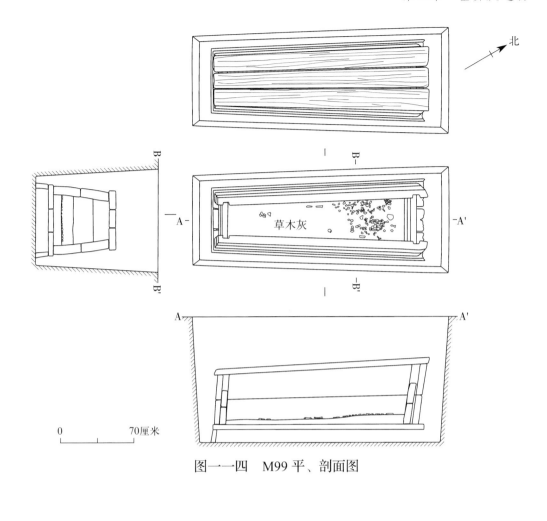

图一一四　M99 平、剖面图

## 一〇〇　M100

### （一）墓葬形制

M100 位于发掘区的西南部，探方 T1920 的中南部，东南距 M89 约 5 米。开口于⑪层下，距地表 3.1 米，向下打破生土层。M100 南侧被 M88 打破，与 M88 同属异穴合葬墓。竖穴土坑塔形砖室墓。方向 110°。开口平面略呈方形。墓口长 1.22、宽 1 米；墓底长 0.9、宽 0.9 米；深 0.94 米。墓坑口大底小，四壁从墓口向下斜直内收，壁面较为光滑，壁面残留有黑灰色痕迹。墓内填土为黄褐色土夹黑灰色的土块，土质疏松，较软。

塔形砖室墓，保存较好顶部高出墓坑开口面 0.12 米。下部为方形，上部呈多边形。南北长 0.8、东西宽 0.7、高 1.12 米。由青灰色长方形条砖垒砌而成。条砖规格为 0.21～0.23×0.09～0.1×0.04～0.05 厘米。底部为方形塔基，先用顺砖平铺于墓圹底部一层，中心为一近方形半砖，四周为顺砖以"回"字形旋转平铺成方形。其上为顺砖错缝逐层叠砌六层，绕方形底砖一周形成塔基的四壁。塔基南北长 0.8、东西宽 0.7、高 0.34 米。在方形塔基的东壁中间，用条砖逐层垒砌时预留有一高 0.2、宽 0.15 米的长方形门洞。方形塔基之上为多边形塔身，用条砖顺砖层叠垒砌成平面呈圆弧状并逐层向上转角错缝叠涩内收的，共计 18 层，高 0.78 米。塔身第一层由八块整砖和两块碎砖平铺于塔基之上，转角平砌，两砖相邻短边内侧紧贴，外侧外撇，使塔身内壁呈八边形。第二层为八块整砖和一块碎砖，内壁为八边形。第三层为八块砖，内壁为八边形。第四层为七块整砖和一块半砖，内壁为八边形。

第五层为七块整砖，内壁为七边形。第六层为六块整砖和一块半砖，内壁为七边形。第七层为六块，内壁为六边形。第八层为六块整砖，内壁为六边形。第九层为五块整砖，内壁为五边形。第十层为五块整砖，内壁为五边形。第十一层为十块碎砖，围成圆形。第十二层为四块整砖和一块半砖，围成一圈近似方形。第十三层为四块整砖，围成方形。第十四层为三块整砖和一块半砖，围成长方形一周。该层砖塔的中空塔身已至顶部，条砖叠涩内收呈一长 0.2、宽 0.1 米左右的小孔。塔身第十五层为四块平砖西北—东南向对缝横铺。第十六层为三块平砖西北—东南向对缝横铺。第十七层为两

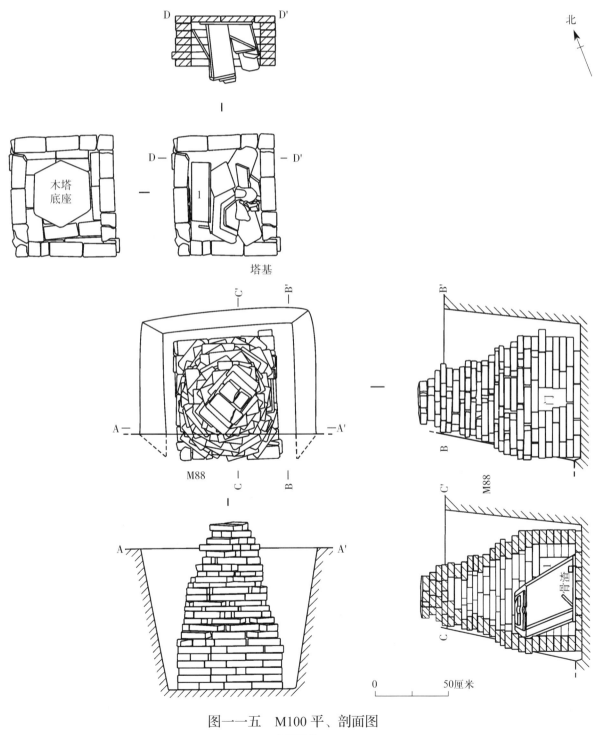

图一一五　M100 平、剖面图

1.木买地券

块平砖西北—东南向对缝横铺。第十八层即顶层为两块平砖西北—东南向对缝横铺。顶部四层逐层内收形成塔尖。砖缝之间用黑灰抹砌黏合。

塔形砖室墓内部为六边形木塔，已朽塌。砖塔塔基内底部中央平置近似六边形的木塔塔基，由三块木板拼成。木塔基边长 0.2～0.27、厚 0.02 米。木塔基之上为六块薄木板以榫卯结构插入塔基木板之中，围成六边形塔身，厚 0.02、高 0.4 米。其上为三层六边形木板逐层内收形成塔顶，每一层均由两块等腰梯形的木板拼成六边形，每层厚 0.02 米。塔顶第一层木板置于塔身之上，四周突出塔身 0.01 米。再其上第二层边长 0.12 米，第三层边长 0.08 米。在三层木板构成的塔顶正中心有一直径 0.05 米的孔槽。孔槽中原应嵌插宝珠形塔尖。塔尖木构件已残破掉落，为两瓣木块组成桃形宝珠顶。宝珠直径 0.15 米，其下为束腰，直径 0.05 米，再其下为塔尖木构件的圆盘底座，直径 0.1 米。推测六边形木塔原高度在 0.65 米左右。木塔内部中空，残留有长 0.2、宽 0.1、厚 0.02 米的腐朽木板，部分木板四周还残存榫卯拼接的槽痕。木板之下为火化后的人骨残渣以及一些细小石子颗粒，厚 0.03 米。推测这些木板为盛放骨灰的木盒。

墓内出土 1 方木买地券，处于砖室内底部西侧（图一一五；彩版五五，1～4）。

（二）出土遗物

共 1 件。

木买地券　1 方。

M100：1，木质。残缺。平面呈长方形。文字已漫漶不清。长 38、宽 25、厚 1 厘米（彩版五五，5）。

# 一〇一　M101

（一）墓葬形制

M101 位于发掘区的西南部，探方 T2115 中西部，南距 M99 约 3 米。开口于⑪层下，距地表约 2.8 米，向下打破生土层。M101 打破 M102，与 M102 同属异穴合葬墓。竖穴土坑单棺墓。方向 40°。开口平面略呈梯形。墓口长 2.7、宽 0.83～1.1 米；墓底长 2.46、宽 0.70～1 米；深 1.55 米。墓坑口大底小，四壁向下斜直内收，壁面略光滑，墓底较平整。墓内填土为灰黄色土，土质略疏松，稍软。

葬具为单木棺，保存较好。平面略呈梯形，长 2.06、头端宽 0.84、足端宽 0.69、高 0.85 米。盖板由一块木板制成，整体以榫卯形式扣合于棺身之上。盖板长 2.05、头端宽 0.68、足端宽 0.55、厚 0.07 米。前后挡板均由一块木板制成，以榫卯形式嵌入两侧帮板的凹槽之内。前挡板长 0.49、高 0.6、厚 0.05 米；后挡板长 0.38、高 0.52、厚 0.05 米。两侧帮板均由一块木板制成，从底板斜直向上，略内扣。帮板长 1.97～2、高 0.59、厚 0.09 米。底板由两块木板长边并排拼合而成。底板长 2、宽 0.63～0.71、厚 0.08 米。棺座处于底板之下，由四块木板拼接而成，形成一长方形木框。棺座长 2.06、宽 0.69～0.84、高 0.12 米。棺内底部铺一层草木灰，厚 0.02 米。墓主人骨架保存较好，葬式为仰身直肢葬，头向东北，面朝上。头骨平放在木棺北部，下颌骨移位至头骨北部，脊椎骨处在上肢骨中间，较完整，肋骨由上至下排列整齐，肋骨下方紧挨盆骨，盆骨完整，下肢骨平放棺底南部，略内收。

墓内共计出土 4 件（组）随葬品，其中 1 件釉陶罐处于木棺前挡板外西北侧，1 方砖买地券处于前挡板外底板上中部，1 件银簪处于棺内墓主头部，1 组铜钱处于棺内墓主右手骨处（图一一六；彩版五六，1）。

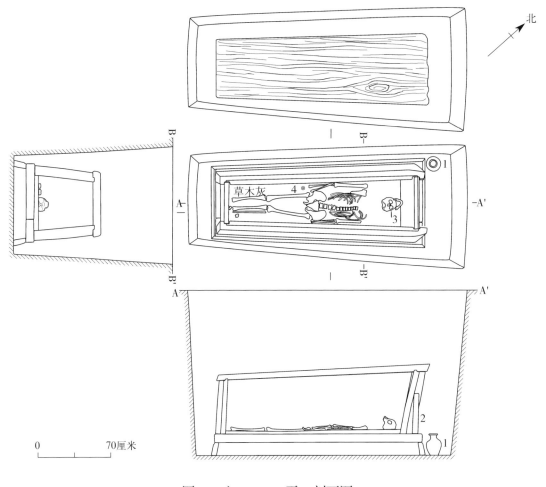

图一一六　M101 平、剖面图

1.釉陶罐　2.砖买地券　3.银簪　4.铜钱

（二）出土遗物

共 4 件（组），含釉陶罐、砖买地券、银簪和铜钱等。

釉陶罐　1 件。

M101：1，方唇，直口，束颈，溜肩，鼓腹，下腹斜收，平底，口沿处有变形。上腹部饰拍印圆痕，下腹部饰数周凸弦纹。口沿和颈部可见轮制痕迹。红褐色胎。器表及口沿内壁施酱釉，施釉不均，釉层大部分脱落，有流釉现象。口径 8.5、底径 4.8、最大径 12.3、高 16 厘米（图一一七，1；彩版五七，1）。

银簪　1 件。

M101：3，氧化呈灰黑色，手工打造。通体呈锥形，簪首略微收缩小于簪颈，尾端包裹一层不知名物质，表面鎏金部分脱落。长 7.5、宽 0.3 厘米，重 1.5 克（图一一七，3；彩版五七，2）。

铜钱　1 组 22 枚。其中 12 枚字迹较为清晰，其余字迹较为模糊且有残缺损坏。圆形方穿。正背皆有外郭与穿郭，光背。

M101：4-1，太平通宝。正面直读隶书"太平通宝"，光背。直径 2.2、穿径 0.6、厚 0.13 厘米，重 2.2 克（图一一七，4-1）。

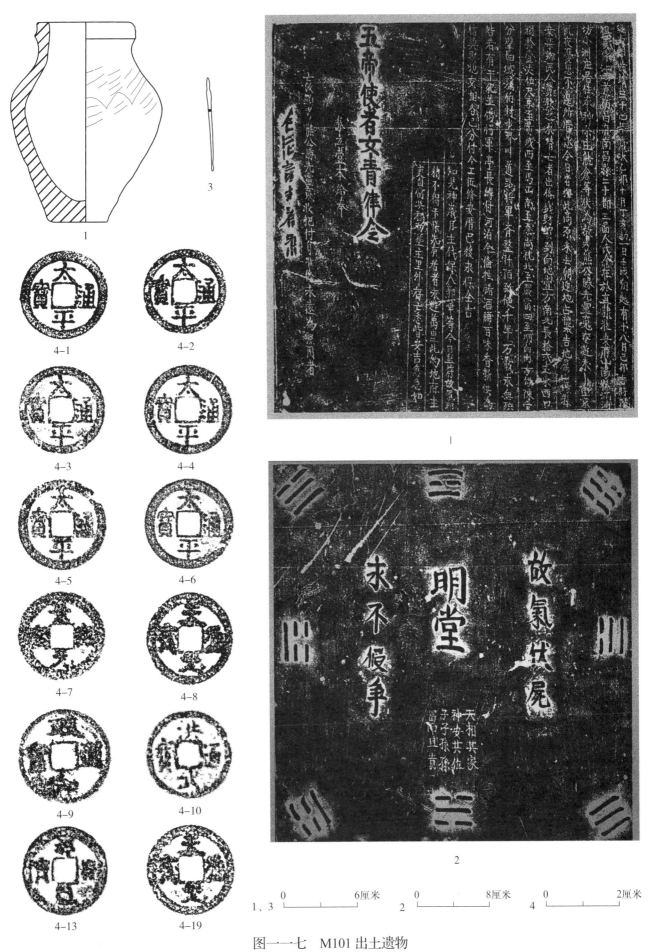

图一一七　M101 出土遗物

1.釉陶罐（M101：1）　　2.砖买地券（M101：2）　　3.银簪（M101：3）　　4.铜钱（M101：4-1～4-10、4-13、4-19）

M101：4-2，太平通宝。正面直读隶书"太平通宝"，光背。直径 2.4、穿径 0.6、厚 0.11 厘米，重 2.1 克（图一一七，4-2）。

M101：4-3，太平通宝。正面直读隶书"太平通宝"，光背。直径 2.3、穿径 0.6、厚 0.13 厘米，重 3.5 克（图一一七，4-3）。

M101：4-4，太平通宝。正面直读隶书"太平通宝"，光背。直径 2.4、穿径 0.6、厚 0.15 厘米，重 1.6 克（图一一七，4-4）。

M101：4-5，太平通宝。正面直读隶书"太平通宝"，光背。直径 2.45、穿径 0.6、厚 0.12 厘米，重 2.2 克，右上有缺口（图一一七，4-5）。

M101：4-6，太平通宝。正面直读隶书"太平通宝"，光背。直径 2.3、穿径 0.6、厚 0.11 厘米，重 2.1 克（图一一七，4-6）。

M101：4-7，景德元宝。正面旋读楷书"景德元宝"，光背。直径 2.3、穿径 0.6、厚 0.1 厘米，重 2.9 克（图一一七，4-7）。

M101：4-8，天圣元宝。正面旋读楷书"天圣元宝"，光背。直径 2.3、穿径 0.6、厚 0.14 厘米，重 2.3 克（图一一七，4-8）。

M101：4-9，政和通宝。正面直读楷书"政和通宝"，光背。直径 2.3、穿径 0.6、厚 0.1 厘米，重 2 克（图一一七，4-9）。

M101：4-10，洪武通宝。正面直读楷书"洪武通宝"，光背。直径 2.2、穿径 0.6、厚 0.14 厘米，重 2.1 克（图一一七，4-10）。

M101：4-11，钱文模糊不清，光背。直径 2.3、穿径 0.6、厚 0.13 厘米，重 2.3 克。

M101：4-12，钱文模糊不清，光背。直径 2.3、穿径 0.6、厚 0.15 厘米，重 1.5 克。

M101：4-13，祥符通宝。正面旋读楷书"祥符通宝"，光背。直径 2.2、穿径 0.6、厚 0.13 厘米，重 2.4 克（图一一七，4-13）。

M101：4-14，钱文模糊不清，光背。直径 2.3、穿径 0.6、厚 0.12 厘米，重 2.1 克。

M101：4-15，钱文模糊不清，光背。直径 2.4、穿径 0.6、厚 0.15 厘米，重 2.7 克。

M101：4-16，钱文模糊不清，光背。直径 2.3、穿径 0.5、厚 0.15 厘米，重 2.1 克。

M101：4-17，钱文模糊不清，光背。直径 2.2、穿径 0.7、厚 0.09 厘米，重 1.7 克。

M101：4-18，正面直读楷书"大□元宝"，光背。直径 2.3、穿径 0.6、厚 0.11 厘米，重 2.8 克。

M101：4-19，天圣元宝。正面旋读楷书"天圣元宝"，光背。直径 2.4、穿径 0.6、厚 0.14 厘米，重 3.2 克（图一一七，4-19）。

M101：4-20，钱文模糊不清，光背。直径 2.4、穿径 0.5、厚 0.13 厘米，重 2.1 克。

M101：4-21，钱文模糊不清，光背。直径 2.2、穿径 0.6、厚 0.1 厘米，重 1.7 克。

M101：4-22，钱文模糊不清，光背。直径 2.3、穿径 0.6、厚 0.6 厘米，重 1.7 克。

砖买地券　1 方。

M101：2，平面为正方形。正面四边中央和四角阳刻有八卦符号。正中间为阳刻的"明堂"二字，其右侧为"故气伏尸"，其左侧为"永不侵争"。中间的"明堂"二字下方阴刻有四列小字："天相其家，神安其位，子子孙孙，富而且贵。"正面的八卦符和刻字均涂朱。买地券正面右起有阴线浅刻的纵向界栏，9 列整栏和 3 列半栏，呈曲尺形，界栏中阴刻小楷券文，字口涂朱。左侧四列券文字体较大且无界栏。边长39、厚6.7厘米（图一一七，2）。券文如下：

"维大明嘉靖三十四年，岁次乙卯，十月丁亥初一日壬戌朔，越有十八日乙卯吉时擗，/祖贯系江西道南昌府南昌县二十都三图人氏，今在于直隶淮安府山阳县满浦/坊小洲庄居住，奉神祭主熊仓等，伏为故考熊公胜先灵魂奄逝，未卜茔墓，/凤夜忧思，不遑所措。遂令日者择此高原，来去朝迎，地占袭吉，地属山阳县/安乐乡民人黄钦之原，替亡者出备钱财，买到白地壹方，南北长拾二丈，东西口/阔拾壹丈五尺，东至黄成，西至马山，南至秦尚礼，北至严富，四至明白，内方勾陈，受/分擘四域，（丘丞）墓伯，封步界畔，道路将军，齐整阡陌，致使千年万载，永无殃/咎，若有干犯，并属将军亭长缚付河泊。今备牲肴酒脯百味香新，供为/信契，财地交相，各已分付。今工匠修安厝，已后永保全吉。/知见神：岁月主，代保人：郭华等，今日直符。故气邪/精，不得干恹。先有居者，永避万里，（若违）此约，地府主/吏，自当其祸，助葬主里外存亡，悉皆安吉，急急如/（以下4列券文无界栏）五帝使者女青律令（阳刻）。/券立壹本，给奉/亡故显考熊公胜先灵魂收把付身准备，永远为照用者。/合同□□□□（六字均为半字，阳刻）。"

<h1 style="text-align:center">一〇二　M102</h1>

## （一）墓葬形制

M102位于发掘区的西南部，探方T2115中西部，南距M99约3米。开口于⑪层下，距地表约2.8米，向下打破生土层。M102被M101打破，与M101为异穴合葬墓。竖穴土坑单棺墓。方向34°。开口平面略呈梯形。墓口长2.72、宽0.8～0.97米；墓底长2.4、宽0.76～0.8米；深1.6米。墓坑口大底小，四壁向下斜直内收，壁面略光滑，墓底较平整。墓内填土为灰黄色土，土质略疏松，稍软。

葬具为单木棺，保存一般。平面略呈梯形，长2.1、头端宽0.8、足端宽0.6、高0.72米。盖板已朽不存。前后挡板均由一块木板制成，以榫卯形式嵌入两侧帮板的凹槽之内。前挡板长0.48、高0.51、厚0.06米；后挡板长0.35、高0.42、厚0.06米。两侧帮板均由一块木板制成，从底板斜直向上，略内扣。帮板长2.03、高0.48、厚0.08米。底板由两块木板长边并排拼合而成。底板长1.95、宽0.56～0.75、厚0.04米。棺座处于底板之下，由四块木板拼接而成，形成一长方形木框。棺座长2.1、宽0.6～0.8、高0.16米。棺内底部铺一层草木灰，厚0.02米。墓主人骨架保存较差，葬式为仰身直肢葬，头向东北，面向不详。头骨平放在木棺北部，下颌骨移位至头骨西南侧，脊椎骨、肋骨、盆骨已腐朽不存，上肢骨与下肢骨，残存少部分，位置凌乱。

墓内出土1件釉陶罐，处于木棺前挡板外西北侧（图一一八；彩版五六，2）。

## （二）出土遗物

共1件。

釉陶罐　1件。

M102：1，圆方唇，直口，微束颈，溜肩，鼓腹，下腹斜收，平底。上腹部饰莲花形拍印圆痕。灰色胎。器表及口沿内壁施酱釉，釉面粗糙无光。口径8.7、底径5.3、最大径12.5、高17.4厘米（图一一八，1；彩版五七，3）。

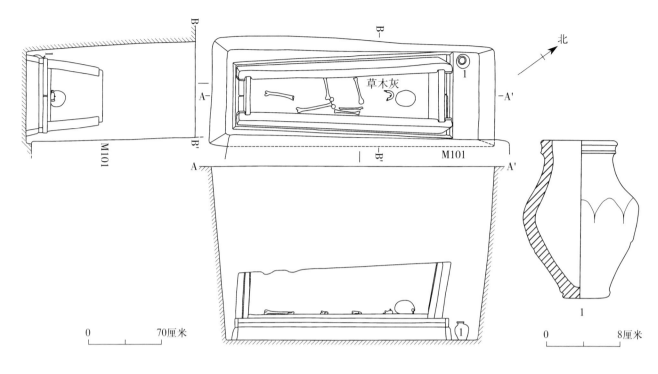

图一一八　M102 平、剖面图及出土遗物
1.釉陶罐

# 一〇三　M103

## （一）墓葬形制

M103 位于发掘区的西南部，探方 T1614 的中南部，东北距 M105 约 2 米。开口于 ⑪ 层下，距地表约 3.1 米，向下打破生土层。M103 打破 M104，与 M104 同属异穴合葬墓。竖穴土坑单棺墓。方向 143°。开口平面略呈长方形。墓口长 2.78、宽 0.68～1.1 米；墓底长 2.45、宽 0.58～0.95 米；深 1.25 米。墓坑口大底小，墓壁向下微收，壁面修整得较平直，墓底较平整。墓内填土为灰黄色沙土夹青灰色土块，土质较疏松，稍软。

葬具为单木棺，保存一般。平面略呈梯形，长 2.12、头端宽 0.74、足端宽 0.51、高 0.67 米。盖板已朽不存。前后挡板均由三块木板拼合而成，以榫卯形式嵌入两侧帮板的凹槽之内。前挡板长 0.49、高 0.45、厚 0.06 米；后挡板长 0.34、高 0.36、厚 0.05 米。两侧帮板均由两块木板拼合而成，从底板斜直向上略向内扣。帮板长 2～2.05、高 0.42、厚 0.07～0.08 米。底板由三块木板长边并排拼合而成。底板长 2.01、宽 0.47～0.69、厚 0.04 米。棺座除头端棺座板外包于底板外侧，其余均处于底板之下，由木板围成一周，形成一长方形木框。棺座长 2.12、宽 0.51～0.74、高 0.16 米。棺内底部铺一层草木灰，厚 0.01～0.02 米。墓主人骨架保存较差，葬式为仰身直肢葬，头向东南，面向不详。头骨向北移位，可见少量盆骨碎片，上肢骨放平于棺内两侧，下肢骨平放。

墓内出土 1 件釉陶罐，处于墓底东南角（图一一九；彩版五八，1）。

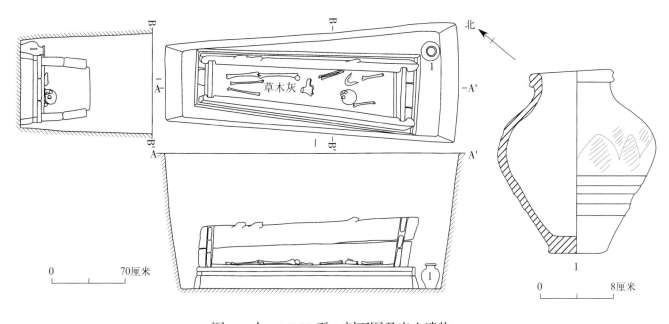

图一一九　M103 平、剖面图及出土遗物
1.釉陶罐

（二）出土遗物

共 1 件。

釉陶罐　1 件。

M103：1，方唇，直口微侈，束颈，溜肩，鼓腹，下腹斜收，平底。上腹部饰拍印圆痕及散乱弦纹，下腹部饰数周凹弦纹。外壁可见轮制痕迹。红褐色胎。器表施酱釉，釉面粗糙无光，大部分脱落。口径 9.8、底径 5.3、最大径 14.5、高 19 厘米（图一一九，1；彩版五七，4）。

# 一〇四　M104

（一）墓葬形制

M104 位于发掘区的西南部，探方 T1614 的中南部，东北距 M105 约 2 米。开口于 ⑪ 层下，距地表约 3.1 米，向下打破生土层。M104 被 M103 打破，与 M103 同属异穴合葬墓。竖穴土坑单棺墓。方向 157°。开口平面略呈长方形。墓口长 2.6、宽 0.71～1.01 米；墓底长 2.27、宽 0.63～0.91 米；深 1.25 米。墓坑口大底小，墓壁向下微收，壁面修整得较平，墓底较平整。墓内填灰黄色夹青灰色土，土质较疏松，稍软。

葬具为木棺，分外棺与内棺，保存一般。外棺平面略呈梯形，长 2.06、头端宽 0.81、足端宽 0.58、高 0.65 米。盖板已朽不存。前后挡板均由三块木板拼合而成，以榫卯形式嵌入两侧帮板的凹槽之内。前挡板长 0.53、高 0.46、厚 0.04 米；后挡板长 0.38、高 0.38、厚 0.05 米。两侧帮板均由两块木板拼合而成，从底板斜直向上略向内扣。帮板长 1.98、高 0.43、厚 0.07 米。底板由三块木板长边并排拼合。底板长 1.97、宽 0.54～0.76、厚 0.04 米。棺座除头端木板外包于底板外侧，其余均处于底板之下，木板围成一周，形成一长方形木框。棺座长 2.06、宽 0.58～0.81、高 0.15 米。内棺平面略呈梯形，长 1.7、头端宽 0.48、足端宽 0.3、高 0.4 米。盖板由四块木板长边并排拼合而成，整体以榫卯形式扣合于棺身之上。盖板长 1.76、头端宽 0.47、足端宽 0.28、厚 0.03 米。前挡板由三块木板拼合，后挡板由两块拼合，以榫卯形式嵌入两侧帮板的凹槽之内。前挡板长 0.32、高 0.32、厚 0.03 米；后挡板长 0.24、高 0.18、厚 0.03 米。两侧帮板均由两块木板拼合而成，从底板斜直向上。帮板长 1.63、高 0.35、厚 0.04 米。底板由两块木板长边并排拼合而成。底板长 1.7、宽 0.3～0.48、厚 0.03 米。棺内底部铺一层草木灰，厚 0.01～0.02 米。墓主人骨架保存较好，葬式为仰身直肢葬，头向东南，面向上。头骨已碎裂，上肢骨平放于椎骨、肋骨、盆骨两侧，下肢骨竖向平放。

墓内出土 2 件随葬品，其中 1 件釉陶罐处于墓底东南角，1 方木买地券处于木棺前挡板外底板中

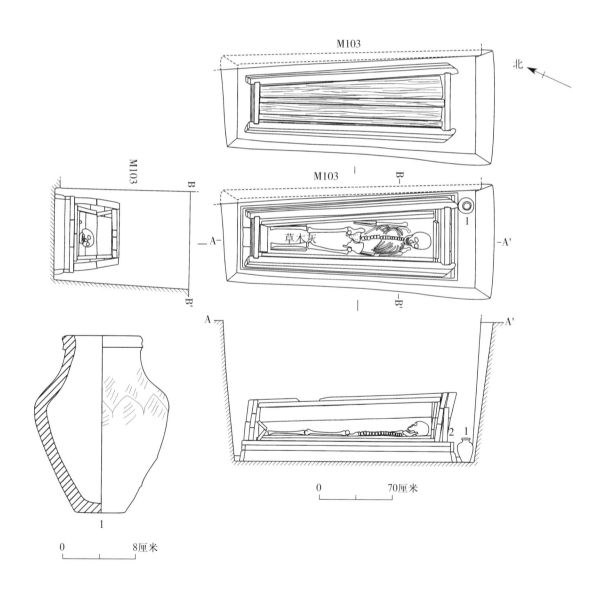

图一二〇    M104 平、剖面图及出土遗物

1.釉陶罐    2.木买地券

部（图一二〇；彩版五八，2）。

### （二）出土遗物

共 2 件，含釉陶罐和木买地券两类。

釉陶罐　1 件。

M104：1，方唇，唇下一周略凹，微侈口，束颈，溜肩，鼓腹，下腹斜收，平底。上腹部饰拍印散乱弦纹及莲花形圆痕。红褐色胎。器表及口沿内壁施酱釉，釉面粗糙无光。口径 6.6、底径 5.3、最大径 14.7、高 18.8 厘米（图一二〇，1；彩版五七，5）。

木买地券　1 方。

M104：2，木质。残缺。平面呈长方形。文字已漫漶不清。长 40.5、宽 24～27、厚 2.3 厘米（彩版五七，6）。

# 一〇五　M105

### （一）墓葬形制

M105 位于发掘区的西南部，探方 T1614 的中东部，西南距 M103 约 2 米。开口于 ⑪ 层下，距地表约 3 米，向下打破生土层。竖穴土坑单棺墓。方向 205°。开口平面略呈梯形。墓口长 2.7、宽 0.8～0.95 米；墓底长 2.55、宽 0.71～0.84 米；深 1.3 米。墓坑口大底小，四壁向下斜直内收，壁面略光滑，墓底较平整。墓内填土为黄褐色土夹灰褐色土，土质较疏松，较软。

葬具均为木棺，保存较好。平面略呈梯形，长 2.21、头端宽 0.8、足端宽 0.67、高 0.8 米。盖板由三块木板长边并排拼合而成，整体以榫卯形式扣合于棺身之上。盖板长 2.13、头端宽 0.7、足端宽 0.6、厚 0.05 米。前后挡板均由三块木板拼合而成，以榫卯形式嵌入两侧帮板的凹槽之内。前挡板长 0.35、高 0.57、厚 0.06 米；后挡板长 0.34、高 0.47、厚 0.05 米。两侧帮板均由三块木板拼合而成，从底板斜直向上略向棺内弧收。帮板长 2.12、高 0.55、厚 0.1 米。底板由五块木板长边并排拼合而成。底板长 2.13、宽 0.6～0.72、厚 0.08 米。棺座处于底板之下，由四块木板拼接而成，形成一长方形木框。棺座长 2.21、宽 0.67～0.8、高 0.13 米。棺内底部铺一层草木灰，厚 0.02～0.03 米。墓主人骨架保存较差，葬式为仰身直肢葬，头向东南，面向不详。头骨、上肢骨及下肢骨保存较为完整，骶骨、盆骨仅残存部分，且移位严重，位置较为凌乱，两臂平放于两侧，两腿竖直平放。

墓内出土 1 件釉陶韩瓶，处于墓底东南角（图一二一）。

### （二）出土遗物

共 1 件。

釉陶韩瓶　1 件。

M105：1，重唇，直口微侈，束颈，溜肩，弧腹略鼓，平底，整体略歪斜。器表与内壁有轮制旋纹。红褐色胎。器表及口沿内壁施酱釉，釉面粗糙无光，大部分脱落。口径 5.8、底径 5、最大径 12、高 19.6 厘米（图一二一，1；彩版五九，1）。

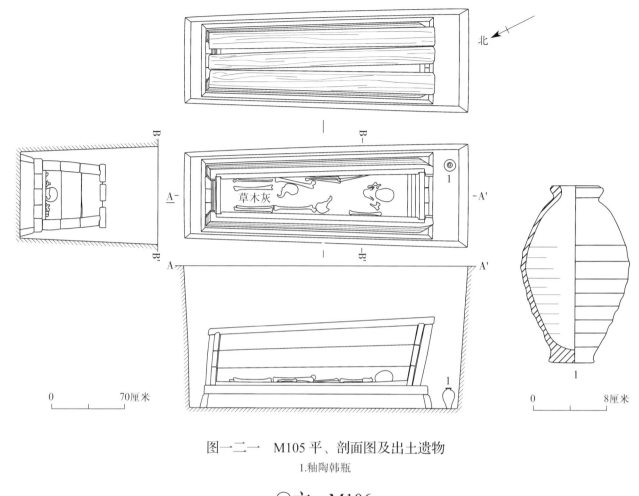

图一二一　M105 平、剖面图及出土遗物

1.釉陶韩瓶

# 一〇六　M106

## （一）墓葬形制

M106 位于发掘区的西南部，探方 T1809 的中北部，南距 M109 约 18 米。开口于⑪层下，距地表约 3 米，向下打破生土层。M106 打破 M107，与 M107 同属异穴合葬墓。竖穴土坑单棺墓。方向20°。开口平面略呈梯形。墓口长 2.57、宽 0.67～0.93 米；墓底长 2.35、宽 0.62～0.85 米；深 1.42 米。墓坑口大底小，墓壁向下微收，壁面修整得较平直，墓底较平整。墓内填土为灰黄色沙土及青灰色土块，土质较疏松，稍软。

葬具为单木棺，保存一般。平面略呈梯形，长 2.05、头端宽 0.78、足端宽 0.53、高 0.6 米。盖板已朽不存。前后挡板均由一块木板制成，以榫卯形式嵌入两侧帮板的凹槽之内。前挡板长 0.54、高 0.36、厚 0.04 米；后挡板长 0.39、高 0.38、厚 0.04 米。两侧帮板均由一块木板制成，从底板斜直向上略向内扣。帮板长 1.91～1.96、高 0.46、厚 0.07 米。底板由两块木板长边并排拼合而成。底板长 1.96、宽 0.52～0.78、厚 0.05 米。棺座头、足两端木板处于底板外侧，其余处于底板之下，由四块木板拼合，形成一长方形木框。棺座长 2.05、宽 0.53～0.78、高 0.08 米。棺内底部铺一层草木灰，厚 0.02～0.03米。墓主人骨架保存较差，葬式为仰身直肢葬，头向北，面向不详。头骨向南移位，残存上、下肢骨平放于棺内两侧。

墓内共计出土 5 件随葬品，其中 1 件釉陶罐处于墓底西北角，1 方木买地券处于木棺前挡外底板中部，2件青瓷碗处于棺内东北角，1枚铜钱处于棺内墓主左手骨处（图一二二；彩版六〇，1）。

（二）出土遗物

共5件，含釉陶罐、瓷碗、木买地券和铜钱等。

釉陶罐　1件。

M106：1，方唇，侈口，束颈，鼓肩，斜弧腹，下腹斜收，平底略内凹，口沿略残，整体略有歪斜。

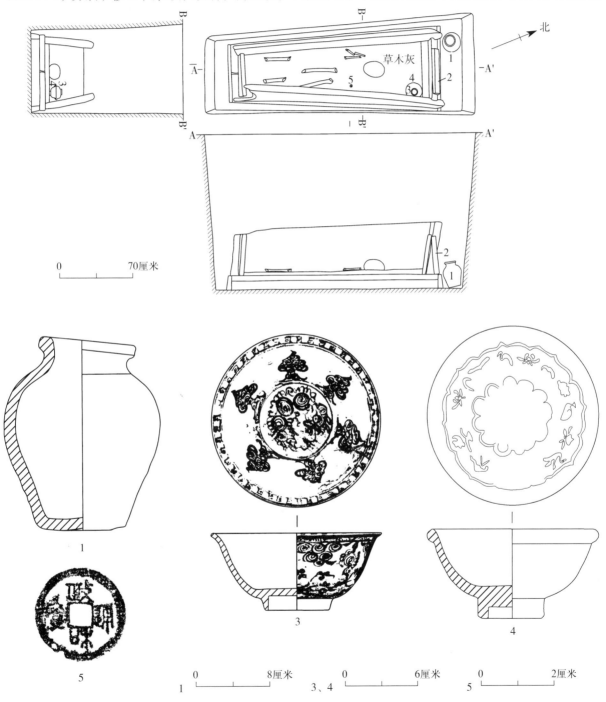

图一二二　M106平、剖面图及出土遗物

1.釉陶罐　2.木买地券　3.青花瓷碗　4.青瓷碗　5.铜钱

素面。灰色胎。器表施酱釉,外底和内壁不施釉。口径 10.6、底径 9.5、最大径 17、高 21 厘米(图一二二,1;彩版五九,2)。

青花瓷碗    1 件。

M106:3,圆唇,敞口,斜弧腹,圈足。外壁口沿处饰折线纹和两周弦纹,上腹部饰卷云纹、简笔画纹、结带纹和鱼纹,下腹部和底部饰缠枝花纹和草叶纹,圈足上饰两周弦纹,内壁口沿处饰一圈梵文和两周弦纹,内腹饰如意云纹,内底饰两周弦纹和卷云纹、动物纹。灰白色胎。满釉。口径 15.3、足径 5.7、高 6.7 厘米(图一二二,3;彩版五九,3)。

青瓷碗    1 件。

M106:4,厚圆唇,敞口,斜弧腹,圈足。内壁上部和底部饰简化莲花纹,中部饰莲花纹。内底有垫烧痕迹。浅灰色胎。施青灰色釉,内外底不施釉。口径 15.4、足径 5.8、高 7.8 厘米(图一二二,4;彩版五九,4)。

铜钱    1 枚。

M106:5,政和通宝。圆形方穿,正背皆有外郭与穿郭,正面直读篆书"政和通宝",光背。直径 2.6、穿径 0.6、厚 0.1 厘米,重 2.7 克(图一二二,5)。

木买地券    1 方。

M106:2,木质。残缺。平面呈梯形。文字已漫漶不清。长 31.5、宽 24、厚 1 厘米(彩版六一,1)。

# 一〇七    M107

## (一)墓葬形制

M107 位于发掘区的西南部,探方 T1809 的中北部,南距 M109 约 18 米。开口于 ⑪ 层下,距地表约 3 米,向下打破生土层。M107 被 M106 打破,与 M106 同属异穴合葬墓。竖穴土坑单棺墓。方向 12°。开口平面略呈梯形。墓口长 2.26、宽 0.5 ~ 0.84 米;墓底长 2.1、宽 0.48 ~ 0.8 米;深 1.33 米。墓坑东部被 M106 打破,口大底小,墓壁向下微收,壁面修整得较平直,墓底较平整。墓内填土为灰黄色沙土及青灰色土块,土质较疏松,稍软。

葬具为单木棺,保存较差。平面略呈梯形,长 1.91、头端宽 0.76、足端宽 0.44、高 0.6 米。盖板由两块木板长边并排拼合而成,仅残存一块木板,整体以榫卯形式扣合于棺身之上。盖板长 1.88、头端宽 0.26、足端宽 0.2、厚 0.06 米。前后挡板均由一块木板制成,以榫卯形式嵌入两侧帮板的凹槽之内。前挡板长 0.55、高 0.41、厚 0.02 米;后挡板长 0.26、高 0.38、厚 0.02 米。两侧帮板均由一块木板制成,从底板斜直向上略向棺内弧收。帮板长 1.92、高 0.44 ~ 0.46、厚 0.06 米。底板由四块木板长边并排拼合而成。底板长 1.91、宽 0.44 ~ 0.76、厚 0.03 米。棺座处于底板之下,由四块木板拼接而成,形成一长方形木框。棺座长 1.91、宽 0.44 ~ 0.76、高 0.05 米。棺内底部铺一层草木灰,厚 0.02 ~ 0.03 米。墓主人骨架保存较差,葬式、头向、面向等均不详。头骨已碎裂,向南移位于左下肢腿骨处,残存上下肢骨平放于棺内两侧。

墓内出土 3 件随葬品,其中 2 件青瓷碗处于棺内西北角,1 枚铜钱处于棺内墓主人右臂处(图一二三;彩版六〇,2)。

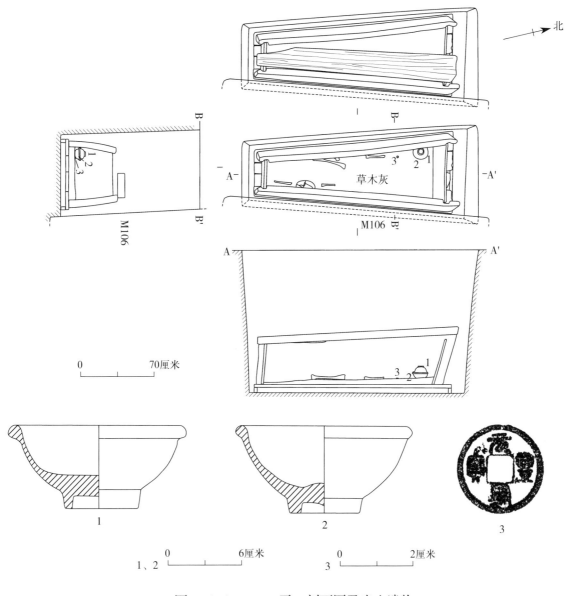

图一二三　M107 平、剖面图及出土遗物
1、2.青瓷碗　3.铜钱

（二）出土遗物

共 3 件，含青瓷碗和铜钱两类。

青瓷碗　2 件。厚圆唇，敞口，斜弧腹，圈足。

M107∶1，素面。外壁下腹部可见轮制痕迹，腹部和圈足交界处有旋削痕迹。灰色胎。施青釉，外壁釉不及底，内底不施釉。口径 13.6、足径 6.1、高 6.2 厘米（图一二三，1；彩版六一，2）。

M107∶2，鸡心底，内底心略有凸起，口沿处略有变形。素面。浅灰色胎，内壁胎色不均。施青灰色釉，内壁无釉，外壁釉层脱落严重。口径 15.1、足径 6.1、高 6.8 厘米（图一二三，2；彩版六一，3）。

铜钱　1 枚。

M107∶3，残。元丰通宝。正背皆有外郭与穿郭，面旋读篆书"元丰通宝"，光背。直径 2.3、穿径 0.7、厚 0.1 厘米，重 2.3 克（图一二三，3）。

# 一〇八　M108

## （一）墓葬形制

M108 位于发掘区的南部，探方 T1805 的中北部，北距 M109 约 20 米。开口于⑥层下，距地表约 1.7 米，向下打破⑦层至生土层。竖穴土坑双棺墓。方向 101°。开口平面略呈梯形。墓口长 2.55、宽 1.47～1.61 米；墓底长 2.25、宽 1.34～1.45 米；深 1.13 米。墓坑口大底小，四壁从墓口向下斜直内收，壁面略光滑，墓底较平整。墓内填土为灰黄色沙土夹红褐色淤土块，土质略疏松，较软。

葬具为木棺，双棺合葬，保存一般。北棺平面略呈梯形，长 1.87、头端宽 0.72、足端宽 0.49、高 0.5 米。盖板已朽不存。前挡板由两块木板拼合而成，后挡板仅残存一块木板，以榫卯形式嵌入两侧帮板的凹槽之内。前挡板长 0.44、高 0.37、厚 0.04 米；后挡板长 0.34、高 0.18、厚 0.04 米。两侧帮板均由两块木板拼合而成，从底板斜直向上略向棺内弧收。帮板长 1.78～1.89、高 0.37、厚 0.06 米。底板由三块木板长边并排拼合而成。底板长 1.87、宽 0.49～0.72、厚 0.05 米。棺座处于底板之下，仅存南北两侧木板。棺座长 1.87、宽 0.49～0.72、高 0.08 米。棺内底部铺一层草木灰，厚 0.01～0.03 米。墓主人骨架保存较差，葬式为仰身直肢葬，头向东，面向北。头骨已碎裂，残存部分上下肢骨，位置较凌乱，其余椎骨、肋骨、骶骨等已朽不存。南棺平面略呈梯形，长 2、头端宽 0.71、足端宽 0.58、高 0.52 米。盖板已朽不存。前挡板仅残存一块木板，后挡板由两块木板拼合而成，以榫卯形式嵌入两侧帮板的凹槽之内。前挡板长 0.49、高 0.2、厚 0.02 米；后挡板长 0.4、高 0.33、厚 0.02 米。两侧帮板均仅残存一块木板，从底板斜直向上。帮板长 1.93、高 0.22～0.23、厚 0.08 米。底板由三块木板长边并排拼合而成。底板长 2、宽 0.58～0.71、厚 0.04 米。棺座处于底板之下，由四块木板拼接而成，形成一长方形木框。棺座长 2、宽 0.58～0.71、高 0.09 米。棺内底部铺一层草木灰，厚 0.01～0.02 米。墓主人骨架保存较差，葬式、头向、面向等均不详。仅存少部分上肢骨及下肢骨，位置凌乱，其余人骨已腐朽不存。

墓内共计出土 3 件随葬品，其中 2 件釉陶韩瓶分别处于两棺前挡板外北侧，1 方砖买地券处于南棺前挡板外底板中部（图一二四）。

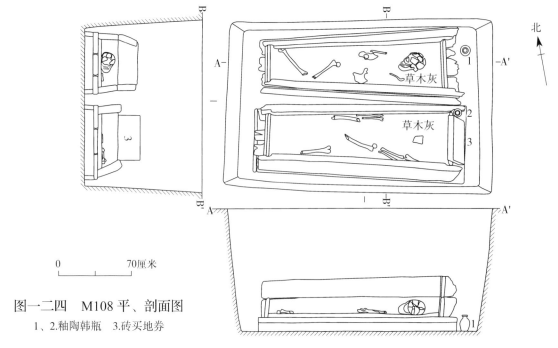

图一二四　M108 平、剖面图

1、2.釉陶韩瓶　3.砖买地券

（二）出土遗物

共 3 件，有釉陶韩瓶和砖买地券两类。

釉陶韩瓶　2 件。重唇，直口微侈，束颈，溜肩，深弧腹，平底，底呈椭圆形。器表与内壁有轮制旋纹。器表及口沿内壁施酱釉，釉面粗糙无光。

M108：1，重唇不明显。灰色胎。口径 5.3、底径 4.6、最大径 7.7、高 16.3 厘米（图一二五，1；

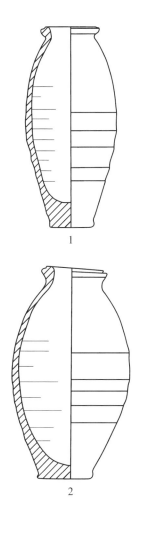

1

2

1、2 ├──┼──┤ 0　　　　6厘米

3 ├──┼──┤ 0　　　　10厘米

图一二五　M108 出土遗物

1、2.釉陶韩瓶（M108：1）　3.砖买地券（M108：3）

彩版六一，4）。

M108：2，器表有凹陷。红褐色胎。口径5.5、底径4.5、最大径9、高16.7厘米（图一二五，2；彩版六一，5）。

砖买地券　1方。

M108：3，平面近方形。正面中央刻有八卦符号。正中间为"明堂"二字，其右侧为"百子千孙"，其左侧为"万代富贵"。阴刻的八卦符号中间空隙刻有"甲乙丙丁庚辛壬癸"八字，"明堂"二字中间刻有"戊己"二字。正背面券文均阴刻涂朱。背面右起有阴线浅刻的纵向界栏，共十栏，界栏中阴刻小楷券文，一栏二十字左右。长40、宽39、厚5.3厘米（图一二五，3）。券文如下：

"（崇）祯五年三月二十四日辛酉黄道吉辰，奉／神立券，祭主孝子杨世进、世达。／伏缘先考小山杨公讳英之灵、先妣朱氏孺人之灵／奄逝以来，未卜茔坟，择此高原吉地，系本县锣鼓墩／侯尚恩之原，自己出备价银壹两贰钱正，买到白地一方，／东西长十二丈五尺，南北阔十一丈，东至戴宅，西至陈宅，／南至王宅，北至秦宅，宜迁乙山辛向，内方勾陈，掌分四／域，道路将军齐正，千秋百岁，永无殃咎。今辨牲礼酒／脯百味香新，共为信契，财地交相，各已分付，今工匠／人等修茔安葬，以后永保子孙兴旺全吉。五帝使者女青律令。"

# 一〇九　M109

## （一）墓葬形制

M109位于发掘区的西南部，探方T1807西北部，北距M106约18米。开口于⑥层下，距地表约1.8米，向下打破⑦层至生土层。竖穴土坑单棺墓。方向106°。开口平面略呈梯形。墓口长2.54、宽0.85～1.04米；墓底长2.4、宽0.75～0.9米；深1.41米。墓坑口大底小，四壁从墓口向下斜直内收，壁面略光滑，墓底较平整。墓内填土为灰黄色沙土，土质略疏松，稍软。

葬具为单木棺，保存一般。平面略呈梯形，长2.17、头端宽0.74、足端宽0.61、高0.79米。盖板已朽不存。前后挡板均由两块木板拼合而成，以榫卯形式嵌入两侧帮板的凹槽之内。前挡板长0.36、高0.58、厚0.04米；后挡板长0.27、高0.5、厚0.04米。两侧帮板均由两块木板拼合而成，从底板斜直向上向棺内弧收。帮板长2.02、高0.45、厚0.07～0.09米。底板由两块木板长边并排拼合而成。底板长2.05、宽0.55～0.67、厚0.04米。棺座头、足两端木板处于底板外侧，其余处于底板之下，木板围成一周，形成一长方形木框。棺座长2.17、宽0.61～0.74、高0.17米。棺内底部铺一层草木灰，厚0.02米。墓主人骨架保存较差，葬式为仰身直肢葬，头向东，面朝上。上肢骨位置凌乱，紧靠两边帮板，肋骨、脊椎骨已腐朽不存，盆骨已碎裂，平放在木棺中部，下肢骨向左侧倾斜，位置凌乱。

墓内共计出土2件随葬品，其中1件釉陶罐处于木棺前挡板外底板北部，1件釉陶韩瓶处于前挡板外南侧（图一二六；彩版六二，1）。

## （二）出土遗物

共2件，含硬陶罐和釉陶韩瓶两类。

釉陶罐　1件。

M109：1，方唇，直口微侈，直颈，耸肩，斜弧腹，平底略内凹。外壁饰回纹与"卐"字纹，肩

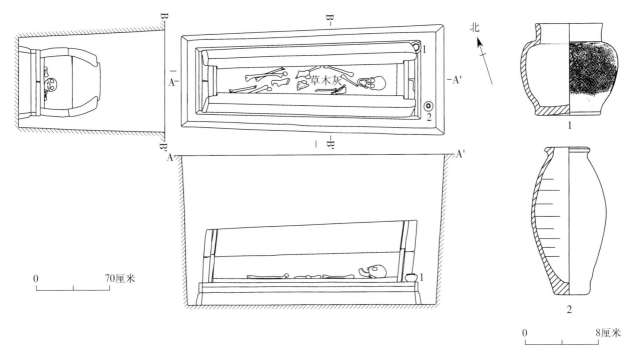

图一二六　M109 平、剖面图及出土遗物
1.釉陶罐　2.釉陶韩瓶

颈交界处饰一周弦纹。灰白色胎。颈至下腹部施绿釉。口径6.8、底径7.5、最大径11.2、高10.2厘米（图一二六，1；彩版六二，2）。

釉陶韩瓶　1件。

M109：2，重唇，直口微敛，束颈，溜肩，弧腹略鼓，平底。器表与内壁有轮制旋纹。红褐色胎。器表及口沿内壁施酱釉，釉面粗糙无光。口径5.1、底径3.9、最大径8.4、高15.9厘米（图一二六，2；彩版六二，3）。

# 第四章　结语

运南村墓群发掘的 109 座墓葬，1 座为船形砖室墓（M59），1 座为塔形砖室墓（M100），其余皆为竖穴土坑木棺墓。其中单人墓 54 座，双人合葬墓 53 座，三人合葬墓 2 座。双人合葬墓中属于同穴合葬的有 33 座，具有打破关系的异穴合葬共 20 座。随葬品较为丰富，有陶器、瓷器、金属器、铜钱、石器、木器、料器等共计 214 件（组）。下面结合出土遗物和地层对发现墓葬作出年代推断，并就相关问题提出初步认识。

## 一　墓葬年代

M59 开口于 ⑪ 层下，在这批墓葬中开口层位最早。其外形为船形砖室墓，常见于唐宋时期。从 M59 内出土的唯一一件器物 M59∶1 的形制来看，其直口微侈，圆唇，高领，鼓肩，腹斜收，底部内凹，肩部饰四竖系，系残，器表施半釉。这在江苏镇江唐墓 M20[1]、扬州广陵凯运天地商业广场唐墓 M163[2] 和盐城黄海路遗址唐墓 M72[3] 中都出土有同类四系罐（M20∶2、M163∶1、M72∶2），均为直口微侈，圆唇，高领，上腹鼓，下腹斜收，平底略凹，肩部饰四横系，施半釉。这几处器物的形制、大小和风格如出一辙，应属同一年代。据简报描述，镇江唐墓 M20 的年代属唐代晚期，扬州广陵凯运天地商业广场唐墓 M163 和盐城黄海路唐墓 M72 均为唐代中晚期。因此，推测 M59 为唐代晚期墓葬。

其余墓葬根据墓葬形制等信息可判断均属明清时期。发掘区的地层堆积为确定为这批明清墓葬的具体年代和分期提供了丰富的地层学依据。其中①层下墓葬有 M1、M4 ～ M10、M13 ～ M18、M21、M36、M44，②层下的有 M2、M3、M11、M12，③层下有 M19、M20、M22 ～ M27、M30 ～ M34、M37 ～ M39，④层下有 M28、M29、M35、M41，⑤层下有 M40、M50、M52，⑥层下有 M42、M43、M45 ～ M49、M51、M56 ～ M58、M60、M72、M74 ～ M87、M108、M109，⑨层下有 M53 ～ M55、M61 ～ M71、M73，⑪层下有 M88 ～ M107。以下按照各层墓葬中出土的典型陶瓷器（表二），并结合周边地区发掘资料进行年代分析。

[1]　镇江博物馆：《江苏镇江唐墓》，《考古》1985年第2期。

[2]　扬州市文物考古研究所：《江苏扬州广陵区凯运天地商业广场唐代墓葬群发掘简报》，《东南文化》2020年第2期。

[3]　盐城市博物馆：《江苏盐城黄海路遗址唐宋墓地发掘简报》，《东南文化》2022年第4期。

## 表二　运南村墓群出土陶瓷器物表

| 开口层位 | 墓葬编号 | 出土器物 |
|---|---|---|
| ①层下 | M1、M4~M10、M13~M18、M21、M36、M44 | M1:1　M6:1　M8:1　M9:1　M9:2　M9:4　M10:1　M13:1　M14:1<br>M15:1　M15:2　M17:1　M18:1　M21:1　M36:1 |
| ②层下 | M2、M3、M11、M12 | M2:1　M11:1　M11:2　M12:1 |
| ③层下 | M19、M20、M22~M27、M30~M34、M37~M39 | M19:1　M20:1　M22:1　M23:1　M24:1　M25:1　M27:1　M27:2<br>M31:1　M31:2　M32:1　M32:2　M33:1　M34:1　M37:1　M37:3<br>M38:1　M39:2　M39:3 |
| ④层下 | M28、M29、M35、M41 | M28:1　M29:1　M35:1 |
| ⑤层下 | M40、M50、M52 | M40:1　M50:1　M50:2　M52:1　M52:2 |

续表

| 开口<br>层位 | 墓葬编号 | 出土器物 |
|---|---|---|
| ⑥<br>层<br>下 | M42、M43、<br>M45~M49、<br>M51、<br>M56~M58、<br>M60、M72、<br>M74~M87、<br>M108、M109 | <br>M42:1  M42:2  M43:1  M45:1  M45:2  M46:1  M47:1  M47:2<br>M49:1  M49:2  M51:2  M57:1  M58:1  M60:1  M72:1  M76:1<br>M77:1  M78:1  M78:2  M79:1  M81:1  M82:1  M83:2  M84:1<br>M84:2  M85:1  M86:1  M87:1  M108:1  M108:2  M109:1  M109:2 |
| ⑨<br>层<br>下 | M53~M55、<br>M61~M71、<br>M73 | <br>M53:1  M53:2  M53:3  M54:1  M61:1  M62:1  M63:1  M63:2<br>M63:3  M63:4  M64:1  M64:2  M65:1  M65:2  M65:3  M65:4<br>M65:5  M66:1  M67:1  M68:1  M69:1  M70:1  M70:3  M71:1<br>M71:2  M71:3  M73:1  M73:2  M73:3  M73:4  M73:5 |

续表

| 开口层位 | 墓葬编号 | 出土器物 |
|---|---|---|
| ⑪层下 | M88~M107 | 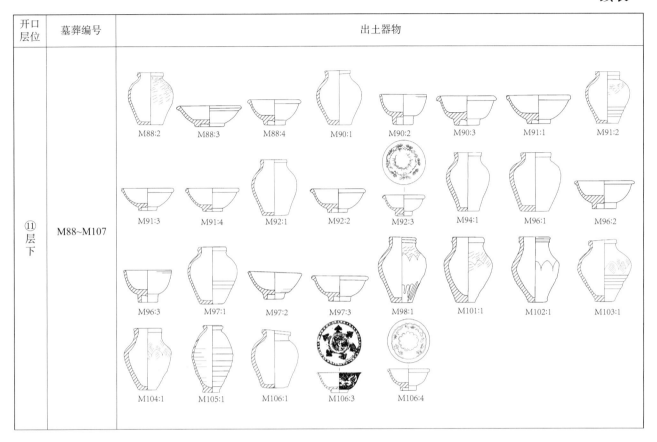 |

在⑪层下开口的墓葬中，出土器物买地券 M101：2 有"大明嘉靖三十四年"的纪年信息，因此 M101 时代属于明代晚期。青花瓷碗 M106：3 纹饰的绘制技法为实笔点画，属于明代早中期流行技法。印花纹青瓷碗 M92：3、M106：4 属于龙泉窑系产品，在明代早中期流行这类模印花草、八宝和人物纹的青瓷碗[1]，推测 M92、M106 时代属于明代早中期。硬陶罐 M103：1、青瓷碗 M90：2、M96：3、M92：2、M97：3 和釉陶韩瓶 M105：1 在拱辰佳苑 M4[2] 中均有同类器出土，时代应一致。拱辰佳苑 M4 为正德十五年，这些器物的归属墓葬时代可推测为明代中期。推测该层下的明代墓时代约处在明代早中期至晚期。

在⑨层下墓葬中，出土器物釉陶韩瓶 M73：3 与板闸遗址Ⅱ T0807 ②：1[3] 均为重唇，直口，束颈，溜肩，鼓腹，下腹斜收，平底，整体较胖，后者时代下限为明代晚期。其他出土器物青瓷碗 M53：2、M73：4 在⑪层墓葬中有同型器存在，青瓷碗 M63：3、M64：1、M65：2、M71：2、M73：2 也在其中可找到相似形态器物，因此我们判断该层下墓葬的时代为明代晚期。

在⑥层下墓葬中，出土器物釉陶罐 M109：1 与常州武进金家村遗址 M47：1[4] 相同，M47：2 与

[1] 陈扬：《明代龙泉窑青瓷分期研究》，《东方博物（第六十辑）》，中国书店，2016年。

[2] 淮安市文物考古研究所：《江苏淮安清江浦区拱辰佳苑小区明代家族墓发掘报告》，《东南文化》2020年第2期。

[3] 南京博物院、淮安市文物保护和考古研究所：《淮安板闸——明清遗址考古报告》，文物出版社，2023年，第200页。

[4] 常州市考古研究所：《常州武进金家村遗址清代遗存发掘简报》，《东方博物（第八十九辑）》，上海书画出版社，2023年。

常州武进金家村 M47:2 特征相近，金家村 M47 时代为明末清初。M108 中买地券 M108:3 有"崇祯五年"的字样，其墓葬时代应为明末。双系釉陶罐 M46:1 与山头墓地四系罐 M42:3[1] 除施系数量不同，其他外形特征和施釉情况均一致，后者时代为明代，推测 M46 应大致同时。釉陶韩瓶 M49:1、M87:1、M79:1 与 M108:1 为同类器形，和板闸遗址中闸口⑥:210[2] 造型一致，板闸遗址水闸第⑥层时代为明末。综合判断，该层下墓葬时代大约为明代末期，部分或可延续至清初。

在④层下墓葬中，M29 中的釉陶太乙罐 M29:1 与板闸镇遗址 F47:6[3] 外形接近，板闸镇遗址属于洪水灾害遗址，判断为乾隆三十九年黄河老坝口决口所淹没[4]，因此 M29:1 的年代下限约在乾隆三十九年。在淮安区东城花园二期地块墓葬群中，也出有同类釉陶罐 M826:1，其墓葬中共出有"雍正通宝"铜钱[5]，因此 M29 的时代约在雍正乾隆时期。该层下墓葬时代约在清代早期至乾隆时期。由此，⑤层下墓葬时代可推测为清代早期。

在③层下墓葬中，釉陶披肩罐 M25:1 和 M39:2 属于宜兴窑所产白泥器，此类器物流行年代为明正德至清乾隆[6]，因此 M25、M39 的年代下限当在乾隆时期。釉陶罐 M31:2 与常州武进金家村 M33:2 具有相同的外形特征，金家村 M33 中出土有乾隆通宝铜钱，推测 M31 的时代也应在乾隆时期。该层下墓葬时代推测为乾隆时期。

在②层下墓葬中，釉陶罐 M11:1 与常州钟楼区慈墅村遗址清代墓葬中的 Ea 型[7] 形态一致，该类型罐时代不晚于道光时期。该层下墓葬时代推测为嘉庆道光时期。

在①层下墓葬中，釉陶罐 M8:1 与淮安文庙三期安置房地块墓葬群 M119:4[8] 外形特征一致，属于同时代器物。文庙三期 M119 中还出有"道光通宝"铜钱，因此 M8 的时代可判断为道光时期。与 M8:1 造型接近的 M18:1、M21:1，也应为同时期器物。M1、M6、M9、M10、M13、M15、M17、M36 中的这类硬陶罐时代特征偏晚，在以往的发掘中未见其与较早期遗物同出，推测其时代应属于清代晚期。因此，该层下墓葬时代推测为道光时期及以后。

综上，明代墓葬主要开口层位为⑪层下、⑨层下和⑥层下，其中开口于⑪层下的为明代早中期至晚期墓葬，开口于⑨层下的为明代晚期墓葬，开口于⑥层下的为明代末期至清初墓葬。清代墓葬主要开口层位为第⑥层以上，其中开口于⑤层下、④层下的为清代早期墓葬，开口于③层、②层下的为清代中期墓葬，开口于①层下的应为清代晚期墓葬。

从这批墓葬的埋葬方式来看，唐代墓葬仅 1 座，为单人葬。明代墓葬共 64 座，其中单人葬墓 27 座、双人合葬墓 36 座（其中异穴合葬共 10 组 20 座，同穴合葬 16 座）、三人合葬墓 1 座，共出土器物 127 件（组）。此外，明代墓葬中还有 4 处为聚族而葬的家族墓，共 21 座。其中 M63、M64、M65 一组，

[1] 淮安市博物馆：《江苏淮安山头遗址墓地发掘简报》，《考古与文物》2010 年第 6 期。

[2] 南京博物院、淮安市文物保护和考古研究所：《淮安板闸——明清遗址考古报告》，文物出版社，2023 年，第 200 页。

[3] 淮安市文物保护和考古研究所内部资料。

[4] 徐州博物馆、淮安市文物保护和考古研究所：《运河明珠：江苏淮安城市考古新收获》，《中国文物报》2024 年 8 月 2 日第 5 版。

[5] 淮安市文物保护和考古研究所内部资料。

[6] 张浦生、霍华、王健华、黄兴南：《宜兴窑》，江西美术出版社，2016 年，第 40 页。

[7] 南京博物院、常州市考古研究所：《江苏常州钟楼区慈墅村遗址清代墓葬发掘简报》，《湖南博物院院刊（第十八辑）》，岳麓书社，2023 年。

[8] 徐州博物馆、淮安市文物保护和考古研究所：《淮安文庙三期安置房地块墓葬群发掘简报》，《东方博物（第八十二辑）》，上海书画出版社，2022 年。

M66、M67、M68 一组，M76 ～ M82 一组，M91 ～ M98 一组，兼有单人葬、异穴合葬、同穴合葬等形式。清代墓葬共 44 座，其中单人葬墓 27 座、双人合葬墓 16 座、三人合葬墓 1 座，共出土器物 86 件（组）。在经过人骨鉴定的合葬墓（附表一）中，清代墓葬的墓主所处位置多为男左女右；明代则男左女右和男右女左大致各占一半。明清墓葬中饰品类随葬品均出自女性墓葬，清中晚期墓葬中饰品还常刻有墓主信息，如 M13 中的"陈门严氏"，买地券均出自男性墓葬或者男性棺前，铜钱也多出于男性墓葬或男性墓主的棺内，女性墓主的棺内极少。墓主死亡年龄均偏年轻，多处于 20 ～ 40 岁，50 岁以上的个体极少。

从随葬器物组合和特征来看，明代墓葬多流行在棺外一角随葬釉陶罐，棺内放置一对瓷碗；明代早中期墓内瓷碗多为青花瓷，晚期及末期多为青瓷，部分墓葬在棺盖上还放置有一只瓷碗，釉陶罐为薄釉，肩及上腹部往往拍压、刮削出一周圆痕，形似莲花；到明代末期时釉陶韩瓶逐渐代替釉陶罐作为棺外随葬品，一直持续至清代中期，韩瓶的演变趋势为从整体矮胖发展到瘦高再到腹部外鼓，重唇逐步矮化不明显；大约从清乾隆时期开始，流行在棺首外侧的底板上放置小型釉陶罐，釉陶罐的外形特征由耸肩、斜腹发展到溜肩、垂腹，基本属于宜兴窑的紫砂挂釉产品；到清代晚期这种小型釉陶罐又为红色硬陶小罐所取代。

## 二 黄泛堆积与墓葬形成

这批墓葬所在区域的黄泛堆积，与南宋建炎二年（1128 年）以后，黄河南迁夺淮[1]这一事件密切相关。淮安地区黄泛面积较大，大致以淮河入海水道为界，以北基本全为黄泛区。近年来，我们在淮安范围内的黄泛区发掘了不少明清时期的墓葬。从考古发掘资料来看，淮安地区黄河的大规模泛滥大约始于明代嘉靖至万历时期：如清江浦区拱辰家苑明代家族墓，整体处于黄泛层之下，墓葬年代为正德十五年及以后；淮安红小北地块明代家族墓[2]处于黄泛下层，时代为明代中晚期；清江浦区徐家湖地块明清墓葬中处于黄泛之下的墓葬年代为万历时期[3]；生态文旅区小丁庄墓地明代墓葬全部处于黄泛之下，最晚墓葬的年代为明代晚期[4]；运南村墓群本次发掘黄泛层下的墓葬年代，其中有明确纪年的为嘉靖三十四年（1555 年）。这与文献记载的黄河在淮安地区的泛滥时间基本一致。明代弘治时期，副都御史刘大夏于黄河北岸筑太行堤，促使黄河全流南下入淮[5]。但此时黄河下游仍呈多支分流入淮。嘉靖二十五年（1546 年），南流故道尽塞，全河尽出徐、邳，夺泗入淮[6]。黄河全流夺淮以后，其决口和泛滥对包含淮安在内的黄河下游地区造成了非常大的影响。据统计，仅清初至咸丰五年（1855 年）黄河铜瓦厢改道前，黄河下游决口就达 200 多次[7]。多次决溢带来的大量泥沙，直接塑造出苏北地区广袤的平原地形。因此，从文献资料来看，黄河泥沙在淮安地区的淤积应在嘉靖二十五年（1546 年）之后。

[1] 《宋史》卷二十五《高宗二》（中华书局，2000 年，第 307 页）："是（建炎二年）冬，杜充决黄河，自泗入淮以阻金兵。"

[2] 徐州博物馆、淮安市文物保护和考古研究所：《江苏淮安红小北地块明代墓葬发掘报告》，《东南考古研究（第五辑）》，厦门大学出版社，2023 年。

[3] 徐州博物馆（徐州汉画像石艺术馆）、淮安市文物保护和考古研究所：《江苏淮安徐家湖东侧地块明清墓葬考古发掘报告》，《淮海文博》（第 4 辑），科学出版社，2024 年。

[4] 淮安市文物保护和考古研究所内部资料。

[5] 〔清〕张廷玉等：《明史》卷八十三《河渠一·黄河上》，中华书局，1974 年，第 2022 ～ 2024 页。

[6] 〔清〕张廷玉等：《明史》卷八十四《河渠二·黄河下》，中华书局，1974 年，第 2064 页。

[7] 王京阳：《清代铜瓦厢改道前的河患及其治理》，《陕西师大学报（哲学社会科学版）》1979 年第 1 期。

　　由于黄河下游决口次数较多，而影响的实际范围多无明确记载，因此对于判断此处黄泛堆积层所对应的具体决口事件目前尚有较大难度。但在众多黄河决口进而影响到清江浦至淮安城这一带区域的历史文献中，有数次值得关注。

　　明隆庆三年（1569年），黄河在沛县决口，加上淮河水涨，自清河县（今淮阴区马头镇一带）到淮安城西一带淤没三十余里，平地水深丈余[1]。万历三年（1575年），黄河决口桃源崔镇（今宿迁市泗阳县西北），淮河决口高家堰，河道淤塞，漕运梗阻，淮安一带成为巨浸，漂没千里[2]。万历十三年（1585年），淮安城东范家口决口，"淮城几为鱼鳖"，十四年（1586年）又决，"水灌淮城"[3]。天启元年（1621年），淫雨连旬，黄、淮暴涨，里运河决王公祠、清江浦、杨庙等处，黄河决武家墩、安乐乡等处，水灌淮安新城、联城，船行于街市之上[4]。天启三年（1623年）秋天，黄河又决数口，不久堵塞[5]。崇祯四年（1631年），遭遇数十年未见大雨，黄、淮并涨，"诸湖泛滥，漕河一线土石堤岸，水逾堤面三四尺，诸城内外，水亦深四五尺"[6]，田庐、运道、城池多被水冲，自钵池山至淮安城，遍地成河[7]。

　　清代顺治至康熙靳辅治河之前，黄河未得到有效治理，于淮安境内多次决口。如顺治二年（1645年），黄河在淮扬地区多有冲决；十五年（1658年），决山阳柴沟（今淮安区苏嘴一带）；康熙元年（1662年），黄河冲入洪泽湖，在蒋坝一带冲出九条大涧；六年（1667年），在桃源黄家嘴（今泗阳县来安街道黄嘴村附近）决口，清河冲没尤甚；八年（1669年），决清河三汊口（今淮阴区三树镇三岔村附近）；九年（1670年），灌清河县治（今淮阴区马头镇旧县村）；十年（1671年），决清河五堡（今淮阴区马头镇新河村附近）；十三年（1674年），决清河王家营（今淮阴区王家营）；十四年（1675年），复灌清河县治；十五年（1676年），倒灌洪泽湖，高家堰决口三十四处；同年，又在清河（今淮阴区和洪泽区部分区域）、山阳（今清江浦区与淮安区）、安东（今涟水县）等地多处决口[8]。在这众多的黄河决口事件中，推测应有洪水影响到清江浦至淮城一带。此时由于多年的洪水泛滥，已导致"淮安城堞卑于河底"[9]。

　　乾隆三十九年（1774年），黄河在清江浦老坝口决堤，"大溜由山子湖下注马家荡、射阳湖入海，板闸、淮安俱被淹没"[10]。嘉庆元年（1796年），黄河在徐州丰县决口，水由运河南下，漫溢两岸，山阳（今淮安区和清江浦区部分区域）、清河（今淮阴区和清江浦区、洪泽区部分区域）两地多被

[1]　〔清〕张廷玉等：《明史》卷二百二十三《列传第一百十一·翁大立》，中华书局，1974年，第5868页。

[2]　〔明〕朱国盛、徐标：《南河全考》，《续修四库全书（第729册）》，上海古籍出版社，1995年，第47页；〔清〕张廷玉等：《明史》卷八十四《河渠二·黄河下》，中华书局，1974年，第2047页。

[3]　〔清〕傅泽洪：《行水金鉴》卷三十一《河水》，《景印文渊阁四库全书（第580册）》，台湾商务印书馆，1986年，第467页。

[4]　〔明〕朱国盛、徐标：《南河全考》，《续修四库全书（第729册）》，上海古籍出版社，1995年，第52页。

[5]　〔清〕张廷玉等：《明史》卷八十五《河渠三·运河上》，中华书局，1974年，第2098页。

[6]　〔明〕朱国盛、徐标：《南河志》卷五《章奏》，《续修四库全书（第728册）》，上海古籍出版社，1995年，第607页。

[7]　〔民国〕冒广生《淮关小志》（方志出版社，2006年，第535页）："崇祯辛未岁，入夏，斗杓且指未矣。当暑行秋，三时不雷，苦雨二月不止，大水遍行，决漕堤东奔，自钵池至城西桥，遂不行，封户成河，竟为水乡。余生六十有五，仅此一见也（尚严陵）。"

[8]　〔民国〕赵尔巽等：《清史稿》卷一百二十六《河渠一·黄河》，中华书局，1977年，第3716~3720页。

[9]　〔民国〕赵尔巽等：《清史稿》卷一百二十六《河渠一·黄河》，中华书局，1977年，第3720页。

[10]　〔民国〕赵尔巽等：《清史稿》卷一百二十六《河渠一·黄河》，中华书局，1977年，第3730页。

淹没[1]。道光四年（1824年），黄水骤涨，而洪泽湖水收蓄过多，导致高堰漫口，大水自清河、山阳、运河西岸过境汇入高宝诸湖，造成运道浅阻[2]，运河西漂没人民庐舍[3]。咸丰五年（1855年），黄河在铜瓦厢决口后由大清河入海，自此北徙，不再南流[4]，淮安一带再无黄泛困扰。

　　这批墓葬所在的黄泛堆积层，直接反映了黄河泛滥对淮安地区的影响，为研究明清时期洪水灾害和黄、淮治理提供了考古学资料。

## 三　两座形制特殊的墓葬

### （一）船形砖室墓

　　M59为条砖砌筑的砖室墓，砖室外形酷似倒扣的小船。近年来在淮安地区发掘了一些同类型的唐宋时期船形砖室墓，如金湖西安村唐墓M7和宋墓M21[5]、山头遗址宋墓M53[6]。M59所出土的黄釉四系罐系部残缺仅余根部，许是下葬时人为去掉所致。这类系部残缺的情况还见于淮安山头遗址宋墓M53、翔宇花园唐墓M34和宋墓M47[7]、金湖西安村宋墓M17[8]、扬州广陵凯运天地商业广场唐墓M204[9]、连云港海州张庄五代墓M29、宋墓M18和M41[10]、灌云罗祖庙晚唐五代墓M2、M10等[11]，一般为三系或四系的瓷罐、壶和瓶，可能属于唐宋时期一种葬俗表现。

### （二）塔形砖室墓

　　M100为另一座较为特殊的墓葬。M100与M88为异穴合葬，M88北侧打破M100。M88为明代常见的竖穴土圹木棺墓。而M100为塔形砖室，砖室内又有木质塔，形制较为特别。结合其塔形造型和火化人骨等墓葬特征综合分析，M100可能是夫妻中一方为信仰佛教的在家居士，死后采用了这种塔葬的方式，并与另一方合葬。以往在全国各地发现有不少这种塔形的佛教僧人墓葬，或将僧人遗骨安置于塔内，或埋藏于地宫，称为"塔墓"，均存在地上塔身部分。而这种墓主可能是在家居士且深埋地下的"塔形墓"则发现较少。明代李贽在其《焚书》卷四《杂述·又告》中说："今卓吾和尚（李贽，号卓吾）为塔屋于兹院之山，以为他年归成之所，又欲安期动众，礼忏诵经。"[12]如此可知除了僧侣中的高僧大德外，明代的佛教居士也有采用塔形墓埋葬的形式。另外在上海明代沈辅家

---

[1]　〔民国〕赵尔巽等：《清史稿》卷一百二十六《河渠一·黄河》，中华书局，1977年，第3732页。

[2]　中国水利水电科学研究院水利史研究室编校：《再续行水金鉴·淮河卷》，湖北人民出版社，2004年，第29～31页；〔民国〕赵尔巽等：《清史稿》卷一百二十二《食货三·漕运》，中华书局，1977年，第3593页。

[3]　〔清〕孙云锦修，吴昆田、高延第纂：《光绪淮安府志》，《中国地方志集成·江苏府县志辑54》，江苏古籍出版社，1991年，第643页。

[4]　〔民国〕赵尔巽等：《清史稿》卷一百二十六《河渠一·黄河》，中华书局，1977年，第3741页。

[5]　淮安市博物馆：《江苏淮安金湖西安村墓地发掘简报》，《考古与文物》2019年第2期。

[6]　淮安市博物馆：《江苏淮安山头遗址墓地发掘简报》，《考古与文物》2010年第6期。

[7]　淮安市博物馆：《江苏淮安翔宇花园唐宋墓群发掘简报》，《东南文化》2010年第4期。

[8]　淮安市博物馆：《江苏淮安金湖西安村墓地发掘简报》，《考古与文物》2019年第2期。

[9]　扬州市文物考古研究所：《江苏扬州广陵区凯运天地商业广场唐代墓葬群发掘简报》，《东南文化》2020年第2期。

[10]　连云港市博物馆：《江苏连云港海州区张庄五代至宋墓葬发掘简报》，《东南文化》2021年第2期。

[11]　连云港市博物馆：《江苏灌云罗祖庙晚唐五代古墓葬发掘简报》，《东南文化》2020年第4期。

[12]　〔明〕李贽：《焚书》，中华书局，2018年，第845页。

族墓中也发现类似的地下塔墓形式，为明代迁葬的宋代扬州太守沈都远夫妇墓，存有与 M100 相类似的方形塔基和多边形塔身，其墓中为已腐烂的木盒，盒内盛载骨灰，地面残留有土冢[1]。

## 四　出土买地券所反映的信息

发掘共出土买地券 9 块，材质有砖、木两类，形状均为方形或者长方形。其中 2 块券文较为清晰，基本可完全识读，有 1 块局部漫漶，大部分可以识读。券文本身的内容清晰，与《茔原总录》类型[2]的买地券文书写模板相似，书写方式均为从右向左竖直书写。此类形式的买地券在淮安拱辰佳苑[3]、翔宇花园[4]、山头[5]等墓地均有发现，年代均处于明代中晚期以后。根据买地券内容可知，M108 墓主为杨英及其夫人朱氏，M101 墓主为熊胜，M85 墓主为叶大用及其夫人殷氏。从 3 块买地券的整体内容来看，M85:2 与 M108:3 的内容较 M101:2 更为简略，前二者所在墓葬的开口层位一致，时代接近，内容要素也相差不大。这表明，明代晚期至末期时，此区域的买地券券文内容呈现出越来越简略的趋势。

从买地券有着明确的四至范围所反映的地契作用来分析，所有出土买地券的区域排列呈"人"字形且开口层位一致、方向基本一致的墓葬，应同属一个家族。以出土买地券的 M101 为例，M101 与 M102 为异穴合葬墓，这一区域除这两座墓葬以外，仅发现 1 座墓葬 M99。根据买地券四至范围，M99 处于其买地范围之内，且开口层位相同，头向一致，大致能呈"人"字形排列，因此 M99 与其应同为家族墓。同理，出土买地券的 M48 与附近的 M47，M85 与附近的 M84 应为另外的两组家族墓。由此，加上前文已经判断出的 4 组家族墓，运南村墓群至少存在 7 组家族墓，时代均为明代。

同时，买地券 M101:2 的券文记载了墓主的居住地信息："直隶淮安府山阳县满浦坊小洲庄。"据《正德淮安府志》，满浦坊位于淮安新城西门外[6]，即今天的淮安区河下一带。买地券 M85:2 中有"淮安府山阳县□□坊街□□住"字样，墓主应居住于山阳县某坊内。坊，明代时一般处于城内或近城处。因此，从这两处文字记述来看，此处墓群的墓主应与淮安城有着较为密切的关系，大多可能为城内及附近居民。

明清时期，由于黄、淮、运交汇于淮安，淮安成为漕运的关键节点和交通枢纽，淮安府内漕、河、盐、榷、驿衙门林立，成为全国的漕运指挥中心、漕船制造中心、漕粮指挥中心和盐运集散中心。经济的繁荣，带来人口迅速增长，淮安成为全国屈指可数的大都市之一[7]。目前已知的属于淮安三城及其附近居民的墓葬主要集中在淮安城东、城南古墓群两处文物埋藏区内。已经发掘得比较集中的

[1]　上海市文物管理委员会：《上海明墓》，文物出版社，2009年，第45页。

[2]　段立强：《明代买地券研究》，哈尔滨师范大学硕士学位论文，2020年。

[3]　淮安市文物考古研究所：《江苏淮安清江浦区拱辰佳苑小区明代家族墓发掘报告》，《东南文化》2020年第2期。

[4]　淮安市博物馆：《淮安楚州翔宇花园明清墓葬群发掘简报》，《东南文化》2012年第1期。

[5]　淮安市博物馆：《江苏淮安山头遗址墓地发掘简报》，《考古与文物》2010年第6期。

[6]　〔明〕薛𡒄修、陈艮山纂，荀德麟、陈凤雏、王朝堂点校：《正德淮安府志》，方志出版社，2009年，第80页。

[7]　吴士勇：《明清时期淮安漕运文化特征述论》，《运河学研究（第5辑）》，社会科学文献出版社，2020年。

墓群主要有淮安区运东古墓群[1]、世纪佳苑小区、翔宇花园小区[2]、东城花园二期地块[3]、铁云路七号地块、新安小学南校区地块、南环路北侧、规划道路西侧地块、铁云路西、樱桃园路南地块、G233国道东侧、纬七路北侧地块、纬七路南侧、G233国道西侧地块等配合基本建设发现的墓群，都集中在运河以东地区。在淮城以西地区发现城内及附近居民墓群的情况，较为少见，如拱辰佳苑杨氏家族墓，墓主居住在山阳县满浦坊[4]，山头墓地中的许氏家族墓，墓主也居住于满浦坊，劳氏家族墓墓主居住在新城北辰坊[5]，与满浦坊相邻。与运南村墓群墓葬相类，其墓主居住地距离葬地均较远。这几处墓地所在范围明代中晚期时均属淮安府山阳县安乐乡地界[6]。

综合墓葬形制、随葬品等方面，可以判断运南村墓葬群是一处以明、清时期墓葬为主的平民墓地。本次发掘为研究淮安地区唐、明、清时期的墓葬分期、丧葬习俗及物质文化生活提供了重要的实物资料。

---

[1]　南京博物院、楚州区博物馆：《2006年楚州元明清墓地发掘简报》，《大运河两岸的历史印记——楚州、高邮考古报告集》，科学出版社，2010年。

[2]　淮安市博物馆：《淮安楚州翔宇花园明清墓葬群发掘简报》，《东南文化》2012年第1期。

[3]　郭凯、胡兵：《江苏淮安刘湾村墓群的考古发掘》，《大众考古》2023年第6期。

[4]　淮安市文物考古研究所：《江苏淮安清江浦区拱辰佳苑小区明代家族墓发掘报告》，《东南文化》2020年第2期。

[5]　淮安市博物馆：《江苏淮安山头遗址墓地发掘简报》，《考古与文物》2010年第6期。

[6]　淮安市文物考古研究所：《江苏淮安清江浦区拱辰佳苑小区明代家族墓发掘报告》，《东南文化》2020年第2期。

# 附　表

## 附表一　运南村墓群人骨鉴定表

| 序号 | 墓号 | 性别 | 依据 | 年龄（岁） | 依据 | 保存 |
|---|---|---|---|---|---|---|
| 1 | M1 东棺 | 男 | 眶上缘较圆钝，眉弓明显，肢骨粗壮，耻骨支移行部较窄，坐骨大切迹 3 分，乳突 4 分，枕外隆突 4 分 | 40~44 | 耳状面 5 级 | B |
| 2 | M1 西棺 | 女 | 乳突 2 分，枕外隆突 2 分，肢骨较纤细，眶上缘较尖锐，眉弓微弱 | 30~34 | 耳状面 3 级 | C |
| 3 | M3 | 女? | 肢骨较纤细 | 成年 | 肢骨骨骺愈合 | D |
| 4 | M4 北棺 | 男 | 乳突 4 分，肢骨粗壮，下颌角外翻 | 55+ | 耻骨联合面第十一期 | B |
| 5 | M4 南棺 | 女? | 肢骨较纤细 | 成年 | 肢骨骨骺愈合 | D |
| 6 | M5 东棺 | 男? | 乳突 4 分，肢骨粗壮，眶上缘较圆钝，眉弓明显 | 成年 | 肢骨骨骺愈合 | C |
| 7 | M5 西棺 | 不详 | / | 不详 | / | D |
| 8 | M7 北棺 | 女 | 乳突 2 分，枕外隆突 2 分，肢骨较纤细，眶上缘较尖锐，眉弓微弱，坐骨大切迹 1 分 | 20~24 | 牙齿磨耗 2 级，耳状面 1 级 | B |
| 9 | M7 南棺 | 男? | 肢骨粗壮 | 30~34 | 耳状面 3 级 | B |
| 10 | M9 东棺 | 女 | 乳突 1 分，枕外隆突 2 分，肢骨较纤细，眶上缘较尖锐，眉弓微弱，坐骨大切迹 1 分，下颌角内收 | 20~24 | 牙齿磨耗 2 级，耳状面 1 级 | B |
| 11 | M9 中棺 | 女 | 乳突 2 分，枕外隆突 2 分，眶上缘较尖锐，眉弓微弱，坐骨大切迹 1 分 | 45~50 | 耻骨联合第九期，牙齿磨耗 3 级，耳状面 5 级 | C |
| 12 | M9 西棺 | 男 | 坐骨大切迹 4 分，乳突 3 分，枕外隆突 3 分，肢骨较粗壮 | 29~30 | 耻骨联合面第六期，耳状面 2 级 | A |
| 13 | M10 东棺 | 男? | 肢骨粗壮 | 成年 | 肢骨骨骺愈合 | D |
| 14 | M10 西棺 | 女? | 肢骨较纤细 | 成年 | 肢骨骨骺愈合 | D |
| 15 | M11 北棺 | 不详 | / | 不详 | / | D |
| 16 | M11 南棺 | 不详 | / | 成年 | 肢骨骨骺愈合 | D |
| 17 | M12 | 男 | 肢骨粗壮，坐骨大切迹 4 分 | 30~34 | 牙齿磨耗 3 级，耳状面 3 级 | C |
| 18 | M13 东棺 | 男 | 肢骨粗壮，坐骨大切迹 4 分 | 30~34 | 耳状面 3 级 | B |
| 19 | M13 西棺 | 女? | 肢骨较纤细 | 成年 | 肢骨骨骺愈合 | D |
| 20 | M14 | 女 | 坐骨大切迹 1 分，乳突 2 分，枕外隆突 2 分，肢骨较纤细，眶上缘较尖锐，眉弓微弱，耻骨支移行部较宽 | 40~44 | 耳状面 5 级 | B |

| 序号 | 墓号 | 性别 | 依据 | 年龄（岁） | 依据 | 保存 |
|---|---|---|---|---|---|---|
| 21 | M15 北棺 | 女？ | 肢骨较纤细 | 成年 | 肢骨骨骺愈合 | C |
| 22 | M15 南棺 | 男？ | 肢骨粗壮 | 成年 | 肢骨骨骺愈合 | C |
| 23 | M16 北棺 | 不详 | / | 成年 | 肢骨骨骺愈合 | D |
| 24 | M17 | 男 | 乳突 4 分，枕外隆突 4 分，肢骨粗壮，眶上缘较圆钝，眉弓明显，坐骨大切迹 3 分 | 25~30 | 耳状面 2 级，牙齿磨耗 2 级 | B |
| 25 | M18 | 男 | 眶上缘较圆钝，眉弓明显，肢骨粗壮，坐骨大切迹 5 分，乳突 4 分，枕外隆突 5 分，下颌角外翻 | 40~44 | 耳状面 5 级 | C |
| 26 | M19 | 女 | 坐骨大切迹 2 分，乳突 1 分，枕外隆突 1 分，肢骨较纤细，眶上缘较尖锐，眉弓微弱 | 25~30 | 牙齿磨耗 2 级，耳状面 2 级 | B |
| 27 | M20 | 不详 | / | 成年 | 肢骨骨骺愈合 | D |
| 28 | M21 | 男 | 肢骨粗壮，坐骨大切迹 4 分，下颌角外翻，眶上缘较圆钝，眉弓明显 | 25~30 | 耳状面 2 级，牙齿磨耗 2 级 | B |
| 29 | M22 | 男 | 肢骨粗壮，下颌角外翻 | 35~40 | 牙齿磨耗 4 级 | C |
| 30 | M23 | 男 | 眶上缘较圆钝，眉弓明显，肢骨粗壮，乳突 4 分，枕外隆突 3 分 | 35~40 | 牙齿磨耗 4 级，耳状面 4 级 | C |
| 31 | M24 | 女 | 坐骨大切迹 1 分，肢骨较纤细 | 30~34 | 耳状面 3 级 | C |
| 32 | M25 | 男？ | 肢骨粗壮，乳突 4 分，眶上缘较圆钝，眉弓明显，枕外隆突 2 分 | 25~30 | 牙齿磨耗 2 级 | C |
| 33 | M26 | 女 | 乳突 2 分，下颌角内收，肢骨较纤细 | 25~30 | 牙齿磨耗 2 级 | C |
| 34 | M27 北棺 | 不详 | / | 成年 | 肢骨骨骺愈合 | D |
| 35 | M27 南棺 | 不详 | / | 不详 | / | D |
| 36 | M30 | 女 | 坐骨大切迹 2 分，肢骨较纤细 | 25~30 | 耳状面 2 级 | C |
| 37 | M33 | 女 | 坐骨大切迹 2 分，肢骨较纤细 | 30~34 | 牙齿磨耗 3 级，耳状面 3 级 | D |
| 38 | M34 | 不详 | / | 不详 | / | D |
| 39 | M35 | 不详 | / | 不详 | / | D |
| 40 | M36 | 男？ | 肢骨粗壮 | 成年 | 肢骨骨骺愈合 | D |
| 41 | M38 | 男 | 眶上缘较圆钝，眉弓明显，坐骨大切迹 5 分，乳突 4 分，枕外隆突 3 分，肢骨较粗壮 | 35~40 | 牙齿磨耗 4 级，耳状面 4 级 | A |
| 42 | M40 | 男 | 眶上缘较圆钝，眉弓明显，肢骨粗壮，坐骨大切迹 4 分，乳突 4 分，枕外隆突 4 分， | 40~44 | 耳状面 5 级，牙齿磨耗 4 级 | B |
| 43 | M41 | 男？ | 肢骨粗壮 | 20~24 | 牙齿磨耗 2 级 | D |
| 44 | M42 东棺 | 不详 | / | 成年 | 肢骨骨骺愈合 | D |

| 序号 | 墓号 | 性别 | 依据 | 年龄（岁） | 依据 | 保存 |
|---|---|---|---|---|---|---|
| 45 | M42 西棺 | 不详 | / | 不详 | / | D |
| 46 | M44 东棺 | 男 | 乳突3分，枕外隆突4分，肢骨粗壮，眶上缘较圆钝，眉弓明显，下颌角外翻 | 30~34 | 牙齿磨耗3级，耳状面3级 | C |
| 47 | M44 西棺 | 女 | 坐骨大切迹1分，肢骨较纤细，下颌角内收 | 25~30 | 耳状面2级，牙齿磨耗2级 | C |
| 48 | M45 西棺 | 男 | 坐骨大切迹4分，乳突4分，肢骨粗壮，下颌角外翻，眶上缘较圆钝，眉弓明显 | 40~44 | 耳状面3级，牙齿磨耗5级 | B |
| 49 | M46 | 女 | 坐骨大切迹3分，乳突2分，枕外隆突2分，肢骨较纤细，眶上缘较尖锐，眉弓微弱 | 35~40 | 牙齿磨耗3级，耳状面4级 | C |
| 50 | M49 北棺 | 男? | 坐骨大切迹4分 | 35~40 | 耳状面4级 | D |
| 51 | M49 南棺 | 女 | 坐骨大切迹2分，肢骨较纤细 | 成年 | 肢骨骨骺愈合 | C |
| 52 | M50 北棺 | 男 | 乳突5分，枕外隆突5分，肢骨粗壮，眶上缘较圆钝，眉弓明显 | 50~54 | 牙齿磨耗5级 | C |
| 53 | M51 西棺 | 男 | 眶上缘较圆钝，眉弓明显，肢骨粗壮，耻骨支移行部较窄，坐骨大切迹4分 | 29~30 | 耻骨联合面第六期 | A |
| 54 | M52 北棺 | 女 | 坐骨大切迹2分，眶上缘较尖锐，眉弓微弱 | 35~40 | 牙齿磨耗4级，耳状面4级 | C |
| 55 | M52 南棺 | 男? | 肢骨粗壮，下颌角外翻 | 25~30 | 牙齿磨耗2级 | C |
| 56 | M56 | 男 | 乳突3分，枕外隆突5分，肢骨粗壮，眶上缘较圆钝，眉弓明显 | 55+ | 牙齿磨耗5级 | B |
| 57 | M57 | 女 | 坐骨大切迹1分，乳突2分，枕外隆突1分，眶上缘较尖锐，眉弓微弱 | 20~24 | 耳状面1级 | C |
| 58 | M60 | 男 | 耻骨支移行部较窄，坐骨大切迹3分，乳突3分，枕外隆突3分 | 30~34 | 耻骨联合面第七期，牙齿磨耗3级，耳状面3级 | A |
| 59 | M62 西棺 | 男 | 肢骨粗壮，坐骨大切迹4分 | 45~50 | 耻骨联合面第十期，耳状面5级，牙齿磨耗4级 | B |
| 60 | M66 东棺 | 女? | 肢骨较纤细，下颌角内收 | 成年 | / | C |
| 61 | M66 西棺 | 不详 | / | 不详 | / | D |
| 62 | M67 | 男? | 肢骨粗壮 | 不详 | / | C |
| 63 | M68 东棺 | 男 | 乳突4分，枕外隆突5分，肢骨粗壮，眶上缘较圆钝，眉弓明显，下颌角外翻 | 35~40 | 牙齿磨耗3级，耳状面4级 | C |
| 64 | M68 西棺 | 女 | 坐骨大切迹1分，乳突1分，枕外隆突1分，肢骨较纤细，眶上缘较尖锐，眉弓微弱 | 30~34 | 耳状面3级，牙齿磨耗2级 | B |
| 65 | M69 | 女 | 坐骨大切迹2分，肢骨较纤细，乳突2分，枕外隆突1分，肢骨较纤细，眶上缘较尖锐，眉弓微弱 | 20~24 | 牙齿磨耗2级，耳状面1级 | A |
| 66 | M72 | 不详 | / | 不详 | / | D |
| 67 | M74 | 女 | 坐骨大切迹1分，乳突2分，枕外隆突1分，眶上缘较尖锐，眉弓微弱，肢骨较纤细 | 15~20 | 髂嵴未愈合 | A |

| 序号 | 墓号 | 性别 | 依据 | 年龄（岁） | 依据 | 保存 |
|---|---|---|---|---|---|---|
| 68 | M84 北棺 | 男 | 眶上缘较圆钝，眉弓明显，肢骨粗壮，坐骨大切迹 5 分，乳突 4 分，枕外隆突 3 分 | 30~34 | 牙齿磨耗 3 级 | C |
| 69 | M84 南棺 | 女 | 乳突 2 分，枕外隆突 2 分，肢骨较纤细，眶上缘较尖锐，眉弓微弱 | 25~30 | 牙齿磨耗 2 级 | C |
| 70 | M85 | 男 | 眶上缘较圆钝，眉弓明显，坐骨大切迹 4 分，乳突 4 分，枕外隆突 3 分 | 35~40 | 耳状面 4 级 | B |
| 71 | M94 | 男？ | 肢骨粗壮 | 成年 | 肢骨骨骺愈合 | D |
| 72 | M96 | 不详 | / | 成年 | 肢骨骨骺愈合 | D |
| 73 | M101 | 男 | 眶上缘较圆钝，眉弓明显，肢骨粗壮，坐骨大切迹 4 分，乳突 3 分，枕外隆突 5 分 | 55+ | 牙齿磨耗 5 级，耳状面 8 级 | B |
| 74 | M102 | 女 | 肢骨较纤细，乳突 2 分，眶上缘较尖锐，眉弓微弱 | 成年 | 肢骨骨骺愈合 | C |
| 75 | M103 | 女 | 乳突 2 分，枕外隆突 1 分，眶上缘较尖锐，眉弓微弱，下颌骨内收，肢骨纤细 | 25~30 | 耳状面 2 级，牙齿磨耗 2 级 | C |
| 76 | M104 | 男 | 乳突 3 分，坐骨大切迹 4 分，肢骨粗壮 | 55+ | 耳状面 7 级 | B |
| 77 | M105 | 男 | 乳突 4 分，枕外隆突 4 分，肢骨粗壮，眶上缘较圆钝，眉弓明显，坐骨大切迹 4 分 | 25~30 | 耳状面 2 级，牙齿磨耗 2 级 | A |
| 78 | M109 | 女 | 坐骨大切迹 1 分，乳突 2 分，枕外隆突 1 分，肢骨较纤细，眶上缘较尖锐，眉弓微弱 | 25~30 | 耳状面 2 级，牙齿磨耗 2 级 | C |

执笔：付清鑫（吉林大学博士研究生）

## 附表二　淮安运南村唐、明、清墓葬群墓葬登记表

| 发掘墓葬编号 | 勘探墓葬编号 | 开口层位 | 方向 | 时代 | 形制结构 | 墓葬尺寸（长 × 宽 - 深） | 葬具尺寸（长 × 宽 - 高） |
|---|---|---|---|---|---|---|---|
| M1 | M20 | ①层下 | 18° | 清代 | 竖穴土坑双棺墓 | 2.73×（1.53～1.75）-0.95 | 东棺2.25×（0.54～0.7）-0.9；西棺2×（0.5～0.63）-0.42 |
| M2 | M19 | ②层下 | 60° | 清代 | 竖穴土坑单棺墓 | 2.6×（0.9～1.06）-0.95 | 2.1×（0.5～0.7）-0.41 |
| M3 | M51 | ②层下 | 124° | 清代 | 竖穴土坑单棺墓 | 2.6×（1～1.1）-1.25 | 2.1×（0.59～0.78）-0.8 |
| M4 | M15 | ①层下 | 288° | 清代 | 竖穴土坑双棺墓 | 2.57×（1.65～1.95）-0.7 | 南棺2.1×（0.5～0.6）-0.3；北棺2.1×（0.55～0.73）-0.48 |
| M5 | M16 | ①层下 | 330° | 清代 | 竖穴土坑双棺墓 | 2.84×（1.76～1.9）-0.85 | 东棺2.22×（0.7～0.76）-0.67；西棺2.35×（0.64～0.75）-0.41 |
| M6 | M18 | ①层下 | 338° | 清代 | 竖穴土坑单棺墓 | 2.55×（0.89～1.12）-0.28 | 2.02×（0.68～0.92）-0.21 |
| M7 | M54 | ①层下 | 82° | 清代 | 竖穴土坑双棺墓 | 2.56×（1.5～1.6）-0.65 | 南棺1.98×（0.44～0.53）-0.27；北棺2.3×（0.52～0.66）-0.16 |
| M8 | M53 | ①层下 | 47° | 清代 | 竖穴土坑单棺墓 | 2.55×（1～1.06）-0.42 | 2.2×（0.48～0.58）-0.21 |
| M9 | M27 | ①层下 | 20° | 清代 | 竖穴土坑三棺墓 | 2.5×（2.2～2.3）-0.4 | 东棺2.06×（0.49～0.63）-0.2；西棺2.05×（0.46～0.54）-0.12；中棺2.17×（0.52～0.64）-0.21 |
| M10 | M28 | ①层下 | 24° | 清代 | 竖穴土坑双棺墓 | 2.6×（1.8～1.9）-0.85 | 东棺2.13×（0.59～0.76）-0.45；西棺2.19×（0.58～0.74）-0.29 |
| M11 | M29 | ②层下 | 58° | 清代 | 竖穴土坑双棺墓 | 2.6×（1.6～1.7）-0.73 | 南棺2.08×（0.5～0.56）-0.13；北棺2.09×（0.53～0.66）-0.37 |

（长度单位：米）

| 葬式 | 出土遗物情况 | | | | | | |
|---|---|---|---|---|---|---|---|
| | 遗物编号 | 名称 | 出土位置 | 数量 | 质地 | 保存情况 | 备注 |
| 东棺仰身直肢葬,头向北,面向不详;西棺头向北,葬式、面向不详 | M1:1 | 硬陶罐 | 东棺前挡外底板上西北角 | 1件 | 陶 | 完整 | |
| | M1:2 | 银手镯 | 西棺内墓主右手骨处 | 1件 | 银 | 完整 | |
| | M1:3 | 银手镯 | 西棺内墓主左手骨处 | 1件 | 银 | 完整 | |
| 仰身直肢葬，头向东，面向上 | M2:1 | 釉陶韩瓶 | 前挡外底板西北角 | 1件 | 陶 | 完整 | |
| 仰身直肢，头向东南，面向上 | / | / | / | / | / | / | |
| 南棺为仰身直肢葬,头向西,面向上;北棺为仰身直肢葬,头向西,面向北 | M4:1 | 铜手镯 | 南棺内西南部 | 1件 | 铜 | 完整 | |
| | M4:2 | 铜手镯 | 南棺内墓主左手腕处 | 1件 | 铜 | 完整 | |
| 东棺为仰身直肢葬，头向西北，面向上；西棺葬式等均不详 | M5:1 | 银手镯 | 西棺内中东部 | 1件 | 银 | 完整 | |
| | M5:2 | 银手镯 | 西棺内中西部 | 1件 | 银 | 完整 | |
| 葬式等均不详 | M6:1 | 硬陶罐 | 木棺前挡板外西北角 | 1件 | 陶 | 完整 | |
| | M6:2 | 银手镯 | 木棺内中西部墓主右手腕处 | 1件 | 银 | 完整 | |
| 南棺为仰身直肢葬,头向东,面向上;北棺为仰身直肢葬,头向东,面向上 | / | / | / | / | / | / | |
| 仰身直肢葬，头向及面向均不详 | M8:1 | 釉陶罐 | 木棺前挡外侧底板上 | 1件 | 陶 | 残 | |
| 东棺为仰身直肢葬,头向、面向不详;西棺为仰身直肢葬,头向北,面向上;中棺为仰身直肢葬,头向北,面向上 | M9:1 | 硬陶罐 | 西棺前挡外底板上 | 1件 | 陶 | 残 | |
| | M9:2 | 硬陶罐 | 中棺前挡外底板上 | 1件 | 陶 | 残 | |
| | M9:3 | 银戒指 | 中棺内中部 | 1件 | 银 | 完整 | |
| | M9:4 | 硬陶罐 | 东棺前挡外底板上 | 1件 | 陶 | 残 | |
| | M9:5 | 玉手镯 | 东棺墓主左手腕处 | 1件 | 玉 | 完整 | |
| | M9:6 | 银押发 | 东棺墓主头骨左侧 | 1件 | 银 | 完整 | |
| 西棺仰身直肢葬,头向北,面向不详;东棺葬式不详,头向北,面向不详 | M10:1 | 硬陶罐 | 东棺前挡外底板东北角 | 1件 | 陶 | 完整 | |
| | M10:2 | 银手镯 | 西棺内墓主左手骨处 | 1件 | 银 | 完整 | |
| 南棺为仰身直肢葬,头向东、面向南;北棺为仰身直肢葬,头向东,面向北 | M11:1 | 釉陶罐 | 北棺前挡外西北角底板上 | 1件 | 陶 | 完整 | |
| | M11:2 | 釉陶罐 | 南棺前挡外西北角底板上 | 1件 | 陶 | 完整 | |

| 发掘墓葬编号 | 勘探墓葬编号 | 开口层位 | 方向 | 时代 | 形制结构 | 墓葬尺寸（长 × 宽 - 深） | 葬具尺寸（长 × 宽 - 高） |
|---|---|---|---|---|---|---|---|
| M12 | M30 | ②层下 | 52° | 清代 | 带封土竖穴土坑单棺墓 | 2.45×（0.8～0.86）-0.65 | 2.08×（0.56～0.63）-0.34 |
| M13 | M9 | ①层下 | 37° | 清代 | 竖穴土坑双棺合葬墓 | 2.56×（1.6～1.7）-0.62 | 东棺2.1×（0.45～0.48）-0.1；西棺2.06×（0.52～0.66）-0.44 |
| M14 | M8 | ①层下 | 25° | 清代 | 竖穴土坑单棺墓 | 2.6×（0.9～1.06）-0.8 | 2.22×（0.56～0.72）-0.67 |
| M15 | M7 | ①层下 | 76° | 清代 | 竖穴土坑双棺墓 | 2.45×（1.54～1.6）-0.31 | 北棺2.03×（0.47～0.64）-0.11；南棺2.1×（0.53～0.64）-0.15 |
| M16 | M6 | ①层下 | 274° | 清代 | 竖穴土坑双棺墓 | 2.6×（1.5～1.64）-0.65 | 北棺2.03×（0.47～0.61）-0.17；南棺2.09×（0.5～0.6）-0.4 |
| M17 | M5 | ①层下 | 301° | 清代 | 竖穴土坑单棺墓 | 2.55×（0.85～1）-0.57 | 2.11×（0.51～0.62）-0.27 |
| M18 | M1 | ①层下 | 28° | 清代 | 竖穴土坑单棺墓 | 2.5×（0.8～1）-0.5 | 2×（0.38～0.56）-0.17 |
| M19 | M2 | ③层下 | 115° | 清代 | 竖穴土坑单棺墓 | 2.75×（0.9～1）-0.74 | 2.16×（0.49～0.58）-0.33 |
| M20 | M75 | ③层下 | 292° | 清代 | 竖穴土坑单棺墓 | 2.6×（0.9～1.05）-0.95 | 2.04×（0.46～0.57）-0.36 |
| M21 | M74 | ①层下 | 66° | 清代 | 竖穴土坑单棺墓 | 2.65×（0.9～1）-0.84 | 2.14×（0.53～0.61）-0.21 |
| M22 | M58 | ③层下 | 33° | 清代 | 竖穴土坑单棺墓 | 2.75×（1～1.1）-0.96 | 2.1×（0.63～0.7）-0.34 |
| M23 | M14 | ③层下 | 34° | 清代 | 竖穴土坑单棺墓 | 2.65×（0.85～1）-0.55 | 2.13×（0.5～0.6）-0.54 |
| M24 | M64 | ③层下 | 198° | 清代 | 竖穴土坑单棺墓 | 2.58×（0.84～0.98）-0.9 | 2.1×（0.6～0.74）-0.7 |

| 葬式 | 出土遗物情况 | | | | | | |
|---|---|---|---|---|---|---|---|
| | 遗物编号 | 名称 | 出土位置 | 数量 | 质地 | 保存情况 | 备注 |
| 仰身直肢葬，头向东北，面向上 | M12:1 | 釉陶罐 | 木棺前挡外底板上 | 1件 | 陶 | 完整 | |
| 东棺为仰身直肢葬，头向东北，面向上；<br>西棺为仰身直肢葬，头向东，面向上 | M13:1 | 硬陶罐 | 西棺前挡外底板上 | 1件 | 陶 | 残 | |
| | M13:2 | 银戒指 | 西棺中西部 | 1件 | 银 | 完整 | 錾刻"陈门严氏" |
| | M13:3 | 银戒指 | 西棺中东部 | 1件 | 银 | 完整 | 錾刻"陈门严氏" |
| | M13:4 | 银押发 | 西棺头部北侧 | 1件 | 银 | 完整 | 錾刻"陈门严氏" |
| | M13:5 | 银耳坠 | 西棺墓主头骨右侧 | 1件 | 银 | 完整 | 錾刻"严氏" |
| 仰身直肢葬，头向北，面向上 | M14:1 | 釉陶罐 | 木棺前挡板外 | 1件 | 陶 | 完整 | |
| | M14:2 | 银手镯 | 木棺内墓主右手骨处 | 1件 | 银 | 完整 | |
| | M14:3 | 银手镯 | 木棺内墓主左手骨处 | 1件 | 银 | 完整 | |
| | M14:4 | 银戒指 | 木棺内墓主左手骨处 | 1件 | 银 | 完整 | 錾刻"曹氏" |
| | M14:5 | 料珠 | 木棺内墓主头骨左侧 | 1件 | 料 | 完整 | |
| 北棺为仰身直肢葬，头向东北，面向上；<br>南棺为仰身直肢葬，头向东北，面向上 | M15:1 | 硬陶罐 | 南棺前挡外东北角底板上 | 1件 | 陶 | 完整 | |
| | M15:2 | 硬陶罐 | 北棺前挡外东北角底板上 | 1件 | 陶 | 完整 | |
| | M15:3 | 银押发 | 北棺墓主头顶处 | 1件 | 银 | 完整 | 錾刻"陈门李氏" |
| 北棺为仰身直肢葬，头向、面向均不详；南棺为仰身直肢葬，头向、面向均不详 | / | / | / | / | / | / | |
| 仰身直肢葬，头向西，面向北 | M17:1 | 硬陶罐 | 木棺前挡外底板上 | 1件 | 陶 | 残 | |
| 仰身直肢葬，头向北，面向上 | M18:1 | 釉陶罐 | 木棺前挡外底板上 | 1件 | 陶 | 完整 | |
| 仰身直肢葬，头向东，面不详 | M19:1 | 釉陶罐 | 木棺前挡外底板上 | 1件 | 陶 | 完整 | |
| | M19:2 | 铜簪 | 木棺内中部 | 1件 | 铜 | 残 | |
| 仰身直肢葬，头向西，面向上 | M20:1 | 釉陶韩瓶 | 木棺前挡外中部底板上 | 1件 | 陶 | 完整 | |
| 仰身直肢葬，头向东，面不详 | M21:1 | 釉陶罐 | 木棺前挡外底板上偏南处 | 1件 | 陶 | 完整 | |
| 仰身直肢葬，头向北，面向不详 | M22:1 | 釉陶韩瓶 | 木棺前挡外底板上东北角 | 1件 | 陶 | 完整 | |
| 仰身直肢葬，头向北，面向上 | M23:1 | 釉陶罐 | 木棺前挡外底板中部 | 1件 | 陶 | 完整 | |
| 仰身直肢葬，头向南，面向不详 | M24:1 | 釉陶罐 | 木棺前挡外底板上偏西处 | 1件 | 陶 | 完整 | |
| | M24:2 | 铜镜 | 木棺内墓主头部 | 1件 | 铜 | 完整 | |

| 发掘墓葬编号 | 勘探墓葬编号 | 开口层位 | 方向 | 时代 | 形制结构 | 墓葬尺寸（长×宽-深） | 葬具尺寸（长×宽-高） |
|---|---|---|---|---|---|---|---|
| M25 | M62 | ③层下 | 141° | 清代 | 竖穴土坑单棺墓 | 2.75×（0.8～0.9）-0.6 | 2.15×（0.58～0.63）-0.47 |
| M26 | M76 | ③层下 | 113° | 清代 | 竖穴土坑单棺墓 | 2.65×（1.06～1.1）-0.6 | 1.9×（0.52～0.65）-0.19 |
| M27 | M43 | ③层下 | 70° | 清代 | 竖穴土坑双棺墓 | 2.55×（1.46～1.6）-0.78 | 南棺2.19×（0.47～0.54）-0.42；北棺1.97×（0.48～0.57）-0.11 |
| M28 | M77 | ③层下 | 115° | 清代 | 竖穴土坑单棺墓 | 2.4×（0.7～0.8）-0.75 | 1.91×（0.45～0.55）-0.09 |
| M29 | M42 | ④层下 | 97° | 清代 | 带封土竖穴土坑单棺墓 | 2.6×（1～1.1）-0.65 | 2.04×（0.5～0.63）-0.14 |
| M30 | M81 | ③层下 | 87° | 清代 | 竖穴土坑单棺墓 | 2.46×（0.78～0.9）-0.65 | 1.98×（0.51～0.64）-0.3 |
| M31 | M83 | ③层下 | 87° | 清代 | 带封土竖穴土坑双棺墓 | 2.8×（1.6～1.7）-0.65 | 南棺2.21×（0.61～0.68）-0.35；北棺2.03×（0.49～0.58）-0.17 |
| M32 | M85 | ③层下 | 354° | 清代 | 竖穴土坑双棺墓 | 2.56×（1.48～1.6）-0.8 | 东棺2.02×（0.56～0.63）-0.3；西棺2.04×（0.5～0.62）-0.34 |
| M33 | M87 | ③层下 | 137° | 清代 | 竖穴土坑单棺墓 | 2.4×（0.65～0.8）-0.65 | 1.9×（0.42～0.52）-0.33 |
| M34 | M67 | ③层下 | 88° | 清代 | 竖穴土坑单棺墓 | 2.54×（0.78～0.89）-0.65 | 2.09×（0.52～0.64）-0.38 |
| M35 | M80 | ④层下 | 86° | 清代 | 竖穴土坑单棺墓 | 2.46×（0.98～1.05）-0.58 | 2.02×（0.48～0.58）-0.12 |
| M36 | M84 | ①层下 | 113° | 清代 | 竖穴土坑单棺墓 | 2.3×（0.75～0.84）-0.42 | 1.95×（0.41～0.51）-0.16 |
| M37 | M34 | ③层下 | 340° | 清代 | 带封土竖穴土坑双棺墓 | 封土残高0.9<br>2.72×（1.55～1.82）-0.52 | 东棺1.95×（0.37～0.54）-0.35；西棺1.91×（0.38～0.53）-0.3 |

| 葬式 | 出土遗物情况 | | | | | | |
|---|---|---|---|---|---|---|---|
| | 遗物编号 | 名称 | 出土位置 | 数量 | 质地 | 保存情况 | 备注 |
| 仰身直肢葬，头向南，面向不详 | M25：1 | 釉陶罐 | 木棺前挡外底板上中部 | 1件 | 陶 | 完整 | |
| | M25：2 | 铜钱 | 木棺中部底板之下 | 1枚 | 铜 | 完整 | 顺治通宝 |
| | M25：3 | 铜钱 | 墓主人腿骨处底板下 | 1枚 | 铜 | 完整 | 顺治通宝 |
| | M25：4 | 铜钱 | 墓主人腿骨处底板下 | 1枚 | 铜 | 残 | |
| 仰身直肢葬，头向西，面向上 | / | / | / | / | / | / | |
| 南棺为仰身直肢葬，头向东，面向不详；北棺为仰身直肢葬，头向东，面向不详 | M27：1 | 釉陶韩瓶 | 北棺前挡外底板上东北角 | 1件 | 陶 | 完整 | |
| | M27：2 | 釉陶韩瓶 | 南棺前挡外底板上中部偏南 | 1件 | 陶 | 完整 | |
| | M27：3 | 银押发 | 南棺内墓主头骨北侧 | 1件 | 银 | 完整 | 錾刻"陈门徐氏" |
| | M27：4 | 银耳坠 | 南棺内墓主头骨北侧 | 1件 | 银 | 完整 | |
| | M27：5 | 银手镯 | 南棺内墓主右手处 | 1件 | 银 | 完整 | |
| | M27：6 | 银手镯 | 南棺内墓主左手处 | 1件 | 银 | 完整 | |
| 仰身直肢葬，头向东，面向上 | M28：1 | 釉陶罐 | 木棺前挡外底板上东南角 | 1件 | 陶 | 完整 | |
| 葬式等均不详 | M29：1 | 釉陶罐 | 木棺前挡外底板上东北角 | 1件 | 陶 | 完整 | |
| 仰身直肢葬，头向南，面向不详 | / | / | / | / | / | / | |
| 南棺为仰身直肢葬，头向东，面向不详；北棺仰身直肢葬，头向东，面向不详 | M31：1 | 釉陶罐 | 南棺头端底板上 | 1件 | 陶 | 完整 | |
| | M31：2 | 釉陶罐 | 北棺头端底板上 | 1件 | 陶 | 完整 | |
| 东棺为仰身直肢葬，头向北，面向上；西棺为仰身直肢葬，头向北，面向上 | M32：1 | 釉陶韩瓶 | 东棺前挡外底板上 | 1件 | 陶 | 完整 | |
| | M32：2 | 釉陶罐 | 西棺前挡外底板上 | 1件 | 陶 | 完整 | |
| 仰身直肢葬，头向南，面向不详 | M33：1 | 釉陶韩瓶 | 木棺前挡外底板东南角 | 1件 | 陶 | 残 | |
| 仰身直肢葬，头向东，面向不详 | M34：1 | 釉陶罐 | 木棺前挡外底板中部 | 1件 | 陶 | 完整 | |
| 仰身直肢葬，头向东，面向上 | M35：1 | 釉陶罐 | 木棺前挡外偏南侧 | 1件 | 陶 | 完整 | |
| 仰身直肢葬，头向东，面向上 | M36：1 | 硬陶罐 | 木棺前挡外底板东南角 | 1件 | 陶 | 完整 | |
| 东棺为仰身直肢葬，头向北，面向不详；西棺葬式等均不详 | M37：1 | 釉陶韩瓶 | 东棺前挡外底板上偏西处 | 1件 | 陶 | 完整 | |
| | M37：2 | 木炭棒 | 东棺内后挡板内偏东处 | 1件 | 木 | 残损 | |
| | M37：3 | 釉陶韩瓶 | 西棺前挡外侧底板上偏西处 | 1件 | 陶 | 完整 | |

| 发掘墓葬编号 | 勘探墓葬编号 | 开口层位 | 方向 | 时代 | 形制结构 | 墓葬尺寸（长 × 宽 - 深） | 葬具尺寸（长 × 宽 - 高） |
|---|---|---|---|---|---|---|---|
| M38 | M61 | ③层下 | 305° | 清代 | 竖穴土坑单棺墓 | 2.5×（0.8～0.9）-0.52 | 2.14×（0.52～0.63）-0.33 |
| M39 | M33 | ③层下 | 30° | 清代 | 竖穴土坑双棺墓 | 2.77×（1.57～1.76）-0.85 | 东棺2.1×（0.5～0.63）-0.43；西棺2.1×（0.5～0.6）-0.67 |
| M40 | M82 | ④层下 | 328° | 清代 | 竖穴土坑单棺墓 | 2.75×（0.9～1）-0.65 | 2.3×（0.59～0.71）-0.62 |
| M41 | M78 | ④层下 | 25° | 清代 | 竖穴土坑单棺墓 | 2.3×（0.74～0.86）-0.2 | 2×（0.57～0.67）-0.12 |
| M42 | M11 | ⑥层下 | 20° | 明代 | 竖穴土坑双棺墓 | 2.36×（1.19～1.2）-1.13 | 东棺1.94×（0.3～0.4）；西棺2×（0.4～0.53）-0.63 |
| M43 | M47 | ⑥层下 | 20° | 明代 | 竖穴土坑双棺墓 | 2.42×（1.48～1.6）-0.56 | 东棺2.01×（0.49～0.6）-0.42；西棺2×（0.37～0.51）-0.5 |
| M44 | M17 | ①层下 | 20° | 清代 | 竖穴土坑双棺墓 | 2.53×（1.4～1.59）-0.56 | 东棺1.95×（0.4～0.53）-0.18；西棺1.95×（0.39～0.52）-0.26 |
| M45 | M13 | ⑥层下 | 24° | 明代 | 竖穴土坑双棺墓 | 2.56×（1.46～1.64）-0.88 | 东棺1.69×（0.49～0.62）-0.15；西棺1.9×（0.53～0.66）-0.7 |
| M46 | M65 | ⑥层下 | 340° | 明代 | 竖穴土坑单棺墓 | 2.4×（0.92～1.18）-0.75 | 2.05×（0.5～0.6）-0.6 |
| M47 | M88 | ⑥层下 | 14° | 明代 | 竖穴土坑三棺墓 | 2.62×（2.09～2.28）-0.46 | 东棺1.92×（0.44～0.55）-0.38；西棺1.97×（0.47～0.59）-0.31；中棺1.99×（0.58～0.7）-0.4 |
| M48 | M86 | ⑥层下 | 14° | 明代 | 竖穴土坑单棺墓 | 2.52×（0.84～0.94）-1.02 | 1.96×（0.47～0.6）-0.42 |
| M49 | M68 | ⑥层下 | 304° | 明代 | 竖穴土坑双棺墓 | 2.81×（1.6～1.75）-1.02 | 北棺1.85×（0.3～0.63）-0.3；南棺2.1×（0.54～0.7）-0.8 |

| 葬式 | 出土遗物情况 | | | | | | |
|---|---|---|---|---|---|---|---|
| | 遗物编号 | 名称 | 出土位置 | 数量 | 质地 | 保存情况 | 备注 |
| 仰身直肢葬，头向西北，面向上 | M38:1 | 釉陶罐 | 木棺前挡外底板西南角 | 1件 | 陶 | 完整 | |
| 东棺为仰身直肢葬，头向北，面向上；西棺葬式等均不详 | M39:1 | 铜镜 | 东棺前挡外偏东处填土中 | 1件 | 铜 | 完整 | 镜纽处有丝织品残留 |
| | M39:2 | 釉陶罐 | 东棺前挡外底板上偏西处 | 1件 | 陶 | 残 | |
| | M39:3 | 釉陶韩瓶 | 西棺前挡外底板上偏西处 | 1件 | 陶 | 完整 | |
| | M39:4 | 砚台 | 西棺后挡板外填土中 | 1件 | 石 | 完整 | 表面有阴刻题砚诗 |
| | M39:5 | 砚台 | 西棺后挡板外填土中 | 1件 | 石 | 完整 | 表面有阴刻题砚诗 |
| 仰身直肢葬，头向西北，面向上 | M40:1 | 釉陶韩瓶 | 木棺前挡外底板西南角 | 1件 | 陶 | 完整 | |
| 仰身直肢葬，头向北，面向不详 | / | / | / | / | / | / | / |
| 东棺为仰身直肢葬，头向、面向均不详；西棺为仰身直肢葬，头向北，面向上 | M42:1 | 釉陶韩瓶 | 西棺前挡外底板上东北角 | 1件 | 陶 | 完整 | |
| | M42:2 | 釉陶韩瓶 | 东棺前挡外底板西北角 | 1件 | 陶 | 完整 | |
| 东棺为仰身直肢葬，头向北，面向不详；西棺为仰身直肢葬，头向北，面向不详 | M43:1 | 釉陶韩瓶 | 西棺前挡外底板东北角 | 1件 | 陶 | 完整 | |
| | M43:2 | 砖买地券 | 东棺前挡外中部 | 1件 | 陶 | 残 | 其上有朱书文字 |
| 东棺为仰身直肢葬，头向西北，面向不详；西棺为仰身直肢葬，头向东，面向不详 | M44:1 | 铜钱 | 东棺内墓主左臂处 | 1枚 | 铜 | 锈蚀 | |
| 东棺为仰身直肢葬，头向北，面向不详；西棺葬式等均不详 | M45:1 | 釉陶罐 | 东棺前挡外西北角 | 1件 | 陶 | 完整 | |
| | M45:2 | 釉陶韩瓶 | 西棺前挡外底板西北角 | 1件 | 陶 | 完整 | |
| | M45:3 | 铜钱 | 西棺内底部淤土中 | 1枚 | 铜 | 完整 | 万历通宝 |
| 仰身直肢葬，头向西北，面向上 | M46:1 | 釉陶罐 | 木棺外西北角 | 1件 | 陶 | 完整 | |
| 东棺为仰身直肢葬，头向东北，面向上；西棺为仰身直肢葬，头向北，面向不详；中棺头向、面向、葬式均不详 | M47:1 | 釉陶韩瓶 | 中棺前挡外底板上中部 | 1件 | 陶 | 残 | |
| | M47:2 | 釉陶罐 | 西棺前挡外底板西北角 | 1件 | 陶 | 残 | |
| | M47:3 | 银耳坠 | 中棺内中部 | 1件 | 银 | 完整 | |
| 仰身直肢葬，头向北，面向不详 | M48:1 | 砖买地券 | 木棺头端底板上 | 1方 | 陶 | 完整 | 其上有朱书文字 |
| 北棺为仰身直肢葬，头向、面向均不详；南棺为仰身直肢葬，头向东，面向不详 | M49:1 | 釉陶韩瓶 | 南棺前挡外底板西南角 | 1件 | 陶 | 完整 | |
| | M49:2 | 釉陶韩瓶 | 北棺前挡外底板东北角 | 1件 | 陶 | 完整 | |

| 发掘墓葬编号 | 勘探墓葬编号 | 开口层位 | 方向 | 时代 | 形制结构 | 墓葬尺寸（长 × 宽 - 深） | 葬具尺寸（长 × 宽 - 高） |
|---|---|---|---|---|---|---|---|
| M50 | M22 | ⑤层下 | 245° | 清代 | 竖穴土坑双棺墓 | 2.94×（1.72～1.85）-0.71 | 北棺 2.22×（0.64～0.78）-0.68；南棺 2.11×（0.55～0.68）-0.66 |
| M51 | M23 | ⑥层下 | 23° | 明代 | 竖穴土坑双棺墓 | 2.72×（1.61～1.7）-1.29 | 东棺 1.71×（0.46～0.52）-0.27；西棺 2.27×（0.55～0.7）-0.78 |
| M52 | M24 | ⑤层下 | 100° | 清代 | 竖穴土坑双棺墓 | 2.71×（1.59～1.73）-0.84 | 北棺 2.2×（0.65～0.8）-0.73；南棺 2.15×（0.48～0.66）-0.44 |
| M53 | M32 | ⑨层下 | 30° | 明代 | 竖穴土坑单棺墓 | 2.3×（0.9～1.02）-1.3 | 2.05×（0.62～0.75）-0.56 |
| M54 | M92 | ⑨层下 | 36° | 明代 | 竖穴土坑单棺墓 | 2.3×（0.8～0.95）-1.02 | 1.86×（0.43～0.57）-0.25 |
| M55 | M93 | ⑨层下 | 19° | 明代 | 竖穴土坑单棺墓 | 2.5×（0.94～1）-1.36 | 2×（0.55～0.7）-0.3 |
| M56 | M69 | ⑥层下 | 115° | 明代 | 竖穴土坑单棺墓 | 2.7×（0.9～1）-1.1 | 2.25×（0.6～0.7）-0.78 |
| M57 | 新增 | ⑥层下 | 104° | 明代 | 竖穴土坑单棺墓 | 2.7×（0.9～1.05）-1.35 | 2.15×（0.7～0.83）-0.78 |
| M58 | M72 | ⑥层下 | 120° | 明代 | 竖穴土坑单棺墓 | 2.4×（0.86～1.06）-1.37 | 2.1×（0.59～0.78）-0.8 |
| M59 | 新增 | ⑪层下 | 160° | 唐代 | 竖穴土坑船形砖室单人墓 | 2.26×（0.74～0.95）-0.76 | 2.1×（0.53～0.75）-0.7 |
| M60 | 新增 | ⑥层下 | 120° | 明代 | 竖穴土坑单棺墓 | 2.6×（0.9～1.02）-1.3 | 2.16×（0.67～0.8）-0.79 |
| M61 | M56 | ⑨层下 | 16° | 明代 | 竖穴土坑单棺墓 | 2.46×（0.8～0.9）-1.4 | 2.07×（0.61～0.72）-0.73 |
| M62 | M26 | ⑨层下 | 12° | 明代 | 竖穴土坑双棺墓 | 2.5×（1.5～1.64）-1.55 | 东棺 1.95×（0.48～0.66）-0.61；西棺 2.03×（0.57～0.73）-0.67 |

| 葬式 | 出土遗物情况 | | | | | | |
|---|---|---|---|---|---|---|---|
| | 遗物编号 | 名称 | 出土位置 | 数量 | 质地 | 保存情况 | 备注 |
| 北棺为仰身直肢葬,头向西,面向上;南棺为仰身直肢葬,头向西,面向不详 | M50:1 | 釉陶韩瓶 | 北棺头端外的底板西北角 | 1件 | 陶 | 完整 | |
| | M50:2 | 釉陶韩瓶 | 南棺头端外的底板西南角 | 1件 | 陶 | 完整 | |
| 东棺葬式等均不详;西棺为仰身直肢葬,头向东,面向不详 | M51:1 | 铁棺钉 | 西棺盖板西侧中部 | 1枚 | 铁 | 锈蚀 | 方形钉帽 |
| | M51:2 | 釉陶罐 | 西棺前挡外底板西南角 | 1件 | 陶 | 完整 | |
| 北棺为仰身直肢葬,头向东,面向不详;南棺为仰身直肢葬,头向东,面向不详 | M52:1 | 釉陶罐 | 北棺前挡外底板北部 | 1件 | 陶 | 完整 | |
| | M52:2 | 釉陶韩瓶 | 南棺前挡外底板中部 | 1件 | 陶 | 完整 | |
| 仰身直肢葬,头向北,面向不详 | M53:1 | 釉陶罐 | 木棺前挡板外西侧 | 1件 | 陶 | 完整 | |
| | M53:2 | 青瓷碗 | 木棺内墓主头部东侧 | 1件 | 瓷 | 完整 | |
| | M53:3 | 青瓷碗 | 木棺内墓主头部东侧 | 1件 | 瓷 | 完整 | |
| 仰身直肢葬,头向东北,面向上 | M54:1 | 釉陶罐 | 墓底西北角 | 1件 | 陶 | 完整 | |
| 仰身直肢葬,头向北,面向不详 | / | / | / | / | / | / | |
| 仰身直肢葬,头向东,面向不详 | / | / | / | / | / | / | |
| 仰身直肢葬,头向东,面向不详 | M57:1 | 釉陶韩瓶 | 木棺前挡板外底板北侧 | 1件 | 陶 | 残 | |
| 葬式不详,头向东,面向不详 | M58:1 | 釉陶韩瓶 | 墓底东北角 | 1件 | 陶 | 完整 | |
| 葬式等均不详 | M59:1 | 釉陶罐 | 砖室头端外顶部 | 1件 | 陶 | 残 | 四系均已被破坏 |
| 仰身直肢葬,头向东,面向不详 | M60:1 | 釉陶韩瓶 | 墓底东南角 | 1件 | 陶 | 残 | |
| | M60:2 | 银环 | 木棺内淤土中 | 1对 | 银 | 锈蚀 | |
| 仰身直肢葬,头向北,面向不详 | M61:1 | 釉陶罐 | 木棺前挡板外西侧 | 1件 | 陶 | 完整 | |
| 东棺葬式等均不详;西棺为仰身直肢葬,头向北,面向不详 | M62:1 | 釉陶罐 | 墓底西北角 | 1件 | 陶 | 完整 | |
| | M62:2 | 银簪 | 东棺内底部 | 1件 | 银 | 完整 | |
| | M62:3 | 铜钱 | 西棺内底部 | 1组7枚 | 铜 | 5枚字迹较为清晰,2枚锈蚀严重,字迹模糊 | 洪武通宝 |

| 发掘墓葬编号 | 勘探墓葬编号 | 开口层位 | 方向 | 时代 | 形制结构 | 墓葬尺寸<br>（长 × 宽 - 深） | 葬具尺寸<br>（长 × 宽 - 高） |
|---|---|---|---|---|---|---|---|
| M63 | M63 | ⑨层下 | 32° | 明代 | 竖穴土坑单棺墓 | 2.5×（0.84～0.9）-1.25 | 2×（0.44～0.55）-0.08 |
| M64 | M90 | ⑨层下 | 37° | 明代 | 竖穴土坑单棺墓 | 2.4×（0.8～0.94）-1.3 | 2.1×（0.57～0.8）-0.53 |
| M65 | M91 | ⑨层下 | 29° | 明代 | 竖穴土坑双棺墓 | 2.45×（1.57～1.85）-1.3 | 东棺1.77×（0.46～0.7）-0.08；<br>西棺1.78×（0.4～0.58）-0.08 |
| M66 | M31 | ⑨层下 | 12° | 明代 | 竖穴土坑双棺墓 | 2.69×（1.43～1.85）-1.93 | 东棺2.01×（0.62～0.85）-0.78；<br>西棺2.12×（0.62～0.78）-0.56 |
| M67 | M21 | ⑨层下 | 355° | 明代 | 竖穴土坑单棺墓 | 2.5×（0.76～0.9）-1.7 | 2.12×（0.56～0.7）-0.49 |
| M68 | 新增 | ⑨层下 | 20° | 明代 | 竖穴土坑双棺墓 | 2.65×（1.6～1.81）-2.12 | 东棺2.05×（0.48～0.63）-0.75；<br>西棺2.14×（0.65～0.75）-0.7 |
| M69 | M50 | ⑨层下 | 43° | 明代 | 竖穴土坑单棺墓 | 2.6×（0.84～1）-1.97 | 2.15×（0.64～0.77）-0.83 |

续表

| 葬式 | 出土遗物情况 | | | | | | |
|---|---|---|---|---|---|---|---|
| | 遗物编号 | 名称 | 出土位置 | 数量 | 质地 | 保存情况 | 备注 |
| 葬式等均不详 | M63：1 | 青瓷碗 | 墓底西北角 | 1件 | 瓷 | 残 | |
| | M63：2 | 釉陶罐 | 墓底西北角 | 1件 | 陶 | 完整 | |
| | M63：3 | 青瓷碗 | 木棺内头端东侧 | 1件 | 瓷 | 完整 | |
| | M63：4 | 青瓷碗 | 木棺内头端东侧 | 1件 | 瓷 | 完整 | |
| 仰身直肢葬，头向、面向不详 | M64：1 | 青瓷碗 | 木棺内头端东北侧 | 1件 | 瓷 | 完整 | |
| | M64：2 | 青瓷碗 | 木棺内头端东北侧 | 1件 | 瓷 | 完整 | |
| 葬式等均不详 | M65：1 | 釉陶罐 | 西棺西北侧 | 1件 | 陶 | 完整 | |
| | M65：2 | 青瓷碗 | 西棺内墓主头端西侧 | 1件 | 瓷 | 残 | |
| | M65：3 | 青瓷碗 | 西棺内墓主头端西侧 | 1件 | 瓷 | 完整 | |
| | M65：4 | 青瓷碗 | 东棺内墓主头端东侧 | 1件 | 瓷 | 残 | |
| | M65：5 | 青瓷碗 | 东棺内墓主头端东侧 | 1件 | 瓷 | 完整 | |
| 东棺为仰身直肢葬，头向北，面向上；西棺葬式等均不详 | M66：1 | 釉陶罐 | 东棺头端外西侧 | 1件 | 陶 | 残 | |
| | M66：2 | 木买地券 | 东棺头端外底板中部 | 1方 | 木 | 残 | |
| 仰身直肢葬，头向北，面向上 | M67：1 | 釉陶罐 | 墓底东北角 | 1件 | 陶 | 完整 | |
| | M67：2 | 铜钱 | 木棺内墓主左足处 | 1组18枚 | 铜 | 2枚字迹清晰，其余字迹不清且有残缺破损 | 其中可辨"洪武通宝"2枚，"大和通宝"1枚 |
| 东棺仰身直肢葬，头向西北，面向上；西棺仰身直肢葬，头向北，面向不详 | M68：1 | 釉陶罐 | 西棺头端棺外西北部 | 1件 | 陶 | 完整 | |
| | M68：2 | 铜钱 | 西棺内墓主右手骨处 | 1组7枚 | 铜 | 4枚字迹较为清晰，3枚字迹模糊 | 洪武通宝 |
| 仰身直肢葬，头向北，面向不详 | M69：1 | 釉陶罐 | 墓底西北角 | 1件 | 陶 | 完整 | |
| | M69：2 | 银戒指 | 棺底淤土中 | 1枚 | 银 | 锈蚀 | |

| 发掘墓葬编号 | 勘探墓葬编号 | 开口层位 | 方向 | 时代 | 形制结构 | 墓葬尺寸<br>（长×宽-深） | 葬具尺寸<br>（长×宽-高） |
|---|---|---|---|---|---|---|---|
| M70 | M49 | ⑨层下 | 19° | 明代 | 竖穴土坑双棺墓 | 2.72×（1.55～1.66）-1.43 | 东棺1.68×（0.44～0.54）；<br>西棺1.95×（0.39～0.64）-0.37 |
| M71 | M55 | ⑨层下 | 27° | 明代 | 竖穴土坑单棺墓 | 2.47×（0.8～1.1）-1.6 | 1.98×（0.57～0.7）-0.54 |
| M72 | M40 | ⑥层下 | 210° | 明晚 | 竖穴土坑单棺墓 | 2.56×（0.9～1）-1.95 | 2.26×（0.68～0.85）-0.77 |
| M73 | M52 | ⑨层下 | 279° | 明代 | 竖穴土坑双棺墓 | 2.71×（1.47～1.87）-1.7 | 北棺1.7×（0.53～0.68）；<br>南棺2.13×（0.6～0.82）-0.75 |
| M74 | M35 | ⑥层下 | 200° | 明代 | 竖穴土坑单棺墓 | 2.6×（0.9～1）-1.9 | 2.15×（0.6～0.71）-0.77 |
| M75 | M36 | ⑥层下 | 230° | 明代 | 竖穴土坑单棺墓 | 2.41×（0.9～1）-1.8 | 1.96×（0.56～0.6）-0.05 |
| M76 | M46 | ⑥层下 | 125° | 明代 | 竖穴土坑单棺墓 | 2.4×（0.71～0.76）-1.23 | 1.95×（0.5～0.6）-0.44 |
| M77 | 新增 | ⑥层下 | 120° | 明代 | 竖穴土坑单棺墓 | 2.47×（0.78～0.91）-1.32 | 1.98×（0.52～0.65）-0.35 |
| M78 | M44 | ⑥层下 | 119° | 明代 | 竖穴土坑双棺墓 | 2.67×（1.5～1.68）-1.35 | 北棺2.11×（0.46～0.55）-0.03；<br>南棺2.11×（0.54～0.68）-0.3 |
| M79 | M45 | ⑥层下 | 130° | 明代 | 竖穴土坑双棺墓 | 2.37×（1.3～1.42）-（1.25～1.36） | 北棺2.11×（0.5～0.69）-0.22；<br>南棺1.18×（0.29～0.32）-0.11 |
| M80 | 新增 | ⑥层下 | 135° | 明代 | 竖穴土坑单棺墓 | 2.46×（0.8～0.85）-0.57 | |

| 葬式 | 出土遗物情况 | | | | | | |
|---|---|---|---|---|---|---|---|
| | 遗物编号 | 名称 | 出土位置 | 数量 | 质地 | 保存情况 | 备注 |
| 东棺为仰身直肢葬，头向北，面向不详；西棺葬式等均不详 | M70：1 | 釉陶罐 | 西棺前挡板外西北侧 | 1件 | 陶 | 完整 | |
| | M70：2 | 铜钱 | 东棺内墓主头部左侧 | 1枚 | 铜 | 完整 | |
| | M70：3 | 釉陶罐 | 东棺前挡板外西北侧 | 1件 | 陶 | 完整 | |
| | M70：4 | 铜钱 | 西棺内中部偏北 | 1枚 | 铜 | 完整 | |
| | M70：5 | 铜钱 | 西棺内底部靠近东帮板 | 1枚 | 铜 | 残 | 元祐通宝 |
| | M70：6 | 铜钱 | 东棺内底部靠近东帮板 | 1组2枚 | 铜 | 完整 | 货泉 |
| | M70：7 | 玉环 | 东棺内底部靠近西帮板 | 1组2件 | 玉 | 完整 | |
| 葬式等均不详 | M71：1 | 釉陶罐 | 木棺前挡板外西北侧 | 1件 | 陶 | 完整 | |
| | M71：2 | 青瓷碗 | 木棺内头端东北角 | 1件 | 瓷 | 完整 | |
| | M71：3 | 青瓷碗 | 木棺内头端东北角 | 1件 | 瓷 | 完整 | |
| 仰身直肢葬，头向西，面向上 | M72：1 | 釉陶罐 | 墓底西南角 | 1件 | 陶 | 完整 | |
| 葬式等均不详 | M73：1 | 青瓷碗 | 北棺内西南部 | 1件 | 瓷 | 残 | |
| | M73：2 | 青瓷碗 | 北棺内西南部 | 1件 | 瓷 | 残 | |
| | M73：3 | 釉陶韩瓶 | 南棺前挡板外西北角 | 1件 | 陶 | 完整 | |
| | M73：4 | 青瓷碗 | 南棺内西南部 | 1件 | 瓷 | 完整 | |
| | M73：5 | 青瓷碗 | 南棺内西南部 | 1件 | 瓷 | 完整 | |
| 葬式为仰身直肢葬，头向、面向不详 | / | / | / | / | / | / | |
| 葬式等均不详 | / | / | / | / | / | / | |
| 仰身直肢葬，头向东，面向不详 | M76：1 | 釉陶罐 | 木棺前挡板外东南侧 | 1件 | 陶 | 完整 | |
| | M76：2 | 铜钱 | 木棺内底部 | 1枚 | 铜 | 残 | 开□通宝 |
| 仰身直肢葬，头向东，面向不详 | M77：1 | 釉陶韩瓶 | 木棺前挡板外东南侧 | 1件 | 陶 | 完整 | |
| 北棺葬式等均不详；南棺仰身直肢葬，头向东，面向不详 | M78：1 | 釉陶韩瓶 | 墓底东北角 | 1件 | 陶 | 完整 | |
| | M78：2 | 釉陶罐 | 墓底东南角 | 1件 | 陶 | 残 | |
| 北棺仰身直肢葬，头向、面向不详；南棺二次葬，头向东南，面向上 | M79：1 | 釉陶韩瓶 | 南棺头端东侧 | 1件 | 陶 | 完整 | |
| 葬式等均不详 | / | / | / | / | / | / | |

| 发掘墓葬编号 | 勘探墓葬编号 | 开口层位 | 方向 | 时代 | 形制结构 | 墓葬尺寸（长 × 宽 - 深） | 葬具尺寸（长 × 宽 - 高） |
|---|---|---|---|---|---|---|---|
| M81 | M37 | ⑥层下 | 120° | 明代 | 竖穴土坑单棺墓 | 2.67×（0.82～1.1）-1.3 | 2.12×（0.55～0.72）-0.5 |
| M82 | 新增 | ⑥层下 | 130° | 明代 | 竖穴土坑单棺墓 | 2.22×（0.55～0.76）-1.39 | 1.82×（0.41～0.48）-0.36 |
| M83 | M48 | ⑨层下 | 248° | 明代 | 竖穴土坑单棺墓 | 2.41×（1.03～1.12）-1.64 | 1.98×（0.56～0.6）-0.31 |
| M84 | M25 | ⑥层下 | 115° | 明代 | 竖穴土坑双棺墓 | 2.65×（1.6～1.65）-1.5 | 北棺2.2×（0.69～0.79）-0.87；南棺2×（0.53～0.67）-0.75 |
| M85 | M41 | ⑥层下 | 116° | 明代 | 竖穴土坑单棺墓 | 2.7×（1.8～2）-（0.71～1.37） | 2.17×（0.67～0.79）-0.78 |
| M86 | M38 | ⑥层下 | 120° | 明代 | 竖穴土坑单棺墓 | 2.39×（0.61～0.7）-1.2 | 2.11×（0.51～0.7）-0.65 |
| M87 | 新增 | ⑥层下 | 140° | 明代 | 竖穴土坑单棺墓 | 2.35×（0.68～0.85）-0.75 | 1.87×（0.38～0.48）-0.18 |
| M88 | M89 | ⑪层下 | 291° | 明代 | 竖穴土坑单棺墓 | 2.42×（1～1.17）-0.9 | 1.9×（0.55～0.82）-0.16 |
| M89 | 新增 | ⑪层下 | 318° | 明代 | 竖穴土坑单棺墓 | 2.35×（0.67～0.76）-0.65 | 1.98×（0.43～0.48）-0.12 |
| M90 | 新增 | ⑪层下 | 318° | 明代 | 竖穴土坑单棺墓 | 2.27×（0.63～0.73）-0.75 | 1.99×（0.4～0.55）-0.6 |

| 葬式 | 出土遗物情况 | | | | | | |
|---|---|---|---|---|---|---|---|
| | 遗物编号 | 名称 | 出土位置 | 数量 | 质地 | 保存情况 | 备注 |
| 仰身直肢葬，头向东，面向不详 | M81：1 | 釉陶罐 | 木棺前挡板外西南侧 | 1件 | 陶 | 完整 | |
| | M81：2 | 铜钱 | 木棺内中部墓主腹部 | 1枚 | 铜 | 残 | 开元通宝 |
| 仰身直肢葬，头向东，面向不详 | M82：1 | 釉陶罐 | 木棺前挡板外东南侧 | 1件 | 陶 | 完整 | |
| 葬式等均不详 | M83：1 | 砖买地券 | 木棺头端挡板外底板上 | 1方 | 陶 | 完整 | 字迹不清 |
| | M83：2 | 釉陶罐 | 墓底西北角 | 1件 | 陶 | 完整 | |
| 北棺为仰身直肢葬，头向东北，面向不详；南棺为仰身直肢葬，头向东北，面向上 | M84：1 | 釉陶韩瓶 | 北棺前挡板外东北侧 | 1件 | 陶 | 完整 | |
| | M84：2 | 釉陶罐 | 南棺前挡板外中部 | 1件 | 陶 | 完整 | |
| | M84：3 | 银簪 | 北棺墓主头部 | 1件 | 银 | 残 | |
| 仰身直肢葬，头向东，面向上 | M85：1 | 釉陶韩瓶 | 墓底东南角 | 1件 | 陶 | 完整 | |
| | M85：2 | 砖买地券 | 木棺前挡外中部底板上 | 1方 | 陶 | 完整 | 字迹不清 |
| | M85：3 | 铜钱 | 木棺内底部 | 1枚 | 铜 | 完整 | 嘉靖通宝 |
| 仰身直肢葬，头向东南，面向上 | M86：1 | 釉陶韩瓶 | 木棺前挡外底板上东北角 | 1件 | 陶 | 完整 | |
| 葬式等均不详 | M87：1 | 釉陶韩瓶 | 木棺前挡板外东南侧 | 1件 | 陶 | 完整 | |
| 仰身直肢葬，头向西，面向不详 | M88：1 | 铁棺钉 | 棺盖板南侧中上部 | 1枚 | 铁 | 锈蚀 | |
| | M88：2 | 釉陶罐 | 墓底西北角 | 1件 | 陶 | 完整 | |
| | M88：3 | 青瓷碗 | 棺内西南角 | 1件 | 瓷 | 完整 | |
| | M88：4 | 青瓷碗 | 棺内西南角 | 1件 | 瓷 | 完整 | |
| 葬式等均不详 | / | / | / | / | / | / | |
| 仰身直肢葬，头向西北，面向不详 | M90：1 | 釉陶罐 | 木棺前挡板外西北侧 | 1件 | 陶 | 完整 | |
| | M90：2 | 青瓷碗 | 木棺内头端西北侧 | 1件 | 瓷 | 完整 | |
| | M90：3 | 青瓷碗 | 木棺内头端西北侧 | 1件 | 瓷 | 残 | |

| 发掘墓葬编号 | 勘探墓葬编号 | 开口层位 | 方向 | 时代 | 形制结构 | 墓葬尺寸<br>（长×宽-深） | 葬具尺寸<br>（长×宽-高） |
|---|---|---|---|---|---|---|---|
| M91 | M73 | ⑪层下 | 18° | 明代 | 竖穴土坑单棺墓 | 2.54×（0.8～0.9）-（1.1～1.3） | 1.92×（0.5～0.66）-0.46 |
| M92 | M57 | ⑪层下 | 13° | 明代 | 竖穴土坑单棺墓 | 2.74×（0.91～1.19）-（1.3～1.5） | 2.05×（0.61～0.81）-0.54 |
| M93 | 新增 | ⑪层下 | 18° | 明代 | 竖穴土坑单棺墓 | 1.23×（0.57～0.63）-0.8 | 1.06×（0.34～0.4）-0.04 |
| M94 | 新增 | ⑪层下 | 18° | 明代 | 竖穴土坑单棺墓 | 2.46×（0.71～0.93）-（1.13～1.22） | 1.91×（0.47～0.61）-0.2 |
| M95 | 新增 | ⑪层下 | 30° | 明代 | 竖穴土坑单棺墓 | 2.12×（0.6～0.85）-0.8 | 1.92×（0.3～0.55）-0.08 |
| M96 | M59 | ⑪层下 | 7° | 明代 | 竖穴土坑单棺墓 | 2.43×（0.92～1.15）-1.51 | 2.03×（0.62～0.88）-0.78 |
| M97 | 新增 | ⑪层下 | 30° | 明代 | 竖穴土坑双棺墓 | 2.54×（1.26～1.51）-（0.97～1.3） | 东棺1.97×（0.32～0.49）-0.05；西棺2.02×（0.49～0.76）-0.06 |
| M98 | 新增 | ⑪层下 | 41° | 明代 | 竖穴土坑单棺墓 | 2.2×（0.62～0.83）-0.9 | 1.8×（0.39～0.67）-0.19 |
| M99 | M60 | ⑪层下 | 33° | 明代 | 竖穴土坑单棺墓 | 2.46×（0.83～0.99）-1.17 | 2.06×（0.6～0.75）-0.8 |

| 葬式 | 出土遗物情况 | | | | | | |
|---|---|---|---|---|---|---|---|
| | 遗物编号 | 名称 | 出土位置 | 数量 | 质地 | 保存情况 | 备注 |
| 仰身直肢葬，头向北，面向上 | M91：1 | 青瓷碗 | 近足端的盖板朽痕之上 | 1件 | 瓷 | 残 | |
| | M91：2 | 釉陶罐 | 墓坑北部生土台上西侧 | 1件 | 陶 | 完整 | |
| | M91：3 | 青瓷碗 | 木棺内东北角 | 1件 | 瓷 | 残 | |
| | M91：4 | 青瓷碗 | 木棺内东北角 | 1件 | 瓷 | 完整 | |
| 葬式等均不详 | M92：1 | 釉陶罐 | 墓坑北部生土台上 | 1件 | 陶 | 完整 | |
| | M92：2 | 青瓷碗 | 木棺内东北角 | 1件 | 瓷 | 完整 | |
| | M92：3 | 青瓷碗 | 木棺内东北角 | 1件 | 瓷 | 完整 | |
| | M92：4 | 铜钱 | 木棺内底部草木灰中 | 1组6枚 | 铜 | 5枚完整，1枚残 | |
| 仰身直肢葬，头向东北，面向不详 | / | / | / | / | / | / | |
| 仰身直肢葬，头向北，面向不详 | M94：1 | 釉陶罐 | 木棺前挡板外中部 | 1件 | 陶 | 完整 | |
| | M94：2 | 铜钱 | 木棺内中部 | 1枚 | 铜 | 完整 | |
| 葬式等均不详 | / | / | / | / | / | / | |
| 仰身直肢葬，头向、面向不详 | M96：1 | 釉陶罐 | 木棺前挡外底板西北角 | 1件 | 陶 | 完整 | |
| | M96：2 | 青瓷碗 | 木棺内东北角 | 1件 | 瓷 | 完整 | |
| | M96：3 | 青瓷碗 | 木棺内东北角 | 1件 | 瓷 | 完整 | |
| | M96：4 | 铜钱 | 木棺内墓主右手骨处 | 1枚 | 铜 | 锈蚀 | 宣和通宝 |
| 东棺葬式等均不详；西棺为仰身直肢葬，头向南，面向不详 | M97：1 | 釉陶罐 | 西棺前挡外底板东北角 | 1件 | 陶 | 完整 | |
| | M97：2 | 青瓷碗 | 西棺内东北角 | 1件 | 瓷 | 完整 | |
| | M97：3 | 青瓷碗 | 西棺内东北角 | 1件 | 瓷 | 完整 | |
| | M97：4 | 铜钱 | 西棺内墓主人右臂处 | 1组4枚 | 铜 | 1枚字迹较为清晰，3枚锈蚀严重，字迹模糊 | 天禧通宝、咸平元宝 |
| | M97：5 | 铁秤砣 | 西棺内墓主人右臂处 | 1件 | 铁 | 完整 | |
| | M97：6 | 铁秤砣 | 西棺内墓主人右臂处 | 1件 | 铁 | 残 | |
| 仰身直肢葬，头向东北，面向不详 | M98：1 | 釉陶罐 | 木棺前挡板外东北角 | 1件 | 陶 | 完整 | |
| 葬式等均不详 | / | / | / | / | / | / | |

| 发掘墓葬编号 | 勘探墓葬编号 | 开口层位 | 方向 | 时代 | 形制结构 | 墓葬尺寸（长×宽-深） | 葬具尺寸（长×宽-高） |
|---|---|---|---|---|---|---|---|
| M100 | 新增 | ⑪层下 | 110° | 明代 | 竖穴土坑塔形砖室单人墓 | 1.22×1-0.94 | 塔基0.8×0.7×0.34，通高1.1 |
| M101 | 新增 | ⑪层下 | 40° | 明代 | 竖穴土坑单棺墓 | 2.7×（0.83～1.1）-1.55 | 2.06×（0.69～0.84）-0.85 |
| M102 | 新增 | ⑪层下 | 34° | 明代 | 竖穴土坑单棺墓 | 2.72×（0.8～0.97）-1.6 | 2.1×（0.6～0.8）-0.72 |
| M103 | M39 | ⑪层下 | 143° | 明代 | 竖穴土坑单棺墓 | 2.78×（0.68～1.1）-1.25 | 2.12×（0.51～0.74）-0.67 |
| M104 | 新增 | ⑪层下 | 157° | 明代 | 竖穴土坑单人重棺墓 | 2.6×（0.71～1.01）-1.25 | 外棺2.06×（0.58～0.81）-0.65；内棺1.7×（0.3～0.48）-0.4 |
| M105 | M79 | ⑪层下 | 205° | 明代 | 竖穴土坑单棺墓 | 2.7×（0.8～0.95）-1.3 | 2.21×（0.67～0.8）-0.8 |
| M106 | M66 | ⑪层下 | 20° | 明代 | 竖穴土坑单棺墓 | 2.57×（0.67～0.93）-1.42 | 2.05×（0.53～0.78）-0.6 |
| M107 | 新增 | ⑪层下 | 12° | 明代 | 竖穴土坑单棺墓 | 2.26×（0.5～0.84）-1.33 | 1.91×（0.44～0.76）-0.6 |
| M108 | M70 | ⑥层下 | 101° | 明代 | 竖穴土坑双棺墓 | 2.55×（1.47～1.61）-1.13 | 北棺1.87×（0.49～0.72）-0.5；南棺2×（0.58～0.71）-0.52 |
| M109 | M71 | ⑥层下 | 106° | 明代 | 竖穴土坑单棺墓 | 2.54×（0.85～1.04）-1.41 | 2.17×（0.61～0.74）-0.79 |

| 葬式 | 出土遗物情况 | | | | | | |
|---|---|---|---|---|---|---|---|
| | 遗物编号 | 名称 | 出土位置 | 数量 | 质地 | 保存情况 | 备注 |
| 火葬，头向、面向不详 | M100：1 | 木买地券 | 砖塔内底部西侧 | 1方 | 木 | 残 | 其上朱书文字已不可辨 |
| 仰身直肢葬，头向东北，面朝上 | M101：1 | 釉陶罐 | 木棺头端外西北侧 | 1件 | 陶 | 完整 | |
| | M101：2 | 砖买地券 | 木棺头端外底板中部 | 1方 | 陶 | 完整 | 有"嘉靖三十四年"字样 |
| | M101：3 | 银簪 | 木棺内墓主头部 | 1件 | 银 | 完整 | |
| | M101：4 | 铜钱 | 棺内墓主右手骨处 | 1组22枚 | 铜 | 6枚字迹较为清晰，其余字迹较为模糊且有残缺损坏 | 洪武通宝、景德元宝、天圣元宝、政和通宝、太平通宝、祥符通宝、大口元宝 |
| 仰身直肢葬，头向东北，面向不详 | M102：1 | 釉陶罐 | 木棺头端外西北侧 | 1件 | 陶 | 完整 | |
| 仰身直肢葬，头向东南，面向不详 | M103：1 | 釉陶罐 | 墓底东南角 | 1件 | 陶 | 完整 | |
| 仰身直肢葬，头向东南，面向上 | M104：1 | 釉陶罐 | 墓底东南角 | 1件 | 陶 | 完整 | |
| | M104：2 | 木买地券 | 木棺前挡外底板中部 | 1方 | 木 | 残 | 字迹不清 |
| 仰身直肢葬，头向东南，面向不详 | M105：1 | 釉陶韩瓶 | 墓底东南角 | 1件 | 陶 | 完整 | |
| 仰身直肢葬，头向北，面向不详 | M106：1 | 釉陶罐 | 墓底西北角 | 1件 | 陶 | 口沿略残 | |
| | M106：2 | 木买地券 | 木棺前挡外底板中部 | 1方 | 木 | 残 | 字迹不清 |
| | M106：3 | 青花瓷碗 | 木棺内东北角 | 1件 | 瓷 | 完整 | |
| | M106：4 | 青瓷碗 | 木棺内东北角 | 1件 | 瓷 | 完整 | |
| | M106：5 | 铜钱 | 木棺内墓主左手骨处 | 1枚 | 铜 | 完整 | 政和通宝 |
| 葬式等均不详 | M107：1 | 青瓷碗 | 木棺内西北角 | 1件 | 瓷 | 完整 | |
| | M107：2 | 青瓷碗 | 木棺内西北角 | 1件 | 瓷 | 口沿略残 | |
| | M107：3 | 铜钱 | 木棺内墓主人右臂处 | 1枚 | 铜 | 略残 | 元丰通宝 |
| 北棺为仰身直肢葬，头向东，面向北；南棺葬式等均不详 | M108：1 | 釉陶韩瓶 | 北棺头端外北侧 | 1件 | 陶 | 完整 | |
| | M108：2 | 釉陶韩瓶 | 南棺头端外北侧 | 1件 | 陶 | 完整 | |
| | M108：3 | 砖买地券 | 南棺头端底板中部 | 1方 | 陶 | 完整 | 有"崇祯五年"字样 |
| 仰身直肢葬，头向东，面朝上 | M109：1 | 釉陶罐 | 木棺头端底板北部 | 1件 | 陶 | 完整 | |
| | M109：2 | 釉陶韩瓶 | 木棺头端外偏南侧 | 1件 | 陶 | 完整 | |

# 后 记

近年来，随着考古前置工作的全面铺开，以前未被重视的黄泛区考古勘探和发掘，成为淮安地区主要的考古工作内容。由此，我们积累了一批黄泛区的墓葬资料，运南村墓群就是其中之一。经过半年多的资料整理和报告编写，这本《淮安运南村——唐、明、清墓群考古发掘报告》即将问世，报告执笔为赵李博、胡兵。

在黄泛区这一特殊地质区域开展考古工作，我们遇到了诸多独特的困难。由于其地下水位高，而古代遗存往往埋藏较深，加之土质松软易塌方、易淤塞、易被冲刷，给考古工作带来了极大的挑战。针对这些困难，我们尝试了一些其他方法。在黄泛区的考古勘探中，我们一般采用探铲、探钎和钻探机相结合使用的方法。使用探钎，主要是对黄泛堆积中的遗存进行确认。一般来讲，淮安地区的黄泛都在明代嘉靖以后，保存在黄泛层中的遗址一般伴随砖、瓦等硬质器物存在，而墓葬即便不是砖室墓，其棺木因为饱含水分也往往都有部分留存，可以通过探钎快速确定黄泛层中遗存的有无和范围等。钻探机主要应用于部分含水较高的区域，如历史上曾存在河流、湖泊、水塘等水体的位置，探铲难以提取土样，也无法勘探至底部生土层，采用钻探机可探至五六十米以上，但缺点是勘探速度较慢，机械挪移不便，可作为探铲和探钎勘探的补充。在黄泛区的考古发掘中，主要困难是地下水漫溢的问题，一般最常见的是采用明沟降水，即在发掘区域四周开沟安装排水泵进行降水。这种办法的缺点是，降水深度有限，且水沟容易坍塌，被渗水或雨水淤塞，需要经常维护，选址不当则容易对遗存造成影响。除此之外，近年来我们在一些发掘中，还采用过工程上的轻型井点降水和管井降水两种方法。其中轻型井点降水是采用PVC管道插入地下，以真空泵抽取管道内渗水。这种造价相对便宜，维护成本不高，适宜黄泛区的松散土层，易钻孔插入，可抽取地下 2 ～ 3 米左右渗水。而管井降水就是在发掘区周边按照一定的距离布设滤水井管，井内设置潜水泵，统一对地下水进行降水和控制。这种方法造价往往较高，施工时间较长，对降水深度也有一定要求，需要在发掘前施工和降水。但只要管井布设得当，可保证淮安区域一般黄泛区的发掘降水工作无虞。

黄泛区有着其独特的地理环境和历史背景，这决定了其墓葬不仅仅具有普通墓葬反映葬俗和社会方面的特质，还具有反映诸多黄河泛滥历史事件背景、影响及人与自然相互作用等重要价值。在黄泛区的考古研究中，多学科的交叉融合更是扮演着至关重要的角色。以运南村墓群为例，尽管我们对该墓群所在的堆积年代进行了初步判断，但要更准确地揭示墓群的历史背景、文化内涵以及与其他地区的联系，还需要地质学、环境学、体质人类学乃至文献史学等多方面的技术支持。遗憾的是，目前我们在这些方面的尝试还太少，远未形成对考古对象进行综合研究的信息支撑，只能望洋兴叹。在此，我们希望能以运南村墓群的考古工作为实践蓝本，反思和总结经验教训，使将来黄泛区的考古工作，能更加注重多学科研究的融合与协同，进一步利用考古资料研究探讨黄河南行期间淮安地区水文环境、河道治理和人地关系等问题。

感谢发掘资质单位徐州博物馆对项目勘探和发掘工作的支持与指导，感谢参与本报告整理的内蒙古大学许鹏飞副教授及学生团体，感谢文物出版社的编辑为本报告所付出的辛劳，也感谢多年来对淮安考古事业关心支持的各位师友。本报告基本详细地公布了运南村墓群的考古发掘成果，仅在结语部分得出了一些浅见，时间仓促，水平有限，如有不当之处，祈请方家指正！

编　者

彩版一　墓群发掘前地表

彩版二　西北部发掘区

彩版三　东北部发掘区

彩版四　西南部发掘区（一）

彩版五　西南部发掘区（二）

彩版六　发掘场景

彩版七　发掘场景

彩版八　发掘场景

彩版九　M60 开口层位及上层黄泛堆积

1.硬陶罐（M1∶1）

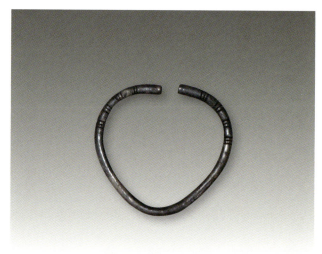

2.银手镯（M1∶2）

3.银手镯（M1∶3）

4.釉陶韩瓶（M2∶1）

5.铜手镯（M4∶1）

6.铜手镯（M4∶2）

彩版一〇　M1、M2、M4 出土遗物

1. 银手镯（M5：1）

2. 银手镯（M5：2）

3. M6

4. 硬陶罐（M6：1）

5. 银手镯（M6：2）

彩版一一　M6 及 M5、M6 出土遗物

1.釉陶罐（M8：1）

2.硬陶罐（M9：1）

3.硬陶罐（M9：2）

4.硬陶罐（M9：4）

5.银戒指（M9：3）

6.银押发（M9：6）

彩版一二　M8、M9 出土遗物

1.M9

2.玉手镯（M9：5）

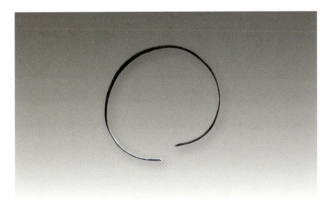

4.银手镯（M10：2）

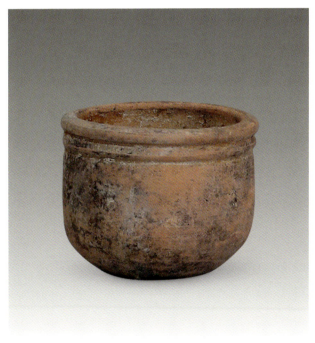

3.硬陶罐（M10：1）

彩版一三　M9 及 M9、M10 出土遗物

1.M11

2.釉陶罐（M11：1）

3.釉陶罐（M11：2）

彩版一四　M11 及出土遗物

1.M12（白线为封土范围）

2.釉陶罐（M12：1）

3.硬陶罐（M13：1）

彩版一五　M12及M12、M13出土遗物

1.银戒指（M13：2）

2.银戒指（M13：3）

3.银押发（M13：4）

4.银耳坠（M13：5）

5.银戒指（M14：4）

6.料珠（M14：5）

彩版一六　M13、M14 出土遗物

1.釉陶罐（M14：1）

2.银手镯（M14：2）

3.银手镯（M14：3）

4.硬陶罐（M17：1）

5.釉陶罐（M18：1）

彩版一七　M14、M17、M18 出土遗物

1.M15

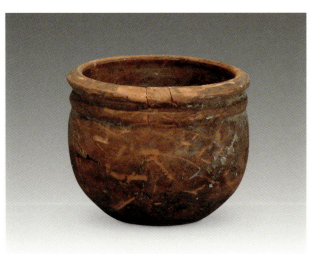

2.硬陶罐（M15：1）

3.硬陶罐（M15：2）

4.银押发（M15：3）

彩版一八　M15 及出土遗物

1.釉陶罐（M19:1）

2.铜簪（M19:2）

3.釉陶韩瓶（M20:1）

4.釉陶罐（M21:1）

5.釉陶罐（M23:1）

彩版一九　M19 ～ M21、M23 出土遗物

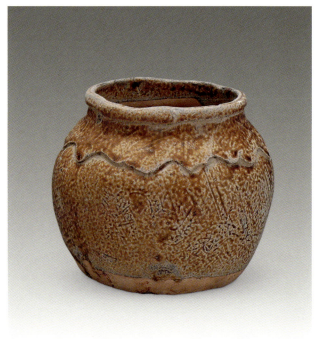

1.釉陶罐（M24：1）                    3.釉陶罐（M25：1）

2.铜镜（M24：2）

彩版二〇　M24、M25 出土遗物

1. 釉陶韩瓶（M27：1）

2. 釉陶韩瓶（M27：2）

3. 银押发（M27：3）

4. 银耳坠（M27：4）

5. 银手镯（M27：5）

6. 银手镯（M27：6）

彩版二一　M27 出土遗物

1.釉陶罐（M28：1）

2.釉陶罐（M29：1）

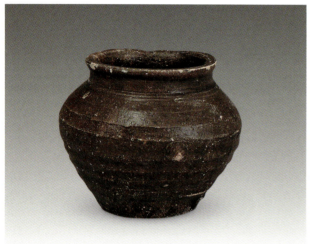

3.釉陶罐（M31：1）

4.釉陶罐（M31：2）

5.釉陶韩瓶（M32：1）

6.釉陶罐（M32：2）

彩版二二　M28、M29、M31、M32 出土遗物

1.釉陶韩瓶（M33：1）

2.釉陶罐（M34：1）

3.釉陶罐（M35：1）

4.硬陶罐（M36：1）

5.釉陶韩瓶（M37：1）

6.釉陶韩瓶（M37：3）

彩版二三　M33 ～ M37 出土遗物

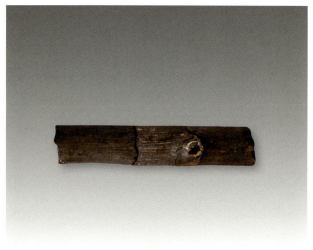

1.木炭棒（M37：2）

2.釉陶罐（M38：1）

4.釉陶罐（M39：2）

3.釉陶韩瓶（M39：3）

5.铜镜（M39：1）

彩版二四　M37 ～ M39 出土遗物

1. 砚台（M39：4）

3. 釉陶韩瓶（M40：1）

4. 釉陶韩瓶（M42：1）

2. 砚台（M39：5）

5. 釉陶韩瓶（M42：2）

彩版二五　M39、M40、M42 出土遗物

1.釉陶韩瓶（M43：1）　　　　2.砖买地券（M43：2）　　　　4.釉陶罐（M45：1）

3.M45　　　　　　　　　　　　　　　　5.釉陶韩瓶（M45：2）

彩版二六　M45 及 M43、M45 出土遗物

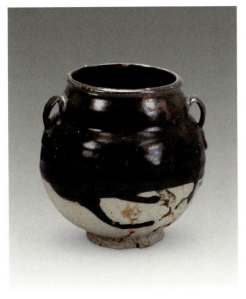

4.银耳坠（M47：3）

1.釉陶罐（M46：1）　　　　　　3.釉陶罐（M47：2）

5.砖买地券（M48：1）

2.M47

彩版二七　M47 及 M46 ～ M48 出土遗物

1.釉陶韩瓶（M49：1）　　2.釉陶韩瓶（M49：2）　　3.釉陶韩瓶（M50：1）

4.釉陶韩瓶（M50：2）　　5.釉陶罐（M51：2）　　6.铁棺钉（M51：1）

1.釉陶罐（M52：1）

2.釉陶韩瓶（M52：2）

3.M53

彩版二九　M53 及 M52 出土遗物

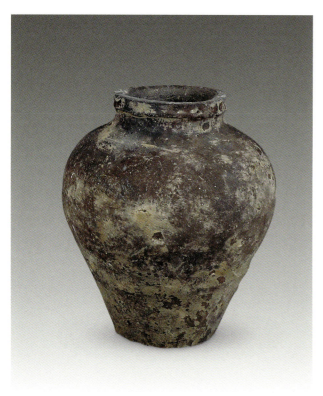

1.釉陶罐（M53：1）

2.青瓷碗（M53：2）

3.青瓷碗（M53：3）

5.釉陶韩瓶（M58：1）

4.釉陶罐（M54：1）

彩版三〇　M53、M54、M58 出土遗物

2. 明代单棺墓M60（与M58异穴合葬）

1. 明代单棺墓M58（与M60异穴合葬）

彩版三一　M58、M60

2022HWM59

2022HWM59

彩版三二　唐代船形砖室墓 M59

1.釉陶罐（M59：1）

2.釉陶韩瓶（M60：1）

3.银环（M60：2）

4.釉陶罐（M61：1）

彩版三三　M59 ~ M61 出土遗物

2.银簪（M62：2）

1.M62

彩版三四　M62 及出土遗物

1.M63

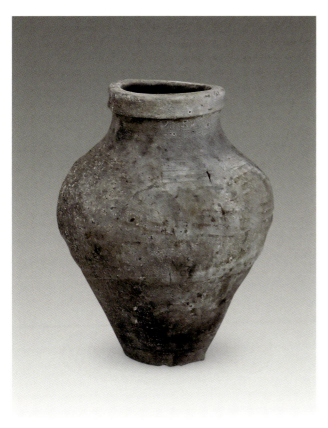

2.釉陶罐（M62：1）

3.釉陶罐（M63：2）

彩版三五　M63 及 M62、M63 出土遗物

1.青瓷碗（M63：1）

5.青瓷碗（M64：2）

2.青瓷碗（M63：3）

3.青瓷碗（M63：4）

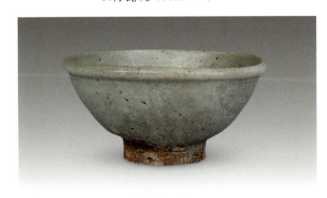

4.青瓷碗（M64：1）

6.木买地券（M66：2）

彩版三六　M63、M64、M66 出土遗物

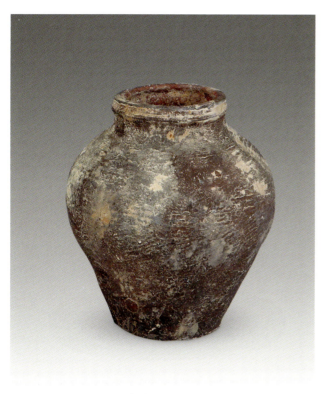

1.釉陶罐（M65：1）

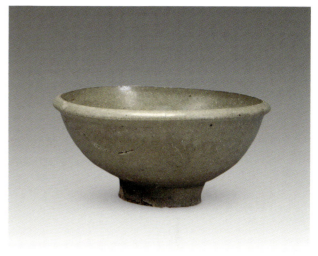

2.青瓷碗（M65：2）

4.青瓷碗（M65：4）

3.青瓷碗（M65：3）

5.青瓷碗（M65：5）

彩版三七　M65 出土遗物

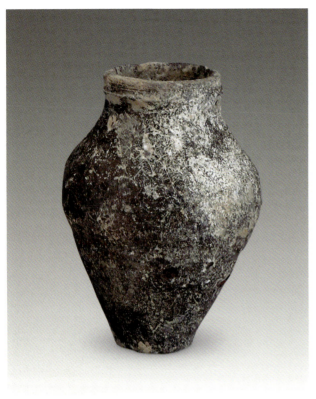

1.釉陶罐（M67：1）

3.釉陶罐（M69：1）

2.釉陶罐（M68：1）

4.银戒指（M69：2）

5.玉环（M70：7）

彩版三八　M67 ～ M70 出土遗物

1.釉陶罐（M70：1）

2.釉陶罐（M70：3）

3.釉陶罐（M71：1）

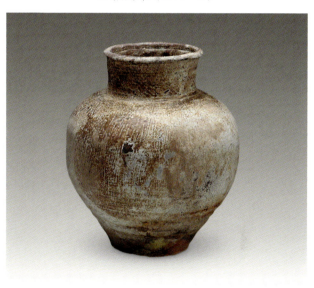

6.釉陶罐（M72：1）

4.青瓷碗（M71：2）

5.青瓷碗（M71：3）

彩版三九　M70 ～ M72 出土遗物

1.釉陶韩瓶（M73：3）

3.青瓷碗（M73：2）

2.青瓷碗（M73：1）

5.青瓷碗（M73：5）

4.青瓷碗（M73：4）

彩版四〇　M73 出土遗物

1. 明代单棺墓M76（与M77异穴合葬）

2. 明代单棺墓M77（与M76异穴合葬）

彩版四一　M76、M77

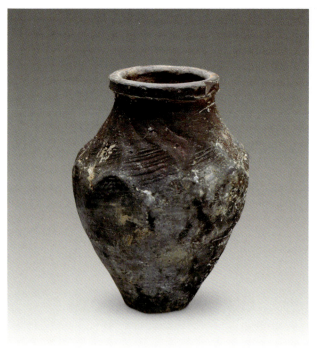

1.釉陶罐（M76：1）

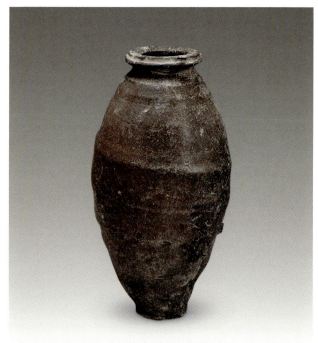

2.釉陶韩瓶（M77：1）

3.釉陶韩瓶（M78：1）

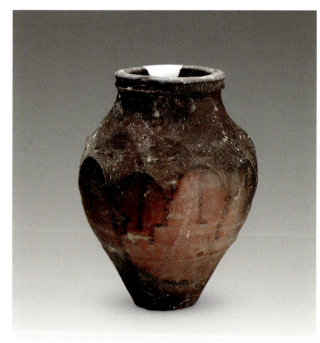

4.釉陶罐（M78：2）

彩版四二　M76～M78 出土遗物

2.明代墓M80

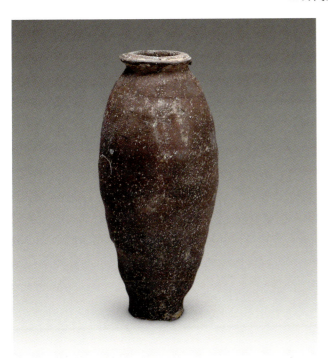

1.釉陶韩瓶（M79：1）

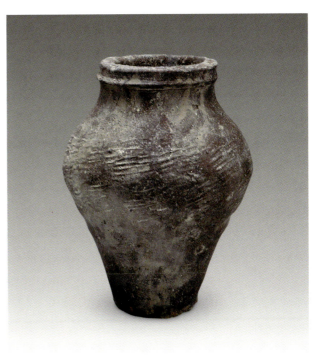

3.釉陶罐（M81：1）

彩版四三　M80 及 M79、M81 出土遗物

1. 明代单棺墓M81（与M82异穴合葬）

2. 明代单棺墓M82（与M81异穴合葬）

彩版四四　M81、M82

1.釉陶罐（M82：1）

2.釉陶罐（M83：2）

3.砖买地券（M83：1）

4.釉陶韩瓶（M84：1）

5.釉陶罐（M84：2）

6.银簪（M84：3）

彩版四五　M82 ~ M84 出土遗物

1.釉陶韩瓶（M85：1）　　　　2.釉陶韩瓶（M86：1）　　　　3.釉陶韩瓶（M87：1）

4.明代单棺墓M88（与M100异穴合葬）

彩版四六　M88及M85～M87出土遗物

1.釉陶罐（M88：2）

4.铁棺钉（M88：1）

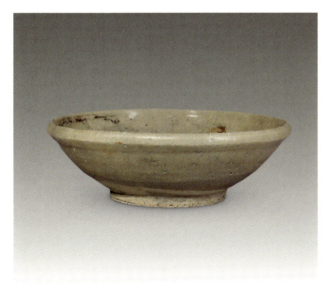

2.青瓷碗（M88：3）

3.青瓷碗（M88：4）

1. 明代单棺墓M89（与M90异穴合葬）

2. 明代单棺墓M90（与M89异穴合葬）

彩版四八　M89、M90

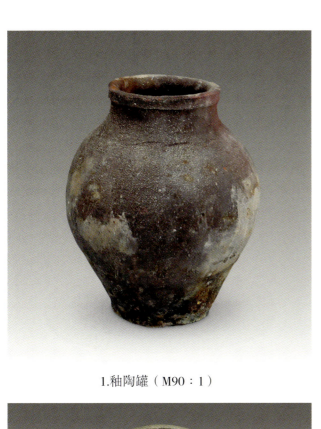

1.釉陶罐（M90：1）               2.釉陶罐（M92：1）

3.青瓷碗（M92：2）              4.青瓷碗（M92：3）

彩版四九　M90、M92 出土遗物

1.青瓷碗（M90：2）

2.青瓷碗（M90：3）

3.明代单棺墓M91（与M93异穴合葬）

4.明代迁葬墓M93（与M91异穴合葬）

彩版五〇　M91、M93 及 M90 出土遗物

1.釉陶罐（M91：2）

2.青瓷碗（M91：1）

3.青瓷碗（M91：3）

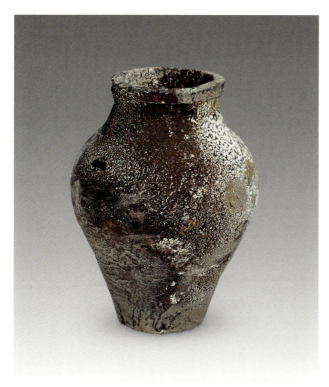

5.釉陶罐（M94：1）

4.青瓷碗（M91：4）

彩版五一　M91、M94 出土遗物

1. 明代单棺墓M95（与M96异穴合葬）

2. 明代单棺墓M96（与M95异穴合葬）

彩版五二　M95、M96

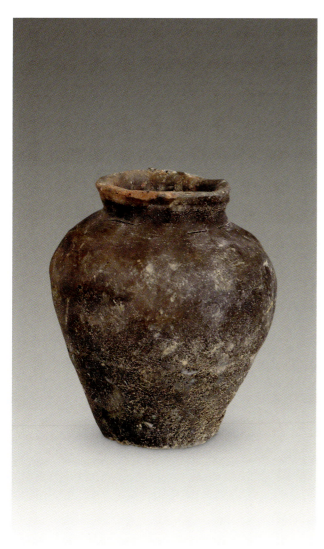

1.釉陶罐（M96：1）

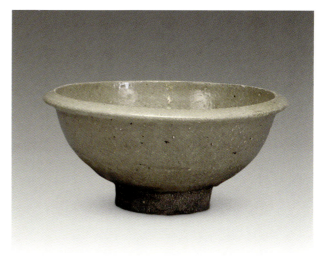

2.青瓷碗（M96：2）

3.青瓷碗（M96：3）

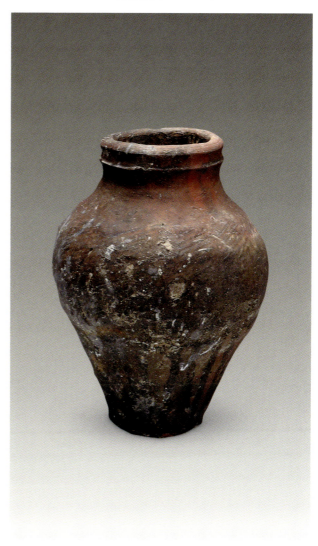

4.釉陶罐（M98：1）

彩版五三　　M96、M98 出土遗物

1.釉陶罐（M97：1）

2.青瓷碗（M97：2）

3.青瓷碗（M97：3）

4.铁秤砣（M97：5）

5.铁秤砣（M97：6）

彩版五四　M97 出土遗物

2. 明代墓M100塔基内部情况

1. 明代塔形砖室墓M100（与M88异穴合葬）

3. 明代墓M100底部情况（1）

4. 明代墓M100底部情况（2）

5. 木买地券（M100：1）

1. 明代单棺墓M101（与M102异穴合葬）

2. 明代单棺墓M102（与M101异穴合葬）

彩版五六　M101、M102

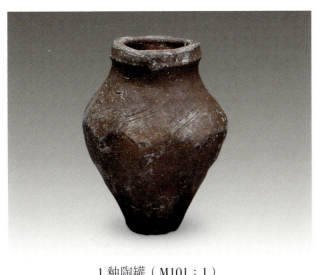

1.釉陶罐（M101：1）

2.银簪（M101：3）

3. 釉陶罐（M102：1）

4.釉陶罐（M103：1）

5.釉陶罐（M104：1）

6.木买地券（M104：2）

彩版五七　M101 ~ M104 出土遗物

1. 明代单棺墓M103（与M104异穴合葬）

2. 明代单棺墓M104（与M103异穴合葬）

彩版五八　M103、M104

1.釉陶韩瓶（M105：1）

3.青花瓷碗（M106：3）

2.釉陶罐（M106：1）

4.青瓷碗（M106：4）

彩版五九　M105、M106 出土遗物

1.明代单棺墓M106（与M107异穴合葬）

2.明代单棺墓M107（与M106异穴合葬）

1.木买地券（M106：2）

4.釉陶韩瓶（M108：1）

2.青瓷碗（M107：1）

3.青瓷碗（M107：2）

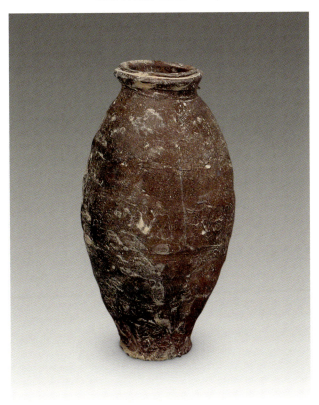

5.釉陶韩瓶（M108：2）

彩版六一　M106 ～ M108 出土遗物

1.M109

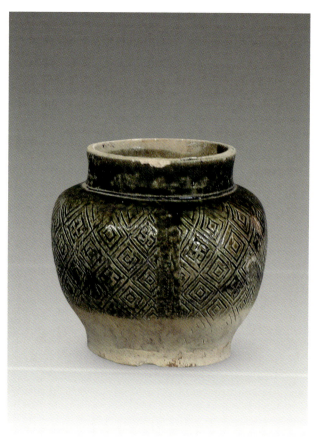

2.釉陶罐（M109：1）

3.釉陶韩瓶（M109：2）

彩版六二　M109 及出土遗物